民主主義へのオデッセイ

民主主義へのオデッセイ

私の同時代政治史

山口二郎
Jiro Yamaguchi

岩波書店

プロローグ　政治システム転換という夢

「人間がつくり出したものは、人間の手で変えられる」という言葉は、誰が言い出したのか知らないが、政治という活動の本質を言い当てている。ある時代、ある社会において大多数の人が「当たり前」と思っている秩序の型、ルール、仕組みといったものの多くは、実は自然法則ではなく、明確な意図をともなうかどうかはともかく、人間がつくり出したものである。特定の血統の王様が世の中を支配すること、女性や特定の人種が差別されること、貧しい人間は選挙で投票できないことなどなど、ある時代、ある人々の間で自明だと思われていたルールについて、それは自然の法則ではなく、人間の力で変えればよいのだと気づいたことが、民主主義を今日まで持続させてきた。より多くの人間が自由と平等を手に入れるために、世の中の仕組みを変えることが政治という活動の本質だと、私も政治学の講義で強調してきた。

近代日本でも、偽の当たり前を否定し、自由と平等を手に入れる動きが、民主主義の歴史をつくってきた。自由民権運動に始まる下からの参加と政党政治をつくる動き、労働運動や農民運動と無産政党の試み、女性が自由と平等を勝ち取るための運動は、軍国主義と戦争で一度は潰えたが、それらの土台の上に戦後改革が行われた。かつて過激な少数派の主張だったことの中には、戦後日本では当たり前として定着したものが少なくない。

しかし、こと政党政治に関しては、戦後の新しい当たり前がどっしりと根を下ろした。それが、一九五五年に始まる自由民主党による一党優位体制である。後で詳しく述べるように、自民党は国民による自由な選挙で支持を得て、権力を持続した。その意味で、一党優位体制は民主政治の一形態である。しかし、特定の政党が権力を保持することがあまりにも当たり前となると、いろいろと不都合も起こる。権力はしばしば私物化され、濫用され、腐敗する。支配政党の価値観に合わない政策主張は無視され、社会にある種の問題が堆積する。世の中の変化や新しい問題の拡大に対応した政策の転換や刷新を起こすためには、政権の担い手が入れ替わることが必要である。それは、ほとんどの欧米の国で過去百数十年の間起きてきたことである。それゆえに、一党優位という政党システムを多元的な競争システムに転換することが、「当たり前」を拒絶したい者にとっての課題であった。私もその一人で、システムを転換することは、この時代を生きる日本人が人間であることの証明だと、気負ったことを考えていた。

私自身の学者人生を振り返ると、本格的な研究活動を始めた一九八〇年代末は、戦後民主主義体制の動揺が始まった時であった。以来、私もシステム転換について考え、左派、あるいはリベラルと呼ばれる政治勢力に対して提言を行ってきた。その種の活動は、アカデミックな研究からはみ出すものであった。しかし、世の中のおかしな点を批判したり、世の中こうあるべきだと主張したりすることは、学者の仕事であると私は考えてきた。

一九九〇年代前半から、自民党に代わりうる政権の担い手をつくるという試みが続いた。様々な試行錯誤を経て、二〇〇九年八月三〇日に行われた衆議院選挙で、野党第一党だった民主党は三〇八議席を獲得し、政権交代を実現した。これは、一党優位という今までの「当たり前」を壊す革命的な変化だと思われた。「政権交代のある民主主義」を求めて制度改革や政党再編を論じてきた学者も興奮し、これで日本の政治は新しい段階に入ったと論じたものであった。

もっとも、総選挙直後の私の日記を見ると、興奮よりも不安の方が大きかったようである。いくつか引用してみたい。

八月三一日　〔BSフジ「LIVE プライムニュース」に出演後〕伊藤惇夫氏、フジテレビ小林〔泰一郎〕氏と月島に飲みに行く。途中で二木啓孝氏、合流。現在の民主党は、放し飼いの地鶏のごとく、あてもなくバタバタと動き回っているとのこと。政権運営の前途多難なり。

九月二日　昼、国会記者会館にて、朝日、藤田直央と会う。民主党の現状について話を聞く。鳩山〔由紀夫〕はあたかも幹事長のごとく、あちこちの反応を心配し、リーダーシップをふるえていないとのこと。岡田〔克也〕と小沢〔一郎〕の疑心暗鬼もやまずとのこと。目の前の問題に必死で、政権の全体像について考える余裕なしとのこと。さもありなん。祝賀ムードはそろそろ終わりなり。

もう少し後になると、新政権から遠ざけられているというやっかみも出てくる。

九月二九日　夜、中村啓三氏、共同柿崎〔明二〕、東洋経済の長谷川〔隆〕ほかと会合。菅〔直人〕が新政権の中で外され気味という話を聞く。今はむしろ功を焦らず、時を待つべきということか。この点は、民主党政権がテクノクラート路線で行くか一定の思想性を持ってある方向に進むかという対立の反映なり。政権交代の前から薄々想像していた通り、鳩山政権の中枢部にはテクノクラート集まる。我々には出番なしということなり。

長年民主党を見てきた私は、実際に政権を取った後の権力運営について、国民の期待に応えられるかどうか、かなり不安を持っていた。とはいえ、多くのメディアは歴史的な政権交代を歓迎し、これを好意的に見守る姿勢が、少なくとも二〇〇九年いっぱいは続いたように思える。たとえば、岩波書店の『世界』編集部は、同年一二月一日付で、『大転換　新政権で何が変わるか、何を変えるか』という臨時増刊号を出している。その巻頭には、篠原一、坂野潤治という二人の政治史の大家が寄稿している。篠原は、この政権交代を戦後日本における「第一民主制」から「第二民主制」への転換と位置づけている。さらにその転換は、人類史的な「第一の近代」(産業革命以来経済成長と豊かさをめざしてきた時代)から「第二の近代」(環境制約を反映した経済構造と社会構造への転換)への移行に重なり合うとも述べている(「政治システムの転換と歴史的展望」)。

坂野は、いわゆる大正デモクラシー期の政権交代が天皇の勅命により少数党の党首への大命降下で実現していたことをふまえ、一八九〇年の最初の衆議院選挙以後、初めて野党が勝利することによる政権交代が起きたことを指摘する。そして、この政権交代はひたすら発展を追い求めてきた日本の近代を転換させる契機となると述べている。

「強兵」を落した「富国強兵」と、日本国憲法で規定されている「公議輿論」とは、一八五八年以来(あるいは一八六四年以来)、二〇〇九年の今日まで、約一五〇年間にわたって日本国民の達成目標でありつづけた。「経済大国化」と「民主化」が一五〇年にわたって目標でありつづけた国は、欧米ではほとんどないのではなかろうか。〔中略〕「富国強兵」で「成長」を鼓舞して「公議輿論」で「民主化」につとめてきた一五〇年の歴史に一つの終止符を打つべき時ではなかろうか。(「「大正デモクラシー」と「平成デモクラシー」」『世界』臨時増刊号、二〇〇九年一二月)

この政権交代で築かれるはずの政治システムを、篠原は「第二民主制」と呼び、坂野は「平成デモクラシー」と呼んだ。両者はともに、単なる政党間の権力移動ではなく、この政権交代を画期として、日本の政治システムが新しい段階に入ったととらえていたのである。

私にとっても、民主党を軸とした政権をつくることは一〇年がかりのプロジェクトであった。坂野は野党の成長について、大正デモクラシー期に憲政会を率いた加藤高明の故事にならって、「苦節十年」という言葉を使っている。私も、篠原、坂野と同じく、これでようやく政権交代のある政党システムができるだろうと、楽観はしないが、期待した。

しかし、民主党政権はわずか三年三か月で崩壊し、その後には、かつて「戦後レジームからの脱却」を唱えた安倍晋三が首相に再び就任し、史上最長の政権を持続した。その一方で野党は離合集散を繰り返し、システムの転換や民主化の完了とは逆に、日本の民主政治は反動の時期を迎えた。十年の苦労も水泡に帰した感がある。

日本、西欧、アメリカなどの民主主義の国の歴史を振り返れば、戦争や大恐慌という巨大なショックを契機に政治システムの刷新が起こり、それがある程度の時間をかけて定着した経験をいくつか見出すことができる。アメリカでは、一九二九年に始まる大恐慌の衝撃を受けて、一九三二年の大統領選挙で民主党のフランクリン・ローズベルトが当選し、ニュー・ディール体制を築いた。この体制は、第二次世界大戦を経て、一九八〇年代のロナルド・レーガンによる新保守革命まで続いた。ドイツでは、一九三〇年代の経済混乱の中からヒトラーが政権につき、戦争を推し進めて国を破滅させ、西ドイツでは戦後民主主義体制が生まれた。イギリスでは、欧州大戦終結直後の総選挙で労働党が政権交代を起こし、福祉国家体制を構築した。この体制は、保守党政権時代も含めて、一九七九年のサッチャー政権の登場まで続いた。

日本の場合、一九四五年に第二次世界大戦の敗北で大日本帝国が崩壊した後、戦後民主主義体制の構築が始まった。一〇年後に政党政治の主要アクターが固まり(五五年体制)、さらにその五年後の池田勇人政権の下で、「軽武装+経済成長」という憲法や基本政策の運用のモデルが定着した。

このモデルは一九九〇年頃まで有効に機能したが、冷戦の終結、自民党史上最大の腐敗事件の勃発、バブル経済の崩壊などの衝撃を受けて、一九九〇年代前半から、政治の世界で新しいモデルの模索が始まった。この時期以降、経済の長期停滞、情報技術の革命、東アジアの国際環境の変化、人口減少時代への移行など、二〇―三〇年の幅で見れば巨大な変化が起きている。三〇―四〇年前の日本を知っている人間にとって、今の日本は別世界である。戦争や大恐慌のような短期間で巨大な破壊をもたらす変化ではなく、時間をかけて変化が累積していくような状況に対して、的確な対処法を考えることは難しいということかもしれない。だが、そこでこそ政治の構想力が必要だし、新しい政治主体の創出が必要である。

なぜ多元的競争システムの構築ができなかったのかを考えることは、未来を構想するために不可欠であるばかりでなく、個人的にも三〇年余りいろいろな活動をしてきて、制度上は高齢者の範疇に入った私にとって、最大の課題である。その問いに答えるためには、この三〇年間、誰がどのような理念やビジョンを持って、どのような行動をしたかを明らかにすることから始めなければならない。

ノーベル賞作家のマリオ・バルガス＝リョサがアイルランド独立に賭けたロジャー・ケイスメントという人物を描いた小説、『ケルト人の夢』の中にこんな一節がある。

学校で習う歴史、歴史家によって書かれる歴史とは？　それは過酷で厳しい現実の下で、その主役たちが予想したか、または実際に生きた何事かに関して、常に予想外であって思いがけない変化や混乱を生み、前進と後退を繰り返し続けてきた何か。そこに計画や事故、陰謀だとか偶然の出来事、偶然の一致、あるいは様々な利害といったものが勝手に入り混じってできあがった混沌。

それを多かれ少なかれ理に適うよう、首尾一貫したものに仕立てた牧歌的な捏造品にすぎないのだ。(『ケルト人の夢』、一三七頁)

後世の学者がこの三〇年の日本政治について書く本が「捏造品」だなどと傲慢なことを言うつもりはない。ただ、左派、リベラル派の政治家や組織と関わりを持ち、政治を比較的近くで見る機会を持った者として、計画、事故、陰謀、偶然、様々な利害が入り混じって混沌がつくられたという文章には共感する。

本書は日本政治の同時代史であるが、一人称で記述している。それは、私自身が政治学者の立場にとどまらず、政治の動きと関わったゆえである。また、政治家や他の学者に対する評価は、あくまで様々な動きに関わる中で私が感じたことである。そういう私自身に対してもいろいろな評価があるのは当然である。

資料として、自分の日記も頻繁に引用している。私は、アメリカ留学中の一九八〇年代後半から日記を書き始め、三五年余り続いている。事の起こりは、留学中、面白い日本語の読み物を携行しようと思い、選んだのが岩波文庫で出たばかりの永井荷風『摘録 断腸亭日乗』(磯田光一編、一九八七年)だったことである。荷風の観察眼には及びもつかないが、その時々の出来事についての思いを書き留めたいと思って、今日に至っている。

以下、この本で、政治システムの転換という大きな夢、あるいは野望を持った私を含む人々が、どのような理念の下で何をしたか、三〇年余りの日本政治の動きをたどることとする。

目　次

目　次

第一章　一九八九年という幕開け

1　アメリカから見た昭和末

私は、二九歳の誕生日を迎える直前の、一九八七年七月にアメリカ留学に出発した。それは一九八四年七月に北海道大学法学部の助教授に採用されて、三年たったところであった。留学先は、ニューヨーク州の北西部のコーネル大学だった。その前年には、中曽根康弘首相の狡知によって衆参同日選挙が行われ、自民党は衆議院で三〇〇を超える議席を獲得した。中曽根はこれを「左にウィングを伸ばした」結果と自画自賛した。同日選挙は投票率を押し上げる効果を持ち、前回まで投票に行かなかった浮動層が自民党を支持したことは明らかであった。その点で、中曽根の自慢にも理由があった。

一九八〇年代後半は、七〇年代の二回にわたる石油危機から立ち直り、日本の製造業が競争力を強め、世界市場を席巻した時代である。日本が貿易黒字を貯め込みすぎることがアメリカをはじめとする外国の不満を招き、市場開放と輸入の拡大が経済政策のテーマとなっていた。一九八五年のプラザ合意に基づく円高が進行し、輸出企業の収益悪化を補うための金融緩和が始まった。それは、不動産と株の価格高騰を促し、後にバブルと呼ばれる好況をもたらした。人々が生活に満足し、政治の変化ではなく、継続を求めたことも確かである。そうした政治意識は生活保守主義と呼ばれた。拝金主義、快楽主義と現状肯定が時代精神だった。

一九八〇年代後半には、政治学の世界でも政治のこのような変化を反映して、新しい潮流が始まった。佐藤誠三郎が松崎哲久とともに『自民党政権』(中央公論社)という本を著したのが八六年だった。この本は自民党政権における政府と党の運営に関する実証的研究であり、画期的なものだったが、併せて、自民党による一党優位体制も欧米と比べて遜色のないデモクラシーという実践的主張も展開していた。また、村松岐夫、猪口孝、大嶽秀夫の三人が編集委員となった雑誌『レヴァイアサン』が創刊されたのは一九八七年であった。この雑誌は日本で最初の政治学の専門誌で、実証研究の振興を売り物にしていたが、編者たちは創刊号の座談会において、丸山眞男以来の戦後啓蒙と呼ばれる学者による政治学のドグマ性に対する批判も主張していた。

現実政治と政治学の両面で現状肯定の風潮が広がった八〇年代後半は、批判の学としての政治学を志した私にとっては面白くない時代だった。だから、アメリカ留学はちょうどよい気分転換ということになった。留学といってもアメリカ政治について調べるというわけではなく、またアメリカ流の科学的政治学にもなじめず、図書館で面白そうな本を読むという日々だった。コーネル大学には、アジア研究、日本研究のすぐれた学者もいて、私は、酒井直樹、ヴィクター・コシュマン、ブレット・デュバリといった日本研究者と付き合っていた。

一九八八年秋、昭和天皇の病気が深刻になり、昭和の終わりをアメリカから眺めるという機会を与えられた。昭和の終わりに向けて日本社会で様々なことが起こると、私は専門外のことではあるが、天皇制と日本社会のかかわりについて発言するようになった。

事の起こりは、昭和天皇の戦争責任に関するニューヨーク・タイムズへの投稿であった。九月三〇日のニューヨーク・タイムズの論壇(Op-ed page)に、一九四五年九月二七日に昭和天皇がマッカーサーと最初に会見した際の通訳を務めたフォビオン・バワーズの回想、「マッカーサー元帥が涙ぐんだ日」が掲載された。その内容は、昭和天皇がマッカーサーに対して戦争に関するすべての責任は自分にあり、自分の処遇は連合国に委ねると述べたことについて、マッカーサーはいたく感動したというおなじみのストーリーである。当時、日本国内では「自粛」のムードが社会を覆っていた。天皇の正確な病状も国民に伝えられていなかった。その中では、昭和天皇の戦争責任について自由に議論することなど不可能だろうと思えた。これに対してアメリカでは、早い段階から天皇の病気はガンであることが報道され、自由な議論ができる環境にあった。

当時私は、酒井直樹と毎週一度、昼食を取りながら話をしていた。九月三〇日の日記には次のように書いてある。

九月三〇日　天皇の病状、かなり深刻なれど、側近が必死でこれを隠そうとしている様子が窺える。また、謹慎の押し付けが社会の各層に進んでいる様子。日本の社会は、謹慎ファシズムともいうべきものに支配されているように見える。これが服喪ファシズムに変わったら、統制はもっと厳しいものになるであろう。夜、酒井さんより電話。今日の NY Times のアーティクルに反論を書こうということになる。この際、徹底的に非国民になってやる。

早速反論の文章を酒井さんと書いて送ったところ、一〇月一一日に掲載された。以下に、その日本語訳を載せておく。

「ヒロヒトの戦争中の役割を感傷的に語ってはならない（Don't sentimentalize Hirohito's wartime role）」

フォビオン・バワーズ氏の「マッカーサー元帥が涙ぐんだ日」は、ヒロヒトが歴史において演じた役割に関するいくつかの重要な問題を無視している。日本と東アジアの政治状況に鑑み、我々は、そのような無視がもたらすかもしれない政治的影響を指摘せざるを得ない。

バワーズ氏の論稿は、日本、東アジア、東南アジアおよびアメリカの多くの人々が関心を持つ重要な問題、すなわち、日中戦争および太平洋戦争中に日本軍が東アジア、東南アジアにもたらした破壊と蛮行に対する天皇の責任をほとんど意図的に見逃がしている。

この個人的回想の最も深刻な問題は、天皇に関するこの種の取り上げ方が、我々が考え続けなければならない歴史における天皇の役割に関する議論をすり替え、拡散させる点にある。この論稿が歴史上の出来事に関するバワーズ氏個人の説明であることは承知しているが、それがヒロヒトの戦争責任を免れさせる効果をもたらすことも明らかである。ここでの責任とは、法的、政治的な性格のものである。

ヒロヒトは、ナチスが行ったような形で戦争を指導したり計画したりしたわけではないし、個人的には平和と民主主義を希求しながらその意に反して軍部に操られたという議論もある。ポツダム宣言を受諾し、無条件降伏を行うという天皇の聖断については、しばしば議論される。バワーズ氏の論稿も、明らかにこの種の歴史解釈に沿うものである。つまり、天皇の個人的な勇気を称賛し、彼は敗戦まで戦いの成り行きを知らされておらず、最高レベルの意思決定にも参加していなかったかのごとくに聖断を下したという物語である。

しかし、側近が公刊した記録やその他の史料から、ヒロヒトが一九三〇年代以来、軍部の冒険主義に基づく行動を支持していたことは明らかである。さらに、彼が戦争を終わらせることはできたが、最初に戦争を始めることに反対することはできなかったというのはばかげた話である。実際、日本はアメリカとイギリスに対して天皇の名において宣戦布告したのである。たとえ天皇が発揮したとされる勇気を称賛するとしても、そのことを脇に置いたままにすることはできないと我々は考える。個人的性格と政治的・公的責任を混同すること、そして問題を感情的に語ることは危険である。

戦前の大日本帝国憲法における天皇の法的地位は形式的なものであり、天皇は指揮権を持っていなかったという主張もある。しかし、天皇は政府の政策について説明を求める権限は持っていた。その場合、天皇の質問は政府の無謀な政策に対する歯止めの機能を持ちえたはずである。さらに、天皇の個人的意見は内閣の意思決定に影響を与えることもできたはずだ。軍部によるアジア侵攻の計画に関与する多くの機会がありながら、戦争を止め、撤兵するために天皇が法的、政治的力を行使しなかったことを否定できないと我々は考える。日本軍による破壊に対して、天皇は依然として責任を負っている。

一九七五年の訪米の際、天皇は戦争に対する思いを吐露し、過去の不幸な出来事について「深く悲しむ」と述べた。したがって、ある意味で彼は自分の過去の間違いを認めたということができる。しかし、驚くべきことに、今日に至るまで、彼はアジア、特に中国と朝鮮半島の人々に対して一言の謝罪も述べていない。アメリカでも報道されているように、日本の文部省は歴史の検定教科書から原爆投下を含む戦争の悲惨さのみならず、日本の帝国主義やアジア諸国に対する侵略に関する記述を削除しようとしてきた。

日本の政府は、戦後の記憶から「日本の暗い過去」に関連するものを消去したいと思っているようである。わずか六年前、歴史教科書の書き直しは、東アジア、東南アジアの諸国からはげしい批判を浴びた。

終戦直後、連合国は政治的思惑から、天皇のアジア諸国に対する戦争責任を不問に付すことを決定した。しかし、それはアジアの人々がその決定に同意したことを意味しない。この問題は未解決のままであり、日本と近隣諸国との間の摩擦の原因となっている。

今日、ヒロヒトの病気は意見表明を含む社会的活動を自粛するよう促す理由として使われている。そのため、二〇世紀における天皇の役割に関する自由な議論はほとんどできない。

パワーズ氏は次のように書いている。「日本語では、天皇は死なない。「雲のなかにお隠れになる」と言う。いつの日か、その高みからヒロヒトは現世を見下ろし、不滅の玉座に託された責務を果したと感じるだろう」。そうならば、我々は同じように、アジアの国々で残虐にも殺傷された人々、植民地にありながら日本の軍事的冒険に日本人として駆り立てられた人々、そして天皇の名のもとに殺されたすべての人々もその隣に存在すると想像しないわけにいかない。(*The New York Times*, 1988.10.11)

私が特に言いたかったのは、昭和天皇を立憲君主として描くのは、立憲主義に関する極めて不十分な理解に基づいているという点であった。天皇には実質的な政策決定の権力はなく、内閣や参謀本部、軍令部が決めたことを形式的に裁可するだけの存在だったというのは、いわば形式主義的な立憲君主の姿である。一般的な政務と異なり、統帥に関しては輔弼という具体的制度がなかった。天皇は軍指導部の上奏を聞いて、意見を述べるのが常態であった。そして、満州事変から日中戦争の拡大の過程においては、満州事変の際の朝鮮軍独断越境をはじめ、丸山眞男の言う下剋上(軍の下僚による独走)が重なっていた。

昭和天皇が実質的な立憲君主であれば、軍の法規違反を放置すべきではなかった。立憲主義とは、国家権力を法に基づいて運用するという原理であり、国家の暴力装置そのものである陸軍の軍規違反は立憲体制を破壊する企図から生じていた。立憲主義とは、憲法や法律が存在し、君主が実質的な意思決定をしないという形式を意味するだけではない。権力を法で縛るという能動性がなければ、立憲主義は絵に描いた餅となる。この問題点は、戦後の日本にも残存している。

昭和天皇は数か月闘病を続けたのち、一九八九年一月七日に亡くなった。これ以降、日本の新聞、雑誌には昭和という時代と昭和天皇の事績を総括する論稿が溢れた。私と酒井も、岩波書店の『世界』編集部から寄稿を依頼され、「自己陶酔としての天皇制」という論評を共同で執筆した。これは私が『世界』に書いた最初の文章である。私が強調したのは、八〇年代後半の、「ナンバーワン」とおだてられ、拝金主義と快楽主義に溺れる破廉恥な日本にとって、責任を取らないまま生涯を終えた昭和天皇はふさわしい象徴だったという点である。

しかし、日本社会の動向について、読み誤った点もあった。長引く自粛は人々の中に不満と飽きを生み出したようである。天皇死去の直後、メディアは服喪の雰囲気に覆われたが、同時にレンタルビデオ店にはテレビの追悼番組に飽きた人々が押し掛け、貸し出しが急増した。私が予想したような服喪ファシズムという現象は起こらなかった。この点は、私たちが寄稿した『世界』一九八九年三月号に載った「社会の鏡としての天皇制」という論稿で、北海道大学の同僚、中村研一が分析している。その意味で、日本社会には最低限の復元力が存在したということもできる。その原動力は、いつまでも天皇の葬送に付き合わされてはかなわないという、個人を単位とする享楽追求への欲望だったのだろう。

天皇の名前や権威をテロや暴力を正当化するために利用するという事件は、その後も起きた。特に、市議会で昭和天皇に戦争責任があると発言した本島等長崎市長が一九九〇年一月に銃撃された事件は衝撃的だった。しかし、昭和の終わりから時間がたつにつれて、天皇を論じる際の自由度は広がってきたように思う。明仁天皇が折に触れ、憲法を守る姿勢を明確にし、戦後日本の平和国家としての歩みを高く評価したことも、天皇をめぐる議論の雰囲気を変えた。明仁天皇の下で、平和と民主主義を掲げる戦後日本を象徴する天皇制が始まったということもできる。

2　政権交代のあるデモクラシーという発想

昭和が終わると、日本政治の焦点はリクルート事件に移っていった。一九八八年六月に、川崎市の元助役が都市開発に便宜を図った見返りにリクルート社から未公開株を譲渡され、それを売却して利益を上げていたことが明らかになった。以後、八八年秋から一二月にかけて、リクルート社が広い範囲の政治家、高級官僚、新聞社の幹部に同様の未公開株を配っていたことが明らかになり、利益を得ていた政治家、経営者は相次いで辞任した。

一九八九年二月には、リクルート事件発覚後最初の国政選挙として、参議院福岡選挙区の補欠選挙が行われ、社会党候補が勝利した。さらに、四月に竹下登首相もリクルート社から融資を受けていたことが明らかになり、事態を掌握していた秘書が自殺したことは、日本政治に大きな衝撃を与えた。竹下首相は、強い派閥の基盤を持ちながら、二年足らずで退陣を余儀なくされた。

当時はまだインターネットや電子メールのない時代で、アメリカで日本政治についての情報を得るのは、アメリカの新聞、テレビで伝えられるニュースと、当時ニューヨークで印刷していた朝日新聞(大学図書館にあった)に頼るしかなかった。それでも自民党政治の危機がかつてないほど深刻であることは伝わった。

リクルート事件が日本政治を大きく揺るがす前から、私は日本政治を批判する際の視点をどう構築するか、思い悩んでいた。一九八〇年代後半の自民党政権、あるいは日本政治に関する擁護論が指摘する通り、日本では複数政党制や市民的自由が保障されており、選挙は公正に行われている。自民党による長期政権は、国民の自由な選択の結果である。ゆえに、自民党による一党優位体制を非民主主義体制と呼ぶことはできない。しかし、五五年以来、政権交代のない日本政治は、欧米の民主主義に比べて劣っているという感情を否定できなかった。では、日本政治のどこがおかしいのか。その点を明確にしなければ、政治批判は単なるボヤキになってしまう。

自民党の政治家の道徳心や行儀作法に問題を還元することは、学問的ではない。私は、政治制度に関する議論の中にヒントを求め、権力分立、議院内閣制、大統領制など統治機構に関する本を読み始めた。ウッドロー・ウィルソンの『議会政府論』(一八八五年)、ウォルター・バジョットの『イギリス国制論』(一八六七年)など、政治学や行政学の講義で名前だけは聞いていた昔の学者の古典から始めて、様々な本を読んだ。その中で特に面白かったのは、バーナード・クリックの『議会の改革(*The Reform of Parliament*)』(一九六四年)という本だった。クリックは二〇世紀後半のイギリスの政治学者であった。大学に入ったばかりの一年生前期の教養ゼミで、福田歓一先生の下で、クリックの『政治の弁証』(一九六二年)を読んだことがある。読んだといっても、大学一年生には難しすぎる本だったというくらいの印象しか残っていなかった。ただ、議会改革の本は大変具体的で、日本の議会研究にない切り口を見せられた思いであった。

クリックの本は、議院内閣制における内閣と議会の関係について、バジョットの議論を展開し、権力分立モデルが実際には困難であることを論証したものである。日本における一般的な政治理解においては、議院内閣制でも権力分立原理が適用されると考えられている。憲法学の通説でも、国会による内閣不信任案の議決や国政調査権の発動と内閣による衆議院解散が、二つの権力の間の抑制・均衡と説明されてきた。しかし、議院内閣制の本質は、バジョットが説いたように、立法と行政の二つの権力が融合する点にある。立法府の多数派の指導者が内閣の首班となり、多数党は行政権力をも掌握する。制度上、国会に国政調査権や不信任案提出の権限が与えられていても、多数派が結束すれば、内閣に対する不信任や調査権は発動されない。いわば、権力分立は絵に描いた餅である。

クリックは議院内閣制の実態を踏まえ、内閣がきわめて大きな権力を持ち、議会がこれを牽制、抑制することは困難であることを指摘している。それゆえ、民主主義に必要な権力へのチェックを確保するためには、議会という抽象的な制度だけでなく、野党に強い権限を与えることが必要となることを強調している。また、議会審議で具体的な立法や法案修正を実現する際に、与党が賛成することが必要となる。野党だけが頑張っても、立法の成果をあげることはできない。それゆえ、議会審議は政府(government)と野党(opposition)の間の戦いであり、国民に対する政治的教育、次の選挙に向けた情報提供という点に意義がある。

クリックの本を読んで、目から鱗が落ちる思いであった。議院内閣制とは、選挙と選挙の間にはきわめて強い権力を生み出す。立法・行政の権力の複合体に対する抑制は政権交代しか存在しない。言い換えると、政権交代をともなわない議院内閣制はきわめて危険な政治制度である。従来の権力分立論はこの点を見落としていた。この点が自民党による一党優位体制を批判する攻め口になると考えた。

政党という団体は、とらえどころのないものである。民主政治において政党は自発的結社であり、その活動、運営は私的自治の原理によって自由放任とされる。しかし、議院内閣制において議会の多数を取れば、政党は権力を保持する団体となる。与党の議員がすべて内閣の公職に就くならば、与党政治家の行動は国家機関としての行動であり、法的規制に服する。しかし、内閣の外側で与党議員が行動する場合には、自発的結社としての活動であり、国家機関を規律する法規制を受けない。たとえば、国会が内閣の首班を指名するのは、国家機関としての国会の行動であり、カネを渡して投票を依頼すれば、贈収賄となる。しかし、自民党という私的結社の総裁選挙は私的自治の世界の話であり、票の獲得のために巨額のカネが動いても、犯罪にはならない。このことは長年の自民党の派閥政治の弊害として、批判を受けてきた。しかし、違法ではないという欲求不満が残るだけでもあった。議院内閣制は、多数党に巨大な権力を与えるとともに、私的自治のベールの陰で責任を問われることなく権力をむさぼることを可能にしてきた。

この問題を考えるに当たって参考にしたのは、学生時代に聞いた渓内謙《たにうちゆずる》先生のソ連政治史の講義に出てきた「党の国家化」という概念であった。革命を目指して運動をしている段階では、共産党は一つの自発的結社にすぎなかった。しかし、革命が成就し、反対党を追放、破壊すると、共産党は政党でありながら、国家機関としての性格も持つ。共産党書記長が国家の最高指導者となった。公式の議会は形骸化し、党の意思決定が国家としての意思決定となる。

日本の場合、複数政党制と自由な選挙が存在するので、ソ連とは前提が異なる。しかし、自民党にとって代わって政権を担える政党が存在しない中で、常に自民党が選挙に勝ち、政権を長期間継続することによって、日本でも党の国家化が起きた。

その問題は、リクルート事件の中で顕在化した。政策の立案・実施について職務権限を持つ公務員が、リクルート社に有利な政策を引き出すよう請託を受け、カネをもらえば、収賄罪に問われる。文部省や労働省の高官が実際に収賄で逮捕、起訴された。また、野党の議員が国会質問でリクルート社に有利な政策を引き出すことを依頼されてカネを受け取って、収賄に問われたこともあった。しかし、自民党の政務調査会などの機関で実質的に政策に絶大な影響を及ぼすことのできる議員が依頼と資金提供を受けても、自民党という自発的結社の内部での活動なので、公務員の職務権限の行使には当たらないという理屈で、罪に問われることはなかった。

つまり、リクルート事件は、政権交代のない議院内閣制が内包する欠陥の現れだった。おりしも、元検事総長の安原美穂は、この問題をとらえ、自民党という政党自体を公的機関として扱い、法律で縛らなければ腐敗の追及はできないという論稿を発表した(「自民党を法で縛れ」『文藝春秋』一九八九年五月号)。しかし、政党が自発的結社として自立することは民主主義の土台の一つであり、政党の活動をすべて一般の公的機関と同様に法律で規制することは副作用ももたらすことが予想された。ちなみに、国家による政党助成金制度を憲法違反と主張する日本共産党は、その意味での政党の自立性を最も重視しているということができる。政党の意思決定や人事について検察、警察が介入することは、清潔な政治をもたらすだろうが、政治活動の自由を脅かす恐れがある。結局、議院内閣制における与党の行動については、選挙の機会に国民が評価、判断し、選挙で負けさせるという形で政治的責任を問うしかない。個々の議員であれ、政党であれ、そのような政治的責任を取らせる道筋を開くことが、議院内閣制を健全に機能させるために不可欠なのである。私は、こうした考察を基に、留学期間の最後に『一党支配体制の崩壊』という本を書きおろし、岩波書店から刊行された「シリーズ日本の政治」の一冊として一九八九年一一月に刊行された。

私が政治学者人生の最大のテーマとして、政権交代を追求するようになったのは、以上のような経緯によるのである。

日本型議院内閣制と一党優位体制に対する批判は、自民党よりも野党、特に野党第一党たる社会党に向けられるべきであった。政党が権力を追求するのは当然であり、自民党が権力を守ろうとすること自体は非難に値しない。問題は、野党が政権を獲得するための現実的な条件、すなわち議会で多数を取るために必要な候補者の擁立や政権を運営するための魅力的かつ安定的な政策を準備しない点にあった。野党間の連立政権協議があるわけでもなく、野党の候補が全員当選しても過半数に届かないという状況で何度選挙をしても、政権交代が起こるはずはなかった。政権交代に関する考察を深めるうちに、政権交代よりも改憲阻止を看板としていた社会党に対して、大きな欲求不満を感じるようになった。

3　一九八九年参議院選挙と土井ブーム

一九八九年六月末、私は二年間のアメリカ留学を終えて帰国した。日本を留守にしていた間、中曽根は首相の座を退き、中曽根の指名により竹下登が首相に就任した。そして、竹下政権は一九八八年末の臨時国会で、消費税の導入を決める法律を成立させた。一九七九年の大平内閣による一般消費税構想以来、ようやく大型間接税が実現した。四月から三%の消費税が実施され、リクルート事件で政治腐敗に憤慨した人々は、買い物のたびに三％の税金を取られるという増税にも怒りをもった。社会党など野党は消費税法の国会審議では牛歩戦術などで抵抗した。その後も、消費税の廃止を主張していた。先述の通り、竹下はリクルート事件との関わりの責任を取って辞任し、その後継には宇野宗佑が就任した。しかし、宇野も女性スキャンダルが暴露され、不人気であった。

日本に戻って成田空港で最初に買った新聞の一面トップ見出しは、参議院新潟選挙区補欠選挙における社会党候補の勝利であった。その後、七月二日の東京都議会選挙、二三日の参議院選挙でも、社会党の躍進は続いた。参議院選挙では、社会党が四六議席(選挙後の入党を合わせれば五二議席)を獲得し、改選議席の第一党となった。自民党は、三六(選挙後の入党を合わせれば三八議席)議席にとどまり、過半数を失った。土井たか子社会党委員長はこの勝利を、「山が動いた」と表現した。とくに、当時二六あった一人区のうち、二三の県で野党候補が勝利したことが、自民党の大敗をもたらした。この時、労働組合の連合が政治団体をつくり、社会党が候補者を擁立しない県で野党統一候補を立て、一一の県で勝利した。連合の議員は、連合参議院という会派を形成した。これは、労働界における総評、同盟の合体による連合の発足(実際の発足は八九年一一月)を踏まえて、将来的に社会党、民社党を再結集する方向性を見据えた動きであった。

保守回帰、革新の無化と表現された八〇年代後半の政治状況の中で日本を出てわずか二年後に、自民党は拒否政党(有権者がこの政党だけには投票したくないと思う政党)になっていた。私は、「帰ってみれば、こはいずこ」という浦島太郎の気分であった。政権交代のあるデモクラシーという理論的、実践的課題を見つけて戻ってみたら、日本の政治状況がまさに政権交代を求めて動き出していたわけであり、私は大いに興奮した。長年、自民党一党優位体制の中で政治の刷新を求めていた学者や運動家も同様の興奮を覚えていたに違いない。

竹下の後継であった宇野宗佑首相は、参院選大敗の責任を取って退陣した。自民党はその後継に、清潔なイメージを持つ海部俊樹を立てた。八月九日、首班指名選挙が行われた。この日の日記に次のように書いてある。

八月九日　臨時国会で首班指名行わる。参院で土井たか子が指名されたときには、まさに夢を見ているような気がした。政権交代の扉が半分開かれたということは、素直に喜びたい。

もちろん、衆議院では自民党が圧倒的多数を持っており、首班指名については衆議院の議決が優先するという憲法の規定により海部が首相に就任した。日記に「素直に喜びたい」と書いたのは、参院選での大躍進直後から、社会党の進むべき道筋をめぐって様々な議論が起こり、また保守系のメディアからは社会党が政権を取れば日本は大混乱に陥るというネガティヴ・キャンペーンが行われて、選挙結果を手放しで喜んでばかりいられないという事情の反映でもあった。

一九八九年の大変動の積極的な意味を、まず整理しておきたい。実証的政治学の研究者である森裕城の評価は、「消費税という争点が政党支持を超えた投票行動を引き起こした典型的な逸脱選挙」である(『日本社会党の研究』、一六〇頁)。逸脱選挙とは、ある政党支持者が他の政党候補に大量に投票する現象のことで、ここでは、「政党支持なし」および「自民党支持」からの大量の票の流入が社会党を躍進させた。消費税に反発した自営業者が自民党に一度「お灸」を据えるために社会党に投票した部分もあった。そうした票は次の選挙で自民党に戻る。問題は、国民の同意なしに重要な政策を進める強権的な政治手法、底知れぬ政治腐敗、男性中心の政治といった自民党政治の本質的特徴に辟易した人々に、政治の変化について希望を与えることができるかどうかにあった。

社会党への期待は一九九〇年二月の衆議院選挙までは続いた。この選挙で社会党は一三六議席(選挙後の入党を合わせると一三九議席)を得た。他方、自民党は二七五議席(選挙後の入党を合わせると二八六議席)を得て政権を守った。

社会党にとっての好機を最も生き生きと描写したのは、篠原一であった。一九八九年一〇月、現代総合研究集団(事務局長は、江田三郎の構造改革論を支えた貴島正道)というシンクタンクで政治変革のシナリオについての研究会が始まるというので、私もメンバーに誘われた。他のメンバーは、佐々木毅、石川真澄、新藤宗幸、高橋進などの偉い学者やジャーナリストだった。

その最初の研究会で、篠原が参院選に現れた変化について講演をした。その中で印象的だったのは、民主政治を生かす市民の潜在能力(デモクラティック・ポテンシャル)という言葉だった。篠原は八〇年代に「ライブリー・ポリティクス」という概念を提唱し、イデオロギーではなく生活の質を豊かにするという動機で政治にかかわる新しい参加の形態が現れたことを主張していた。参院選はそうした市民の政治能力が発揮された場であった。都市、農村を問わず社会党が躍進し、特に女性政治家が多く当選したことは、個人として生活感覚に基づき、品位ある(decent)政治を求める動きが大都市だけでなく、各地で広がったことの現れであった。

篠原は、選挙直後に『世界』に発表した論稿の中で、次のように指摘した。日本の政治システムは、五五年体制＝自民党一党優位システムから政権交代を内包する「普通のデモクラシー」に移行する可能性がある。その道をさらに進むために、社会党に対して次のように注文している。

ホップ、ステップはうまくいった。しかしジャンプもまた成功するためには、五五年体制と成熟しつつある市民社会とのギャップを大胆にうめていくという事業を完成させなければならない。そして市民社会が成熟しているとすれば、この事業に失敗した政権集団はさらにきびしく断罪されるにちがいない。（「システムの変換は可能か」『世界』一九八九年九月号）

まさに、社会党は市民社会の期待に応える新しい政権の像を打ち出さなければならなかった。それは、社会党が大勝利し、参議院で野党が多数を得たことゆえに直面した難問であった。

社会党の難問は幾つかあった。第一は、参院選最大の争点であった消費税をどうするか。第二は、政権を担う際に、安全保障・外交、経済・エネルギーなどのいわゆる基本政策をどのように打ち出すか。この点は、特に自衛隊違憲論という社会党の持論との関係で問われた。第三は、社会党単独で国会の多数を得ることが現実的に可能ではない以上、他の野党との連立政権構想をどのように打ち出すか。

第一の消費税問題について、社会党は共産党以外の他の野党と協力し、一九八九年秋の臨時国会に議員立法による消費税廃止法案を提出した。参院選の際に野党は消費税廃止を叫び、自民党の過半数割れを勝ち取った以上、それを実現するための法案を提出するのは、民主主義の手順に照らしてまっとうな取り組みということになる。しかし、これは政治的なパフォーマンスにすぎなかった。衆議院では自民党が多数を持っており、参議院で廃止法案を可決しても、衆議院で否決され、廃案となることは明らかであった。廃止という結果を実現できなくても、できる限りの努力はしたというアピールがこの議員立法の目的であった。

もう一つの問題は、税法を議員立法で作成することの限界であった。消費税廃止法案では、それに伴う代替財源についても具体的な規定を盛り込んだ。そうした詳細な法案を準備するには、参議院法制局の助力だけでは限界があった。実際に、計数上のミスも指摘された。税制という基幹的な政策をつくり変えるには、やはり政権交代を起こしたうえで、大蔵省(現財務省)の官僚を使いながら、官僚がもっている情報を駆使して法案をつくるというのが、実現可能な手順である。

この点について、篠原は前掲論文で、次のように指摘している。

> 政権交代がのぞまれる以上、政策の具体的方向がみえてこなければならない。〔中略〕選挙に当っては細かい政策は必ずしも必要でなく、政権についてから、官僚が肉付けできるような輪廓がはっきりしていれば十分であろう。〔中略〕そのためには、政策立案をするシステム、基本政策をつくる機構の問題、さらに内閣の構成のし方が重要な問題になってくる。(同上)

当時の社会党の指導部は、政策能力という言葉について誤解していたと言わざるをえない。政党がもつべき政策能力とは、篠原が言うように、細かい作文をする能力ではない。社会党が政権を握ったときに、大蔵官僚に対して消費税に頼らない税制の骨格を提示し、その意義や有用性について官僚を説得する能力のはずである。その意味で、新たな政権党と官僚組織を合わせた政府全体のイメージを描くことが重要であった。徹夜の試験勉強のような形の議員立法や委員会審議を見ても、政権交代の現実味は喚起されなかった。国民に対しては、消費税を廃止した後に実現すべき国民本位の税制の基本的なイメージを示したうえで、そのために次の衆議院選挙で政権交代を起こすよう一層の支持拡大を求めるというメッセージが必要だった。

第二の基本政策に関する議論を振り返ってみたい。連立政権のパートナーと目された公明、民社両党から社会党に対して、自衛隊と原子力発電の容認、日米安保条約の受け入れなど「現実化」が求められていた。社会党の改革志向の政治家も、八〇年代の石橋政嗣委員長の下で政権を担える政党へ転換を進めた時期に、これらの基本政策に関して原理的反対だけでは国民の支持を得られないことを認識していた。一九八六年には「新宣言」を採択し、マルクス・レーニン主義からの決別を図った。安全保障についても、非武装を遠い未来に実現する理想と位置づけ、当面自衛隊と日米安保の現状を維持しつつ、攻撃的要素を縮減していく「石橋構想」を打ち出していた。

問題は、一九八六年九月に石橋の後継となった土井委員長と政策や政治戦略を起草する実務者の間で議論が進まなかったことであった。かつて新宣言による路線転換を推進した学者グループ、もともと社会主義協会に属しながらソ連型社会主義に幻滅し、社会民主主義に転向した高木郁朗、福田豊、大内秀明などの人々は、市民的人気のある土井こそが新宣言路線を実現し、社会党を国民政党に変身させると期待していた(『土井社会党』)。しかし、もともと憲法学者であり、社会党内の論争に身を置いたことのない土井は、その種の路線について関心を持っていなかったと思われる。土井と極めて親しかった朝日新聞の国正武重は、土井の聞き書きを基に評伝を残している。その中で、次のように書いている。

「山が動いた」といっても、それは西欧型の社会民主主義をめざすという、いわゆる「ニュー社会党」路線や「国民連合政権構想」の政策のせいだとは思えない。こんどの社会党圧勝は、リクルート疑獄、消費税導入、農政不信、宇野・女性スキャンダルなど、政府・自民党側の負の遺産や自滅、土井ブームに「おんぶにだっこ」された結果だと言える。現に土井サイドからは、「勝ちすぎて怖いくらい。次の総選挙まで息が続くかどうか……」といった声すら聞こえてきた。

(『日本政治の一証言』、五七頁)

国正のこのような認識は、土井自身のものでもあったろう。実際に、土井は孤立していた。人事について、委員長退任後、国正に本音をぶつけている。

人事については悔いを残さないため自分がやりやすい人をと思ったけれど。百分の一もうまくいかなかった。人事の本当の「司令部」がどこで、誰が、あっちこっちに手をつけて動いたのか、私には全部手に取るようにわかっていた。だけど、それに体を突っ込むと、「手を出す問題では

ないよ」と……。(同上書、八七頁)

つまり、土井のリーダーシップの下で、市民感覚を備え、新たな政治課題に取り組む政治主体を作り出すという作業に取り組む体制は存在しなかった。基本政策の見直しは、山口鶴男書記長以下の実務者によって進められた。この新見解は、土井の清新なイメージに沿って前に進むというよりも、マルクス・レーニン主義から転換したのと同じように、原理主義的反対から転換して現状を追認するという色彩が濃厚であった。

一九九〇年六月二二日、山口書記長は、「日米安保について、①安保廃棄、安保堅持とも違う条約の軍事面を縮小する第三の道を選択する、②将来的には日米平和友好条約の締結を目指しながら、現行の安保条約については政治経済協力、国際協力、緊張緩和と軍縮推進の総合的な条約として現実的に運用する」という談話を発表した。これに対する土井の姿勢を、国正は次のように書き残している。「「党の基本に関わることは、党の機関で決めたことに基づいて対処してほしい」(六月二五日党三役懇談会)と、表向きは奥歯に物が挟まった発言しかしなかった」(同上書、七三頁)。

土井は、安全保障政策の見直しについて党首としてリーダーシップを発揮するのではなく、担当機関の議論を尊重するという受け身の姿勢を取ったのである。土井は、党の実務に疎いからこそ、それまでの社会党幹部にない清新なイメージを持ち、参議院選挙における政治刷新の象徴となりえた。しかし、選挙で圧勝したがゆえに、政権交代に向けた体制構築を急ピッチで進めなければならないという強い圧力を受けるようになり、党内で実務を担うスタッフやブレーンを持たなかったために、せっかくのチャンスを目の前に右往左往するというマイナスのイメージを作り出した。

第三の、他の野党との連立協議についても、社会党の「一人勝ち」は、公明、民社両党の反発を招き、進捗はなかった。逆に、ねじれ国会の出現によって自民党は参議院における多数派形成の必要に迫られ、社会党と公明、民社両党の間の離間を画策することとなった。

話を、私自身と社会党や社会党系の政治家との関わりに進めよう。私は、政治の激動を受けて、さらに一九九〇年の年明けに予想されていた衆議院選挙に向けて、新聞、雑誌からの原稿依頼を受けるようになった。特に印象深いのは、一九八九年一二月二一日の朝日新聞「論壇」に掲載した短い論稿「野党は新課題への主導権示せ」と、『世界』の九〇年三月号に掲載した「政権交代で何を変えるのか」という長い論稿である。前者は、民主主義にとって政権交代は不可欠であり、社会党がそのためのイニシアティヴをとるよう求めたものであった。後者は、一度の政権交代で経済や安保・外交などの諸政策を一気に転換することは無理であり、まず、政治・行政の基本的なルールを改革し、政権交代が起こりやすいゲームの土台を作り出すことが必要だと主張したものである。

朝日の論稿を読んだ江田五月から感想を記した手紙が送られた。江田と私は岡山市の出身で、江田の自宅は私の実家の近くであった。一九八三年の正月、参議院から衆議院への鞍替えを準備していた江田が近所を戸別訪問していて、私の実家にも寄った。たまたま帰省していた私も挨拶をした。そのような縁もあって、江田に私の著書を送り、政権交代を目指す交流が始まった。

『世界』への寄稿にあたっては、入念な準備があった。この注文は、同僚だった中村研一を通して来たものであり、中村と川崎修を相手に、論稿の内容について報告する討論会を持った。さらに、岩波書店の会議室に福田歓一、篠原一、坂本義和、石田雄といった先生方が集まって、『世界』に載せる原稿の内容について報告をするという試練もあった。初めて総合雑誌に書くに当たって、学者、言論人としての心構えを教えるという趣旨だったようだ。最初の政権交代では、政治・行政の制度改革を中心にして、自民党と野党の関係をフラットな競争にするという、ある意味で控えめな改革論について、物足りないという反応が多かった。ともかく、論壇の書き手を育てることに、あの世代の先生方は責任感を持っておられたのだろう。

新しい政治を求める気分が世の中に広がったことで、政治について論評する機会が増え、これに注目する政治家もいた。とくに、一九九〇年二月の衆議院選挙で初当選した社会党の若手政治家との付き合いは、刺激的だった。その中心は、仙谷由人、赤松広隆、筒井信隆、五島正規など、後に民主党をつくり、その中心となる人々であった。彼らは、ニューウェーブの会を作り、社会党改革、さらには政党再編に向けた運動を展開した。まだ社会民主連合(社民連)にいた江田五月も実質的にはこの会のメンバーだった。私も、時々この会の勉強会や合宿に加わり、政権交代に向けた新しい政党の在り方について話した。

若手政治家の大きな塊ができたことは、社会党のイメージを変えた。しかし、社会党の改革はなかなか進まなかった。目指すべきゴールを設定したうえで、党内で議論を積み上げて、合意を形成するという作業ができないのが、社会党という政党であった。それは社会党に厳しすぎる評価かもしれない。当時、冷戦の終焉という世界史的大事件の衝撃の中で、どの政党も次のビジョンを描くことはできていなかった。ただ、社会党にとっては、イラクによるクウェート侵攻とそれに続く湾岸戦争という出来事が、路線論議を一層難しくした。

4　湾岸戦争と護憲のイメージ低下

土井社会党を苦境に追い込んだのは、一九九〇年八月に起きたイラクによるクウェート侵攻と、一九九一年一月に始まった湾岸戦争であった。一連の危機は、冷戦終焉によって平和な時代が来たという楽観を吹き飛ばした。湾岸戦争を契機とする憲法九条をめぐる議論の展開については章を改めて論じる。ここでは、この戦争が社会党のイメージに与えた打撃について振り返っておく。

クウェート侵攻は、サダム・フセインという独裁者による侵略、征服であり、フセインのイラクが悪、クウェートは被害者という構図は明白であった。そして、征服者に対して言葉で撤兵を求めても聞き入れられない場合、軍事力で侵略以前の状態を回復することが必要となる。そして、アメリカを中心とする有志国はいわゆる多国籍軍を形成し、実際に軍事力を行使し、イラク軍をクウェートから追い返した(湾岸戦争)。これは、国連の安全保障理事会決議に基づく正当な軍事力の行使であった。

多くの国が正義を実現するために軍事力を行使する時、戦争を放棄し、戦力の行使を禁止してきた日本がどのような協力をするか、が問われた。湾岸戦争に対して、日本は一三〇億ドルの経済支援を行ったが、アメリカからは人的貢献がないことに対する不満が伝えられたと報道された。

さすがに自衛隊を直接戦闘に参加させるという主張は政府、自民党にはなかったが、後方支援、さらには戦争終了後の国連による平和維持活動(ＰＫＯ)に自衛隊を参加させるべきという声が高まった。

実際に、九〇年秋に海部政権は、自衛隊による後方支援とＰＫＯ参加を可能にする国連平和協力法案を国会に提出した。この時は、他国による戦闘行為と自衛隊の活動の線引きをめぐって議論が紛糾し、同法案は廃案となった。翌年九月、海部政権はほぼ同じ内容の国際平和協力法（ＰＫＯ法）案を臨時国会に提出し、継続審議となったのち、九二年六月に宮澤喜一政権の下で成立した。これによって、自衛隊はＰＫＯに参加することとなった。

湾岸戦争開始時から、社会党はあらゆる形の自衛隊の海外派遣に反対するという態度を明確にした。これに対して、社会党の憲法擁護は一国平和主義だという批判が浴びせられた。土井たか子は自他共に認める憲法擁護の象徴であった。湾岸戦争以後の政治状況は、土井が象徴する純粋な憲法擁護が必ずしも好感を呼ばない環境となった。日本が自衛隊を海外に送って武力行使に参加させることは論外だが、自衛隊が国際平和に対して何らかの貢献をすべきだ、その際、多少のリスクがあっても仕方ない、という議論がメディアでも語られるようになった。しかし、社会党は党のアイデンティティである平和主義と国際正義の実現という二つの価値の間で苦悩した。土井は、そうした苦悩の象徴となった。

一九九〇年一一月の臨時国会で国連平和協力法案の成立を断念するに当たって、自民、社会、公明、民社の四党の幹事長、書記長会談が開かれ、自衛隊とは別組織によるＰＫＯ活動参加を可能にするための新法制定が話し合われた。山口社会党書記長は最終的にこの協議から離脱した。当時副委員長だった田辺誠は、小沢一郎自民党幹事長から別組織論を聞いており、社会党も積極的に議論に参加すべきと考えていた。田辺はこの間の経緯を次のように説明している。

会談の行われた当日、土井さんに、今日の書記長・幹事長会談というのは非常に重要だから、終わったら少なくとも三役会議をすぐ開いて、その後、社会党としてどうするかを相談しなくちゃいけませんよ、私は待機していますからといったけど、開かなかったんですよ。これが自公民で合意するという形になってしまった。（『田辺誠の証言録』、一二〇頁）

社会党にとって、合意形成に参加することは、自衛隊の国際貢献を非軍事的役割に限定する、海外で活動する際の組織形態を自衛隊とは別物にするなどの自説を盛り込むチャンスを意味した。当時、社会党本部の書記だった松下信之は、「別組織をつくって、自衛隊もそこの組織に入って行けばいいじゃないかという議論で、国会議員のなかではほとんどまとまっていました」と回想している（『社会党の崩壊』、四六頁）。しかし、土井委員長にそこまで踏み込む決断はできなかった。たとえ平和目的であっても、自衛隊を海外に派遣することを土井は受け入れられなかったのであろう。土井の背中を押した党内の雰囲気について、松下は次のように述べている。

おそらくＰＫＯ反対闘争は、社会党が中心となった最後の国民的運動だった。あのときに、「自衛隊を行かせるな、というスローガンの方がみんなにわかりやすいんだ」ということになって、ＰＫＯ自衛隊別組織論が押されていってしまうのです。（同上書、四六頁）

社会党はそうした苦悩と停滞の中で一九九一年四月の統一地方選挙を迎えた。最大の注目選挙である東京都知事選挙の候補者擁立が難航し、結局、政治学者の大原光憲を擁立したが、供託金没収の惨敗に終わった。また、八七年の統一地方選挙で、当時の中曽根政権が進めていた売上税への反対の世論を受けて地方議会の議席を増やしていたが、九一年は大幅に議席を減らした。土井は、地方選挙敗北の責任を取って退陣した。

土井の後継党首は党員の選挙によって選ぶことになり、右派のリーダーであり、現実化路線を推進してきた田辺誠が九一年七月に選ばれた。田辺は、八〇年代の石橋委員長の下で書記長を務め、新宣言の策定、現実化路線への切り替えに奔走した。また、土井が退陣を表明した後、「党改革のための基本方向」の策定を依頼され、政権政党に脱皮するための道筋を示そうとした。自衛隊については、「自衛隊の現状は違憲の疑いを払拭できない。しかし、改革を進め軍縮を進めていくという過程は、憲法の精神に沿っている」という「過程合憲論」を打ち出した。また田辺は、委員長就任後はイギリスに倣ってシャドー・キャビネットを設置し、政権準備を真剣に考えているという姿勢をアピールした。しかし、委員長就任時に六九歳と高齢で、カリスマ性にも欠けていた。また、党内には田辺の現実化路線を実質的な改憲への加担として批判する左派の抵抗も強かった。田辺自身、自分が委員長を務めていても、政権を担える政党に向けてルビコンを渡ることはできなかったと回想している。

社会党の硬直性を国民に印象づけたのは、九二年六月のPKO法案の審議における徹底抗戦であった。田辺自身は、当面のカンボジアのPKOに限定する法案など妥協の道を探り、民社党、連合などと協議したが、党内の抵抗が強く、合意には至らなかった。参議院の採決、さらに修正後衆議院に回付された後、動議の連発と牛歩戦術で採決を遅らせた。そして、社会党所属の衆議院議員全員が辞職願を議長に提出するという六〇年安保の時以来の戦術を繰り出した。田辺にとっては、自衛隊の平和的利用をかたくなに否定する護憲主義は土井が残した負の遺産であった。のちの田辺自身の説明によれば、妥協の試みも万策尽きた以上、「この際討ち死にしてでも徹底した抗戦をして社会党の「平和の党」としての墓標をつくろう」というのが彼の意図だった（『田辺誠の証言』、一三四頁）。

他方で、社会党内には党勢の停滞を護憲平和と抵抗路線によって立て直すという意図を持った政治家も存在した。私は、一九九二年五月二五日、社会党の機関紙『月刊社会党』の企画で、久保亘副委員長と対談した。対談の後、昼食をとりながらの雑談で、本音を聞いた。同日の日記を引用する。

五月二五日　結局、今度〔九二年七月〕の参院選で自民党はそれほど減らず。連合、再編の議論はすべてポシャるのではないか。〔参議院における与野党の〕逆転状況もあと三年だけで、すべては元の木阿弥ということ。PKOについては、徹底抗戦で解散やむなしと腹をくくった由。

久保は右派の指導者のひとりで、田辺の党改革を執行部内で支持した少ない政治家の一人であった。しかし、PKO法案については参議院で徹夜国会を続けて政府与党と我慢比べをすると決意を示していた。社会党の中には参院選を自衛隊の海外派兵に関する国民投票にするともくろむ左派の政治家がいた。久保でさえ、憲法九条擁護を前面に掲げて参院選を戦うしかないと考えていたことに、私は驚いた。八九、九〇年の大躍進で期待を集めながら、政権を担える政党への脱皮は進まず、選挙に向けたアピールの方法としては、伝統的な憲法擁護の戦い方しかなかったということである。
参院選では、社会党の平和主義と国民の認識には大きなギャップがあったことが示された。この選挙の投票率は五〇・七％とそれまでの最低を記録した。社会党は、議席数二四(一九八九年から二八議席減)、比例の得票七九八万票(一九八九年から一一七一万票減)と、大敗した。このギャップについて、森裕城は次のような世論調査を紹介している。

有権者も自衛隊派遣の違憲性を感じてはいた。朝日新聞社が行った同上世論調査(九二年七月一三日)の「国連平和維持活動に参加させるため、自衛隊を海外派遣することは、憲法上問題があると思いますか。問題はないと思いますか」という質問の回答結果は、「問題がある」が五八％、「問題はない」が二六％、「その他・答えない」が一六％となっている。しかし、自衛隊派遣に違憲性を感じる有権者がすべてＰＫＯ協力法案成立に反対していたわけではなかった。同じ調査の「ＰＫＯ協力法がさきの国会で成立しました。あなたはこの法律ができたことは、よかったと思いますか。よくなかったと思いますか」という質問への回答は、「よかった」が三六％、「よくなかった」が三六％、「その他・答えない」が二八％となっている。今回の自衛隊派遣問題を、軍事問題として捉えるか、国際貢献問題として捉えるかで、有権者の中に大きな戸惑いがあったように見える。(『日本社会党の研究』、一六七―一六八頁)

ＰＫＯに自衛隊が参加することには、憲法上の問題点と国際貢献の拡大という二つの面があった。

国民自身がその二つの間の矛盾に悩みつつ、ＰＫＯ法ができた以上、国際貢献の拡大を支持するという態度を取ったといえよう。社会党の徹底抗戦にはついていけないというのが多数の国民の感覚であった。

私は、この結果を受けて「護憲政治の終わり」という文章を書いた。その一部を引用する。

社会党は参議院選挙について大きな戦略上の矛盾を犯してしまった。一方において社会党は連合型選挙を推進したが、これは野党の再編を射程に入れた新しい多数派形成のための戦略の一つのステップであった。多数派の形成のためには自らの陣営の中で一致できる争点を前面に打ち出し、対立する争点を政策論議の空間の中で周辺に追いやるような仕掛けが不可欠である。しかし、他方で社会党は参議院選挙をＰＫＯ法に対する国民投票と位置づけ、憲法という絶対的正義に基づく抵抗を唱道した。社会党にとって、純粋な論理に基づいて抵抗するという路線と、政権獲得を目指して新しい多数派を形成するという路線は相容れないものである。五五年体制の出発点から社会党が引きずってきた条件反射は、多数派形成の路線を塞いでしまったのである。（『電機ジャーナル』一九九二年九月号）

私がここで指摘した連合型選挙とは、一九八九年に続いて一人区で連合が候補を擁立したことを指す。連合の候補は社会党と民社党の中間のような位置づけであり、将来の野党再編を見据えた動きであった。しかし、社会党と民社党で食い違ったＰＫＯ問題を正面に押したてれば、両者の協力は進まなくなるのであり、連合の政治戦略も頓挫する。参院選の時点で、社会党は次の時代に向けた再編の構想を描くことができず、政治変革の担い手としての位置づけを完全に失った。

5　土井ブームとは何だったのか

結局、一九八九年に沸き起こった土井ブームとは何だったのか。高畠通敏が指摘している通り、社会党の勝利は、男性、自営業者など従来自民党に投票してきた人々および無党派層のシフトがもたらした(「社会党はいま、何をなすべきか」『社会党』、一一〇頁以下)。その中には、八六年の衆参同日選挙では自民党に投票した人々も多く存在した。社会党に投票した人々がこの党に期待したことは、そもそもあまりにも多様であった。自民党政治の中で周辺的存在として扱われてきた女性、若者は、自民党が見落としていた人々の声を聞く本物の民主主義を求めて、消費税導入で不利益を押し付けられた自営業者は消費税の廃止を求めて、八〇年代半ばに保守化していた新中間大衆(村上泰亮)はより品位のある政治を求めて、社会党に投票した。これらすべての新規支持者をつなぎ止めることは不可能であった。先に引用した松下は、党内の議員、スタッフの多くは土井ブームを「消費税バブル」と呼んでいたと回想している。

それでも、自民党政治に対する飽きと怒りが広がる状況の中で、社会党が自民党とは異なる社会像を打ち出していたら、ある程度新規支持者をつなぎ止めることはできたであろう。高畠は、生活保守主義に代わる生活革新主義という言葉を提起している。当時は、バブル経済の絶頂期だったが、企業部門への富の偏重、資産格差の拡大、長時間労働の弊害、内外価格差(当時の日本では物価高が問題となっていた)などから、個人レベルでの生活の貧しさを嘆く声が広がっていた。自民党が対処できなかった経済、社会の課題に対してアジェンダを打ち出すことを求める人は多かったはずである。しかし、土井社会党がそうした政策刷新に本格的に取り組んだ形跡はない。

一九九〇年夏以降、湾岸危機によって安全保障と国際貢献が最重要の政治課題になったことは、土井と社会党にとって不運だった。それにしても、ポスト冷戦時代の地域紛争に対処するための新しい平和国家の構想を作ることもできたはずである。そうした知恵を出そうとする専門家もいた。しかし、政権交代への道をUターンするかのごとく、伝統的護憲政治に転換したことで、社会党への期待は消えた。一九八九年の期待があまりにも大きかったために、それを生かせなかった社会党に対して、一九九二年の時点で国民は落第点をつけ、政治的選択肢から外したということができる。

一九八九年に始まった政治変革のドラマは、九二年夏に竜頭蛇尾の形で第一幕を閉じた。第二幕は、一九九二年八月から始まった金丸信自民党副総裁の辞任と佐川急便事件とともに始まることとなる。これについては、第三章で論じることにしたい。

第二章　冷戦終焉と憲法論議の転回

1　湾岸危機と憲法論議の転回

一九九〇年代前半には、今と全く異なる国際環境の中で、日本の針路と憲法解釈をめぐって、活発な論争が行われていた。

一九八九年一一月のベルリンの壁の崩壊とそれに続く東欧諸国の劇的な民主化、一九八九年一二月のブッシュ、ゴルバチョフ両首脳による冷戦終焉の宣言など、国際政治の激動を見て、私も一九九〇年代は憲法九条が想定しているような平和な時代になるだろうと希望に胸を躍らせていた。しかし、世界戦争の引き金となりえた米ソの冷戦は終わっても、地域紛争、民族紛争が新たに噴出した。一九九〇年八月のイラクによるクウェート侵攻とその後の湾岸戦争、一九九一年以降の旧ユーゴスラビアの内戦など、悲惨な戦争が続いた。

特に、湾岸危機は日本に深刻な問題を提起した。イラクによるクウェート侵攻は、横暴な独裁者が他国を侵略するという構図で、イラクのサダム・フセインは侵略者であった。そして、侵略者に法を説いても無駄なので、最後は軍事力によって侵略を止め、平和を回復することが必要となるとアメリカなどは主張した。

実は、憲法九条が制定当初想定していたのは、戦争のない世界ではなく、平和を乱した侵略者に対して国際社会が協力して対抗し、平和を回復するという世界だった。この点について、当時貴族院議員だった南原繁(東京大学総長)が憲法制定の時期から指摘していたことが、戦後長い間忘れられていた。南原は、憲法制定を審議する貴族院の本会議で、吉田茂首相に対して次のように質問した。

国際連合の憲章によりますと、その加入国家の自衛権が一面において認められております。その外《ほか》に重要なことは、兵力を提供する義務が課せられておりますことは御存じのとおりであります。然るに今回の我が憲法の改正草案におきましては、自衛の放棄は勿論でありますけれども、一切の兵力を持ちませぬがために、国際連合へ加入の場合の国家としての義務というものを、そこで実行することができないという状態となっているのではないかという問題があるのではないかと存じます。〔中略〕

世界の正義の確立、正義にもとづいた平和の確立ということに、及ばずながら将来国際団体の一員に加入を許された場合には努力し、そこに理想を向けて行くということが一番大事なことと考えるのであります。即ち単なる戦争を放棄したということだけでは相成らぬのであります。放棄した以上に今申した意味の正義にもとづいた平和ということに向っての理想、これこそ日本の将来の大きなところの国際政策・世界に寄与すべき政策であると考えるのでございます。(『南原繁

著作集　第九巻』、八七―八八頁、九一頁）

国連は集団的安全保障の考えを採用し、侵略者に対する加盟国共同による反撃、原状回復のための戦いを認めている。南原は、日本が独立を回復し、国連に加盟すれば、国連の一員として集団的安全保障に加わるべきだと主張した。

国連軍による平和回復の試みは、朝鮮戦争の際に不完全な形で、つまりアメリカ陣営が国連軍の体裁を取るという形で具体化しただけで、米ソ冷戦の中では安全保障理事会が一致して集団的安全保障を発動することは現実的ではなかった。冷戦の終焉、ソ連の崩壊という大きな体制変化の中で、いわば初めて集団的安全保障を具体化する機会がめぐってきた。南原は回顧録の中で、集団的安全保障についで、次のように語っている。

「戦争あるべからず」ということは永久の普遍的原理だけれども、カントもいうように「戦争がある」というのは歴史の現実なので、これは変らないと思う。たとえ、国際秩序ができた場合も、それを破る一つの暴力はどこかで起る。その場合、それをチェックする、制裁する一つの秩序、設備を国際政治的にもたなければならない。それは形は似ていても、昔の戦争の概念とは違ってきますね。昔の主権国家の対立抗争ではなくて、一つの暴力、国際秩序を破った犯罪に対する制裁という形になる。これを抑える機能は軍隊というより国際的警察というふうに観念が変ってくるでしょう。（『南原繁回顧録』、三五五頁）

冷戦終焉から九〇年代にかけて、南原の言う国際的警察の体制を構築する議論がさまざまなレベルで行われた。国連では、ブトロス・ガリ事務総長が当事者の合意を前提とする平和維持活動よりも強い軍事力を持つ平和執行部隊の構想を打ち出した（もっとも、この構想はソマリアなどで失敗に終わった）。日本では、小沢一郎が強力な国際貢献を最も積極的に提唱した。小沢は、九一年の東京都知事選挙で磯村尚徳を立てて戦い、鈴木俊一に敗れた責任を取り、自民党幹事長を退いた。そして、小沢調査会（正式名称は、国際社会における日本の役割に関する特別調査会）を立ち上げ、安全保障や憲法論についての検討を重ねて、九二年二月二一日に答申を出した。その要点は、次のようなものであった（毎日新聞、一九九二年二月二一日を参照）。

①歴史と現状の認識

これまでの日本の平和国家としての在り方は、他国の安全と平和には関与しないという受動的、消極的な姿勢につながり、全世界の国民が等しく恐怖と欠乏から免れ、平和のうちに生存し得るよう能動的、積極的に対応する姿勢に欠けがちであった。〔中略〕「平和イコール非軍事」という図式から抜け出そうとしない態度は、歴史を正面から受け止めて反省し、日本がかつて抱えていた問題点を克服することから逃避することにつながってしまっていたのではないだろうか。

②安全保障に関する日本の持つべき理念

・積極的・能動的平和主義

憲法の平和主義については、消極的な平和主義としてとらえられ、一国平和主義的な考え方につながりがちであった。今、日本に対して安全保障の分野においても、より一層の寄与を求める国際世論が高まっている。憲法全体の立法の趣旨を示すものは、憲法の前文である。これは国際社会と協調し、世界の平和秩序維持と世界経済の繁栄のために努力する、という精神を示すものだ。憲法九条第一項で「正義と秩序を基調とする国際社会を誠実に希求」すると宣言しているのも、自国の利益のために世界の平和秩序を破壊するような「国権の発動たる戦争」を放棄しているのである。〔中略〕専制と隷従、圧迫と偏狭の除去という人類の恒久的な課題は必ずしも平和裏に実現できるとは限らない。正義と秩序を基調とする国際平和を守り抜くために、時として、国際社会が一丸となるときに、専制を黙認しようとすることは、決して日本に名誉ある地位をもたらすものではない。

・憲法九条と国際平和の維持・回復

国際協調の下で行われる国際平和の維持・回復のための実力行使は否定すべきものとは考えない。具体的には、国連憲章第四三条に基づく国連軍のように、国際的な合意に基づき国際的に協調して行われる場合には、当該実力行使が「国際平和の維持・回復」という目的に沿ったものとなることは疑うべくもないと考えられる。わが国が海外で実力を行使したとしても、それは憲法第九条には抵触しないと考えられる。これまでの政府解釈はもはや妥当性を失っていると考えられる。

明らかに、小沢の憲法論は従来の改憲論とは異なっていた。米ソの対立とは無関係な地域紛争が続発する新しい国際環境において、憲法前文を援用して、国際社会において名誉ある地位を占めるために、日本は軍事力の行使を含む国際貢献をするべきだという主張は、新しいものであった。しかも、自国の利益のためではなく、国際社会の正義と平和のために国連による実力行使に加わるというのは、南原繁がかつて提起した議論である。護憲派、進歩派もこれに対しては正面から答えることが求められた。後に、小沢の側近だった平野貞夫から、小沢の憲法論をまとめるに当たって、平野は南原の議論を紹介したと聞いた。また、小沢調査会の答申は、一九九三年五月に出版された小沢の『日本改造計画』(講談社)の原型でもあった。この本を実際に執筆したメンバーには、北岡伸一、御厨貴など、当時の気鋭の政治学者が含まれていた。小沢の「積極的平和主義」が普遍的な価値を志向するように見えたのも、当然であった。

一国平和主義という批判を浴びながら、有効な反論をしない護憲派に対して、私は不満を貯めていた。当時、私は、共同通信配信の「論壇時評」を毎月書いており、保守、革新合わせて様々な雑誌の時論を読んでいた。その中でも、リベラル、護憲派からの発信は極めて乏しかった。

2　創憲論の意図

私は戦後日本政治の研究者として憲法をめぐる論争の歴史と構造に関心を持っていた。その観点から憲法問題についても発言を始めた。

憲法九条をめぐる論争と政策の歴史を整理するうえで、最も教えられたのは、同僚の酒井哲哉が書いた「「九条＝安保」体制の終焉」(『国際問題』一九九一年三月号)という論文だった。この論文の要点は次のようにまとめられる。岸信介が軍隊を備えた普通の国を目指して一九六〇年の安保改定を進めたが、未曽有の国民的反対運動に遭って退陣を余儀なくされた。その後に登場した池田勇人は改憲を棚上げにし、適度な自衛力と日米安保体制によって安全を図りつつ、経済成長によって国民統合を果たした。その中で、九条と安保条約、自衛隊の関係は転換された。自衛隊と九条は矛盾するのではなく、必要最小限の自衛力は憲法九条によって基礎づけられる。そのような小規模な自衛力では手に負えない戦乱については日米安保によって対処する。もちろん、日米安保は集団的自衛権行使を含む十全な軍事同盟ではない。このように、九条という規範と自衛隊、日米安保は互いに補完し合う関係をつくった。これが、「専守防衛」、「軽武装＋経済成長」の実態であった。

酒井は次のように指摘している。

憲法九条は「一つの世界」でその真価が試されたことは、ほとんどないのである。憲法九条の歴史の大半は、「二つの世界」、すなわち冷戦の歴史と重複していた。〔中略〕今後九条路線にとって、少なくとも、自衛権の定義と自衛隊の位置付け、および国際連合の平和維持活動への貢献方法についての突き詰めた検討が必要になることは、確かなことのように思われる。

問題は、冷戦終焉後の新しい状況に「九条＝安保」体制をどう適応させるかという問いであった。

護憲派にはそのような問いを考える姿勢がなかった。九〇年の国連平和協力法案の議論の際にも、護憲派は自衛隊を海外に送り出すことについて、中国、韓国などアジア諸国の不安が大きいということを反対の理由の一つにしていた。私はそうした消極的な姿勢に不満を持っていた。過去の侵略戦争の記憶が残っているから自衛隊による国際貢献ができないならば、侵略を徹底的に反省し、平和と民主主義に徹することで近隣諸国の信頼を得るのが王道である。そこで、いささか受動的、消極的な響きを持つようになった護憲に代わって、憲法九条の理念を受け継ぎつつ、ポスト冷戦状況における新しい規範を作り出す姿勢として、「創憲」という言葉を考えついた。

このころ、日本の置かれた立場を私は次のように説明していた。アジア太平洋戦争でアジア諸国に甚大な犠牲と損害をもたらした日本は、戦後、憲法九条を持ち、戦争放棄と戦力の不保持を宣言した。これは、アイスホッケーで反則を犯した選手がペナルティ・ボックスに入れられるようなものである。日本は自衛隊と日米安保条約によって安全を確保したが、国際的な軍事の舞台には一切上がらなかった。そのような謹慎が四五年余り続いたが、冷戦の終焉という新しい国際環境の中で、再び国際政治の舞台に日本も立つべきだという議論が出てくるのは不思議ではない。

そこで日本に問われるのは、ペナルティ・ボックスを出て、ヘルメットやスティックをもって普通のプレーヤーとして国際政治、軍事の場に復帰するのか、戦後日本の経験に基づいて別種のゲームを考案し、そこで新しいプレーヤーになるかという選択であった。湾岸危機に対して日本が実務的に貢献したのは、機雷除去のための自衛隊の掃海艇の派遣であった。掃海艇派遣は、中曽根政権時代の一九八七年、イラン・イラク戦争中にも検討されたことがある。この時には、後藤田正晴官房長官が自衛隊の海外派遣は絶対に許されないと強く反対し、実現しなかった。湾岸戦争の後には、国際貢献の必要を認める世論の中で、これが実現した。

私自身はこれを支持し、九一年の憲法記念日に関連する論稿を信濃毎日新聞に求められたときに、次のような文章を書いた。

八〇年代の軍拡にもかかわらず、日本政府が国際社会に送り出せるのは最新鋭の兵器ではなく、掃海艇でしかないという事実は、今後の日本の国際貢献策と防衛政策を考える上ですこぶる示唆的である。いま必要なのは禁止的護憲論を繰り返すことではなく、国際社会における紛争処理の後衛としての役割を日本が果たすための制度や組織の構想である。その意味で、戦後憲法に書かれた高い理想と世界の現実とをつなぐための新たな憲法の創造、創憲こそが求められているのである。（信濃毎日新聞、一九九一年五月四日）

この時、創憲という言葉を最初に使った。この言葉は、憲法の創造を略したつもりであった。この言葉を考えたときには、具体的な改憲案を用意していたわけではない。酒井の論文にあったように、冷戦終焉という新しい状況の中で、憲法九条を持つ日本が国際社会における秩序維持や平和の創出のためにどのような行動をとるかという課題に初めて本格的に取り組むこととなった。自衛隊のＰＫＯ参加もそうした新しい対応であったが、憲法九条の解釈を拡げることによって、じわじわと自衛隊の活動範囲を広げている印象があった。そのような漸次的な変更は憲法の規範性を損なう恐れがあったので、国際社会における自衛隊の活動の最大限度を明確に決めておくという発想が、創憲論の基本的アイディアであった。

国際社会の秩序維持に貢献する場合、退場が解けたアイスホッケー選手のように喜び勇んでリンクに戻って多少ラフなプレーも含めて試合に復帰するというのは、憲法九条を持つ日本の個性を否定することになる。軍事力の行使は問題を解決しないというのが九条の基本哲学である。ゆえに、紛争当事者が戦の無意味さを理解して停戦に合意したのちに、秩序維持のための警察力の提供、紛争で荒廃した地域の復興のための人道支援を日本が担当するというのが、先に引用した文章で言う「紛争処理の後衛」という役割の中身であった。自衛隊をそのまま海外に出すことが近隣諸国の不安を招くのであれば、国際貢献専用の組織を作ることもありえた。ただ、憲法九条の延長線上に、その精神を具体化するために国際貢献を行うことを内外に宣明すれば、その種の不安も払拭できるはずであった。また、「血と汗を流す」貢献が必要だという議論に対しては、戦闘で血を流すことは論外だが、警察や消防が背負うリスクは国際貢献にも伴うだろうと、私は考えていた。

創憲論のもう一つのねらいは、自衛隊・安保をめぐる国論の分裂を統合し、自衛隊の位置づけと国際貢献のあり方について国民的合意を形成すること、そのために原理主義的平和論に固執し、国際貢献をめぐる政治の動きから孤立していた社会党、護憲派を説得することだった。一九九〇年一一月の国連平和協力法案の廃案の際に、ＰＫＯ参加の法的枠組みの協議から社会党が離脱したことは、第一章で紹介した。この点について、後に、江田五月と小沢一郎は、九二年の憲法記念日企画の対談で、次のように振り返っている。

江田　一昨年〔九〇年〕の〔自民、公明、民社の〕三党合意のときも、じつは私はてっきり四党合意になると確信していたのです。それが一夜明けると社会党が抜けてしまって三党合意になってしまった。

小沢　そうでした。

江田　その後ずっと三党合意のまま、現在のPKO協力法案が継続審議されていますが、もし、あのときに四党合意ができていれば、PKO協力法案も別の形になって、おそらくは成立していたのではないですか。

小沢　たしかに、もう少し議論がわかりやすくなっただろうし、話が進んでいたでしょうね。

（『中央公論』一九九二年五月号）

PKO法論議の中で社会党が共産党と同一歩調を取って孤立すれば、憲法擁護の政治勢力自体が雲散霧消する危機を私は感じていた。もはや自衛隊の合憲性をめぐる議論についても、憲法学界はともかく、世論のレベルでは自衛隊を受け入れるというのが国民の多数意見となりつつあった。一九九二年にNHKが行った世論調査では、四八％が自衛隊は憲法上認められる、一八％が認められないと答えていた。ここで引用した小沢、江田対談でも、次に引用するように、自衛隊を活用して非軍事面を中心に国際貢献を行うことについては合意が形成されつつあったといってよい。

江田　難しい点はあるでしょうね。ですから、現実論として、これからたとえば一〇年間、日本のＰＫＦ〔平和維持軍〕参加は控えておく、そのかわり、「ＰＫＦ以外の分野では、日本はＰＫＯ大国になります」と表明するくらいにしておいたほうがいいのではないですか。

小沢　おっしゃるように自衛隊ではない部隊をすべて国連に預ける、これはいいでしょう。現に自・公・民の三党はこれで合意したわけだから。しかし、いまのままの議論では、別部隊をつくったところで、現実問題としてＰＫＦには参加できないのです。だから部隊を分けようがどうしようが、同じことになるだけだと思いますよ。

江田　だから、自衛隊とはまったく別の理念をもった、別組織の部隊にして、日本の主権行使とは切り離して、国連に差し出すのはかまわない。

小沢　さっきおっしゃった、国連に御親兵として差し出すということですか？

江田　はい。それならば憲法上は許されると思います。自衛隊の存在そのものが違憲ではないかという意見に対しては、さきほど言った「防衛基本法」あるいは「安全保障基本法」を制定して、解決する。そして自衛隊とはまったく別の理念に基づく部隊をつくる。そうしたほうがいい。ＰＫＯ法案のように、必要なときに自衛隊から来てもらうというのでは、やはりだめなのではないですか。（同上）

前章で述べたように、社民連代表だった江田はこの時期社会党の若手改革派と行動を共にしていたので、江田の考えについては社会党内にも賛同者は多かったはずである。後は、いかに変節や現状屈服ではない形で、安全保障の合意に参加するかという言葉の問題であった。それゆえ、私は創造という言葉にこだわったのである。

言葉は変えても中身は自衛隊の容認ではないかという批判について私は、次のように反論した。日本の安全保障政策は一九五〇年代の保守政権による再軍備から一直線に進んできたわけではない。フルスペックの軍備と集団的自衛権を持つ「普通の国」を志向する保守政治家はいたが、六〇年安保闘争と平和を求める国民世論がそれを阻んできた。酒井論文が指摘する通り、戦後の安全保障政策は九条の枠の中で独自に進化したものである。その点について、護憲派はむしろ誇りを持つべきである。長い年月をかけて自衛隊が定着し、冷戦終焉後の世界で国際貢献を行うべきという国民的合意がある今、自衛隊あるいは同等の組織が海外に出動する際に武力行使をしないよう新たなルールを作ることに護憲派も参加するべきであると。たとえば私は、「戦後平和論の遺産」(『世界』一九九三年一月号)の中で、南原繁の憲法論や坂本義和の「中立日本の防衛構想」(『世界』一九五九年八月号)などを引用して、このような議論を展開した。

創憲論は、現実政治のなかに引き込まれた。九二年一二月、田辺誠は社会党委員長辞任を表明した。後継委員長には書記長だった山花貞夫が就任した。山花は、立候補時の記者会見で、創憲を掲げた。その間の事情を日記から拾ってみる。

一月五日〔一九九三年〕　山花氏、社会党委員長選に立候補表明。公約に創憲を掲げると、朝日に大きな見出し。自分の作った言葉がこれほど広まるのは喜びではあるが、山花氏に本当にこれを実行する意欲、決心があるかどうかは不明なり。

一月六日　山花氏、社会党委員長に決定する。創憲を肉づけるのは、結構大変な作業である。皇太子妃決まる。

山花に創憲論を吹き込んだのは、おそらく高木郁朗だったと思われる。高木はもともと社会主義協会に属する社会党の専従職員だった。後に、山形大学で経済学を教えるようになり、当時は日本女子大学の教授であった。新宣言の策定のころ、社会主義協会から離脱し、社会党の現実化を進めたブレーンの一人であった。私とは、田辺委員長の下で、高木が主宰する社会党理論センターの研究会に招かれ、党改革の文書をつくった時以来の知り合いだった。柔軟路線の理論家だった高木も、原理主義的な護憲には限界を感じていたのであろう。

一月一〇日のＮＨＫの政治討論に就任早々の山花が出演し、私もコメンテーターのような役割で同席させられた。その際、山花は冒頭、自分が委員長を務めている間に政権交代を実現したいと宣言した。何とも荒唐無稽と思ったが、これも私が同席した前日の打ち合わせの際に高木から提案された「決意表明」であった。また、宮澤喜一は第一五代の自民党総裁で、徳川幕府で言えば最後の将軍徳川慶喜と同じ一五代、そろそろ自民党政権は倒れるというのが高木の見立てだった。その半年後、宮澤内閣不信任案が可決され、本当に政権交代が起こるとは、みな夢にも思っていなかった。

3　平和基本法をめぐって

創憲論を具体化する作業は、同様の関心を持つ研究者数名との共同研究という形で進められた。九二年末、当時『世界』の編集部にいた岡本厚（のちの岩波書店社長）の発案で、憲法の精神に則った安全保障政策の新しい提言、「平和基本法」構想を出すための研究会が発足した。メンバーは、和田春樹、前田哲男、古関彰一、高橋進と私であった（のちに『世界』誌上に提言を出すときには、高柳先男、山口定、坪井善明、鈴木佑司も執筆者に加わった）。和田は、長年日韓、日朝問題について研究と運動を続けてきた。日本が戦争責任を果たして、アジア諸国との真の和解を図るという関心から、議論に加わった。高橋と前田は、外交・軍事の専門家として、憲法九条の下で認められる必要最小限度の自衛力と今後アジアで進めるべき集団的安全保障の具体的構想を担当した。前田は、九二年一月に、岩波新書で『自衛隊をどうするか』という本を共著で出版しており、非武装中立でもなく、アメリカ追随でもない安全保障構想を打ち出していた。古関は、憲法制定過程及び憲法解釈の歴史を専門にしており、平和基本法と憲法の関連を担当した。私は、戦後日本政治における憲法論議の転回と冷戦以後の憲法に関する合意の形成という関心から議論に参加した。

何度か研究会を開き、高橋進の発案で、最小限防御力という言葉を憲法に適合する自衛力を表すキーワードとすることになった。この言葉は、“defensive defense”の訳語であった。そして、ポスト冷戦時代に関する歴史認識、自衛力の前提としての戦争責任の果たし方、憲法と最小限防御力の関係、最小限防御力の内容などのテーマで分担執筆することとなった。

構想は、『世界』九三年四月号に発表された。時代と環境に関する基本認識と理念を次のように述べている。

いまは、かつてのように国家の常備軍が互いに、あるいは諸国家による軍事同盟の軍隊が戦うといった古典的な戦争は、少なくとも先進国の間においては想定しえなくなってきている。日本国憲法の精神が時代の精神と合致する絶好の機会がやってきているのである。（しかし、一方私達の主張は、憲法違反の自衛隊を即廃止するというような、従来の「護憲論」ではない。非武装ではなく、後述する様々な条件のもとに、最小限防御力といった新しいタイプの自衛組織は合憲的に保持しうるという、いわば「創憲論」的な立場である。）

では、国論を二分した憲法と自衛隊の矛盾を、日本国憲法の精神に即しながらどう解決し、国民的なコンセンサスをどうつくっていくのか。私達は、まず憲法第九条の下位法に位置づけられる準憲法的な法律として、平和憲法の精神にのっとった「平和基本法」をつくることを提唱したい。

平和基本法の項目と主要なテーマに関する提言は、下記の通りである。

（1）目的

憲法前文や九条の掲げる普遍的な理想の実現を図りつつ、日本の安全維持と国民生活の確保、並びに世界平和への積極的寄与についての具体的な方法、および手続きを明示する。

(2)憲法との関係

①平和のうちに生存する権利

国民は平和的生存権を持っており、政府は国民生活をさまざまな脅威から守る義務を有する。

②自衛権

国連憲章第五一条に規定された個別的自衛権は認められている。保持しうる実力は最小限防御力の域をでることができず、その組織のありかた、装備および実力行使の方法もきわめて限定的かつ抑制的でなければならない。

③徴兵等の禁止

④軍縮の義務

(3)軍事力によらない安全保障

①近隣諸国との関係

植民地支配と侵略戦争の誤りを繰り返さないことを誓い、謝罪、補償をしたうえで、近隣諸国の信頼を得る。

②共通の安全保障

A　地域的集団安全保障

B　国連憲章に基づく共通の安全保障

③総合安全保障

④軍事同盟の禁止
冷戦時代の日米安保条約は、冷戦後の新たな情勢進展に着目しつつ脱軍事化し、地域的集団安全保障体制に発展解消することを期す。
⑤非核三原則・武器禁輸原則

前提となった時代認識は、冷戦終焉後の新しい世界が到来したという捉え方であり、提言は「憎悪と恐怖に立脚した軍事力対抗の世界から離れることが、いま求められている」と述べている。当時は、中国が経済発展の緒に就いたばかりであり、北朝鮮の核・ミサイル開発も伝わっていなかった。国家同士の戦争はなくなった、戦争があるとすれば局地的な民族紛争などで、国際協力によって秩序を回復できるという楽観がこの提言の土台にあったことは否定できない。したがって、この提言をそのまま今日の日本の安全保障政策に当てはめられるとは思えない。それだけ、冷戦終焉直後の時代には、未来に対する希望や楽観が共有されていた。

この提言がどのような政治的意味や効果を持つかについては、執筆者の中に明確な合意があったわけではない。私にとっての政治的ねらいは、第一に、自衛隊と九条の関係をめぐる論争に終止符を打ち、自衛隊の存在について国民的合意をつくること、第二に、社会党にそれを受け入れてもらい、政権交代への障害を取り除くことであった。この提言が既成事実への屈服ではないことを説明することには注意を払った。提言は次のように、憲法の精神を冷戦終焉後の状況に適応させる必要性を力説している。

世界戦争の時代が終わった今日、憲法の精神を擁護するために、国内的にも国際的にも、憲法第九条を具現化するための叡智が、私達に求められている。違憲か合憲かの解釈論に終止符を打ち、憲法の精神を現実の中に活かす創憲の道を求めることに論点を移していかなければならない。

また、自衛隊と九条の関係については、最高裁判所が統治行為論を採用し、司法審査を放棄している以上、政治の場で、究極的には国民の意思によって決着をつけるしかない。その時々の必要に応じて解釈を変更するのではなく、明快な規範を作ることが必要だというのが提言の立場であった。

この提言は大きな反響を呼んだ。提言の宛先である護憲派陣営からは、批判が続出した。憲法学や政治学の分野で発言をしてきた学者からの反応も、敵を利するとか、改憲派の土俵に乗るといった批判が主であった。九三年五月、岩波書店の会議室で、提言の執筆者と憲法、政治学分野の学者の意見交換会が開かれた。長年憲法擁護、平和の論陣を張ってきた側から、石田雄、小林直樹、杉原泰雄、篠原一、國弘正雄などの諸先生が出席した。

年配の先生方は共通して、今(九三年当時)のタイミングでなぜ憲法論議に乗り、自衛隊を容認する議論を始めるのかと我々を叱責した。石田雄は、一旦憲法論議に乗れば、憲法改正に向けて動き出すと強い憂慮を表明した。また、参議院議員として政治の内側にいた國弘は、小沢一郎の仕掛けにこちらが乗るとはとんでもない、小沢は護憲勢力を切り崩し、保守政党の再編、拡大を狙っていると述べた。年配の先生方の中では、唯一、篠原がこのような安全保障の議論も必要で、平和基本法提言は許容範囲と述べた。

同じく自民党による一党支配を批判してきた学者の中で、憲法や安全保障をめぐる具体的な議論を始めるとなぜこのような対立、断絶が起こるのか。我々に「何をしているのか」と怒った先生方は、一九二〇年代から三〇年前後の生まれで、戦争と戦後の民主化、そして憲法や平和を擁護する運動を経験してきた。これに対して、提言の当初の執筆者五人の中では和田春樹と前田哲男が一九三八年生まれと年長だったが、戦後世代の高橋進と私も含まれていた。世代の違いは、戦後憲法体制の定着度や安定度をめぐる認識の違いに結びついていたと私は感じた。

年配の先生方には、戦後憲法体制は常に危機にさらされており、憲法を字義通り守るという憲法擁護運動のエネルギーを絶やさないことこそ、戦後憲法体制を守るために絶対に必要だという考えが続いていた。これに対して、執筆者たちは次のような状況認識を共有していた。一九八九年以後の自民党の体たらくを見て、この政党はもうすぐ崩壊すると見ざるを得ない。日本の民主主義を持続していくためには、野党第一党の社会党が政権を担える準備をし、政権交代可能なシステムをつくらなければならない。そして、そのためには原理主義的な憲法擁護の姿勢を転換し、憲法の精神を守りながら自衛力を運用する論理的枠組みを構築することが不可欠である。また、自民党の中にも憲法を尊重し、軽武装路線でそれなりの平和国家を守ってきた勢力があり、それらの政治家との対話は可能である。あるいは大きな政党再編成が起こるとすれば、広い意味での憲法擁護勢力を結集することも必要となる。

この論点は、当時の論壇でしばしば取り上げられていた。当時、『世界』には「日本は冷戦で何を失ったか」という連載企画があり、私を含め進歩派、リベラル派の学者が憲法や民主主義の歴史と現状を語っていた。『世界』三月号には、憲法学者の樋口陽一が「護憲・改憲の隠れた争点」という論文を寄稿している。その冒頭で、次のように述べている。

改憲論の本当の危険というのは、あえて誤解をおそれずに言えば、〔中略〕九条を動かすことによって、その箍《たが》をゆるめることによって、つまるところは個人の尊厳が根づかない前にそれがガタガタになってしまうというのが改憲論の本当の危険だったはずだと思います〔後略〕。

また、日本の民主主義の現状について、悲観的な評価を下している。

実は戦後日本の知的世界では、〔中略〕ペシミズムが主流でした。俗な言葉で言えば、日本は遅れている、と。西欧モデルに近づけることが戦後変革の目標だというので、典型的に言えば大塚久雄さんとか丸山眞男さんとかの仕事に代表されるような、それが日本の知的世界の機軸だったわけですけれども、高度成長以後、その知的状況が非常に変化して、日本ほど自由な社会はない、日本ほどホームレスの少ない社会はない、日本ほど麻薬におかされていない社会はない、つまるところ日本ほどいい世の中はないと、〔中略〕そのような論調が、どちらかといえば主流になって今日に至っています。〔中略〕

私は日本社会の観察者として、やはりペシミスティックに見ざるを得ない。

私たちも、バブル期の日本社会の爛熟や生活保守主義を是認していたわけではない。しかし、戦後啓蒙の大知識人のペシミズムには飽き足りないものを感じていた。一九八九年以降の日本の民主政治のダイナミックな動き、篠原一の言う「デモクラティック・ポテンシャル」を肯定的に受け止め、日本の民主政治の新しいモデルを打ち出す時期だというのが私の認識であった。自衛隊の存在を認めることが民主主義体制決壊の引き金を引くことになるという上の世代の知識人の危機意識は、かえって政権交代を遠ざけ、日本政治の現状を固定化することになるというのが私の考えであった。

日本は自衛隊を使った国際貢献に踏み出すべきではないという意見の根拠の一つに、日本はアジア諸国に対する戦争責任を取っていないので、自衛隊を出すことはアジア諸国にとって脅威となるという点があった。先に引用した樋口論文でも、次のように書かれている。

日本国民は政策選択以前のモラルの問題として、それ〔自衛力の正当化〕をなし得る状態に達していない、ということです。最近よく指摘だけはされるようになりましたけれども、戦争責任を決済していないという問題です。

戦争に関わる責任を放置してきた問題について、異論はなかった。だからこそ、提言では和田春樹を中心に、戦争責任にまつわる補償や謝罪を十分に行うことが、自衛力保持の前提条件となると主張していた。日本という国が戦争に関して無責任であったと批判するだけでなく、実際の政治に働きかけることによって、責任を果たすように動かしていくという点で、提言の執筆者と上の世代の知識人の相違があった。

尊敬すべき年配の知識人と議論して、私は一つの違和感、すなわち、護憲派におけるダブル・スタンダードに対する疑問をもった。護憲派は、自民党の石橋湛山、三木武夫、宇都宮徳馬などリベラル派を高く評価してきた。彼らは自民党の中で憲法を守るために奮闘していると尊敬されてきた。國弘は、社会党の参議院議員になる前は、三木武夫のブレーンであった。平和基本法は、いわば保守内リベラルの憲法擁護論を体系化、精緻化したものでもあった。自民党の良識派が自衛隊を前提とした憲法擁護を唱えることには拍手を送りつつ、護憲陣営に属すると思われた学者が同じように自衛隊を前提とする安全保障論を提案すると敵を利すると怒るのは、私から見れば矛盾でしかなかった。

憲法九条をめぐる二つの護憲があったことは、事実である。顕教、密教という便利な言葉がある。これは、戦前の天皇制について久野収が使った言葉で、超越的君主として天皇を崇拝するのが顕教で、天皇機関説に基づいて運用するのが密教とされた。それを憲法に当てはめれば、次のような図式になる。一つは顕教的護憲で、九条を字義通り解釈し、非武装中立を求める護憲論であった。もう一つは密教的護憲で、「軽武装＋経済成長」という保守本流路線の根拠として九条を援用し、専守防衛で海外における武力行使をしないという点に憲法擁護の具体的意味を見出すという護憲論であった。これは、自民党内の宏池会をはじめとする穏健派の政治家、防衛庁、外務省、大蔵省などの一部の官僚によって支持されてきた。私たちの意図は、密教の護憲論を公認し、保革を超えた大きな合意をつくろうというものであった。これに対して、伝統的な護憲派の知識人は、それを顕教の破壊と受け止め、あえて挑発的な言い方をすれば、国体明徴論ふうの攻撃を加えたのである。

執筆者の現実政治との関わり方は様々であった。高橋進と私は、様々な場で社会党およびそれを支援する労働組合に対して、提言をしてきた。私たちは、革新勢力はじり貧であり、政治改革や政党再編の中で、従来の保革の枠を超えて、憲法の理念を共有する勢力を幅広く結集した勢力をつくらなければ、革新や護憲の勢力は雲散霧消するという危機感を共有していた。今は、石橋湛山や三木武夫の路線で新しい護憲の陣営を構築することが必要だと考えていた。

この食い違いは、細川政権の誕生の際の評価の食い違いという形でも現れた。それはさらに、九四年一月の政治改革法案に対する社会党の左派・護憲派の造反による否決につながった。國弘も反対票を投じた一人であった。社会民主主義政党と穏健保守による新しい政治勢力の形成という進歩派側の政党再編のプロジェクトが失敗した原因の源の一つは、憲法擁護をめぐるモデル・チェンジの失敗にあった。

私は、社会党の地方組織、労働組合、平和学会、市民グループなど様々なところで講演やシンポジウムに招かれ、平和基本法の趣旨について説明することを求められた。熱心に活動する市民の間でも、この種の現実化に賛成する人は多数という印象ではなかった。社会党の地方組織や労働組合では、反対の声が圧倒的に多かった。現場の党員、活動家の思いを一言で言えば、自衛隊は憲法違反と叫んで反戦平和運動を続けてきた自分の人生はどうなるのだということであった。また、冷戦終焉、ソ連の消滅によってアイデンティティ危機に陥っていた教条的社会主義者、社会主義協会のメンバーにとっては、憲法九条こそが次のアイデンティティのよりどころとなっていた感がある。心情倫理で動くこの種の活動家を論理で説得することは、実は無理だったと、今から振り返って思う。

社会党のかつての左右対立は、マルクス・レーニン主義を信奉する左派と、西欧型社会民主主義を進める右派の対立だった。ソ連が消滅したあとは、憲法九条をめぐる原理主義的擁護と現実的運用の対立が争点となった。土井たか子退任後の社会党の執行部は、田辺誠、山花貞夫と現実路線をとる穏健派、右派が続いた。しかし、地方組織や活動家レベルでは左派の勢力は残っていた。土井辞任の後の委員長選挙では、上田哲がそうした党員の支持を当て込み、社会党が改憲の道を進んではならないというプロパガンダを叫んだ。このように、左派は、対立争点を憲法と関連づけることによって正統性を得ようとしていた。それゆえ、執行部が党改革や新党結成という方針を打ち出しても、党がまとまらないという混迷が続くことになった。

話は前後するが、社会党自身も、平和基本法と同じような趣旨で、安全保障政策の転換を模索していた。一九九三年一月に委員長に就任した山花は、書記長に当選一回の若手、赤松広隆を起用した。山花、赤松の執行部は発足早々から、「九三年宣言」という文書を採択し、「新宣言」に代わる綱領的文書にすることを目指した。安全保障については、次のような要項が示された。

私たちは将来、自衛隊を国土警備隊、国際平和協力隊等に再編・解消して非武装日本をめざし、安保条約をアジア太平洋安全保障体制に包摂する。しかし普遍的安全保障が確立するまでは、固有の自衛権に基づく最小限自衛力と日米安保条約を許容する。（『月刊社会党』一九九三年七月号）

そのうえで、①非武装の国家理念、②軍縮年次計画、③普遍的安全保障の推進、④非核三原則・武器輸出禁止三原則・文民統制の完全実施などを規定した「安全保障基本法」の制定が提唱された。

平和基本法の執筆の過程で社会党の政治家と接触したことはない。ただし、高橋、前田の両氏は社会党の安全保障政策の担当者とは頻繁に接触していたから、基本的なイメージの共有はあったと思われる。私も、「九三年宣言」の起草にあたって、社会党本部で講演をして、平和基本法の内容を社会党も共有するよう呼びかけた。

九三年宣言案は、三、四月の段階で党内論議にかけられたが、現実政治の展開は社会党を待ってくれなかった。九三年三月、金丸信前自民党副総裁が脱税事件で逮捕され、それ以後政治改革をめぐる議論は沸騰した。通常国会後半の最大のテーマは、衆議院の選挙制度改革となった。政局の激動の中で、九三年宣言案を本格的に議論し、党の新しい路線にすることができないまま、宮澤内閣不信任案可決、衆議院総選挙、細川政権の成立と、社会党は政治の激動にのみ込まれることとなった。細川政権に閣僚として参加した社会党の議員は、自衛隊、日米安保について、党としては違憲の見解を保持するが、内閣に参加した以上、内閣の見解に従うという使い分けで、事実上の路線転換を図った。さらに、九四年六月に村山富市委員長が首相に就任すると、村山の判断で、自衛隊合憲、日米安保堅持に転換した。内発的な議論を経ずに安全保障政策を自律的に転換できなかったことは、社会党の知的信頼性を大きく損なうことにつながった。

最後に、平和基本法に対する評論家、加藤典洋の批判について触れておきたい。加藤はその遺著、『9条の戦後史』において、平和基本法を批判的に紹介している。加藤はこの提言が、「日米安保に依存しないで安全保障を考えるならどんな対案があるか」という問いを立てたら、その答えとして挙がってくるだろう項目が網羅されていると評価する。しかし、そこには大きな欠落がある、あるいは今の日本にとって何が問題なのか、という点に関して「一息浅かった」と批判している。

加藤の批判を私なりに言い換えれば、こういうことになる。「国民には平和的生存権があり、政府はそれを守る義務がある」という大前提から出発して、最小限防御力の自衛隊と、それを補完する日米安保(将来のアジア集団安全保障体制)がその義務を履行するという結論が自明のものとされている論理展開は、安易に過ぎる。国民の平和的生存権を守るための手段は何かという問いを白紙から、憲法九条をいったんカッコに入れて、他の選択肢とも対比しながら考えることなしに、改組された自衛隊や日米安保に依存するというのは、やはり現状追随であるというのが、加藤の批判の要点であった。

アメリカでは、とくにクリントン政権が始まってから、ポスト冷戦期の安全保障に関する議論が始まっていた。日本については、国防総省報告「東アジア地域に関する米国の安全保障戦略」(いわゆるナイ報告書)の中で、アジア太平洋地域における日米協力、さらにはそれを越え、全地球的規模での協力関係の強化を提唱している。在日米軍の役割も東アジアのみならず、インド洋にまで拡大され、日本の自衛隊には従来よりも積極的な軍事的支援を求めることが提案されている。実際に、日米安保と自衛隊は九〇年代後半以後、大きく変容した。平和基本法構想、その後に出したアジア・太平洋地域安全保障機構の構想(『世界』一九九四年一二月号)は、アメリカに頼らない安全保障の選択肢を思考の対象から除外している以上、アメリカ側の安保体制高度化の動きには太刀打ちできなかったと、加藤は批判している。

今にして思えば、加藤の言うとおり、日本の安全保障の手段についてあらゆるシナリオを考えたわけではなかった。私自身に限って言えば、平和基本法の出発点は「九条＝安保」体制の微修正という問題意識であった。加藤の言う「一息浅い」という指摘は、認めざるを得ない。「たら、れば」の話だが、中国が発展途上にあった時代に、この提言の構想に基づいて東アジアの地域秩序の構築に向けた積極的な努力をしていればという悔いは残る。

第三章　政治改革と政党再編の幕開け

1　佐川急便事件と自民党竹下派の分裂

一九九二年七月の参議院選挙では、自民党が勝利、社会党が敗北し、八九年以来の政治変革の潮流は止まったように思えた。細川護熙元熊本県知事がつくった日本新党がいきなり比例代表で三六〇万票、四議席を獲得して、注目を集めたが、細川のその後の戦略については不明であった。私は、参院選の論評の中で、政治の現状を「真夏の昼下がり」のようなけだるさと書いたことがある。しかし、佐川急便事件の展開が、次の段階の政治のうねりを引き起こした。

八月二二日、朝日新聞は東京佐川急便の渡辺広康元社長が金丸信自民党副総裁に五億円を渡したと東京地方検察庁の取り調べで供述したことを一面トップで伝えた。これは正規の政治献金ではなく、ヤミ献金であった。二七日、金丸は自民党副総裁を辞任することを記者会見で発表した。ここから、政治とカネの問題に対する世論の批判が沸騰した。社会党ブームはしぼんだとはいえ、リクルート事件で政治腐敗に対する怒りが高まった記憶は、生々しかった。

金丸はヤミ献金が政治資金規正法に違反していることを認める上申書を検察に提出し、同法に基づいて罰金二〇万円の略式起訴を受け入れることで、問題の決着を図った。しかし、二〇万円の罰金では罰が軽すぎるという世論の反発はすさまじかった。東京地検の表札にペンキがかけられる事件が起きた。また、現職の札幌高等検察庁検事長だった佐藤道夫が、東京地検が金丸の言い分通りに、事情聴取もせずに処分を決めたことを批判する論稿を朝日新聞の「論壇」欄に投稿し、掲載されたことは、社会に衝撃を与えた(「検察官の役割とは何か」、一九九二年九月二九日)。このような世論の風当たりを受けて、自民党内でも金丸の議員辞職を求める声が高まり、一〇月一四日に金丸は議員辞職を表明した。

金丸は経世会の会長でもあったので、議員辞職に伴って後継の会長選びが必要となった。当時経世会では、小沢一郎が会長代行を務め、竹下登、金丸、小沢が強く結びついていた(いわゆる金竹小《こんちくしょう》)。しかし、派内では小沢に対する反発も広がっていた。一〇月から一一月にかけて、経世会内の小沢対反小沢の抗争が延々と繰り広げられた。最終的には、反小沢が数で勝り、小渕恵三が会長となった。これに対して、小沢は羽田孜を代表にする新しい派閥をつくった。自民党幹事長時代には実質的な権力者として持ち上げられ、あるいは恐れられ、幹事長退任後は小沢調査会をつくって政治転換のオピニオン・リーダーとして異彩を放った小沢だが、金丸との結びつきが強いことが明らかになり、旧体質の派閥政治家というイメージが強まった。経世会の跡目騒動は、理念不在の権力闘争にしか見えず、自民党のイメージを一層低下させた。

竹下が八七年の自民党総裁選挙への立候補を準備している際に、右翼団体が「金もうけの上手い竹下を自民党総裁に」と叫ぶ街宣活動(いわゆるほめ殺し)を続けたことがあった。東京佐川急便元社長の渡辺広康の背任事件の裁判の中で、検察は、竹下が広域暴力団稲川会会長の石井進に右翼団体へほめ殺しをやめるようとりなすことを依頼し、渡辺広康が竹下と稲川会の間を仲介したことを明らかにした。自民党総裁、すなわち日本の総理大臣の選出過程に暴力団が関与していたことは、国民に衝撃を与えた。

一一月末には、これらのスキャンダルをめぐって竹下登元首相が国会に証人喚問され、病気で登院できない金丸元副総裁に対しては臨床尋問が行われた。さらに、九三年三月には、金丸が一八億五千万円の巨額脱税の容疑で逮捕され、自宅に検察、国税庁が脱税容疑で家宅捜索に入り、金庫に入った金塊が押収された。これにより、自民党政治の腐敗に対する国民の怒りは頂点に達した。

自民党の歴史の中では、大きな疑獄や腐敗の事件はたびたびあった。しかし、田中金脈事件やロッキード事件の時にはクリーンの代名詞を持つ三木武夫が事態の収拾にあたった。七〇年代後半のダグラス・グラマン疑惑の時には、大平正芳首相が政治浄化のための有識者会議をつくり、一定の改革を進めた。しかし、佐川急便事件の時には、自民党を丸ごと拒絶する世論が高まった。そして、「根本的」な改革と政党再編が必要という声が広がった。

2　政治変革を求める新しいプレーヤーの登場

この時期の政治改革や政党再編をめぐる論議の特徴は、第一に、アクターが多様化し、議論が活発化したこと、第二に、自民党竹下派のみならず五五年体制を支えてきた既成政党(主として社会党)もアンシャン・レジームの担い手とみなされ、新しい政治勢力への待望論が広がったことであった。

第一の点から見ておこう。佐藤誠三郎と松崎哲久が指摘した通り、八〇年代以降自民党組織における政治家の昇進、役職就任について制度化が進んだ(『自民党政権』)。国会議員は当選回数に応じて党や内閣の役職を割り当てられて、キャリアパスを上ることによって次第に有力政治家に成長していった。他方で、閣僚や有力政治家になるためには衆議院で六、七回の当選回数が必要であり、その間、党の機関や国会の委員会などでいわゆる雑巾がけと言われる調整の仕事をこなさなければならなかった。派閥の最高幹部の権威は絶対で、党も派閥もピラミッド型に組織化されたということができる。それは、佐藤、松崎が言うように、自民党の政策能力や統治能力の向上に寄与した面もあるが、中堅、若手の政治家に閉塞感をもたらしたことも否定できない。

とりわけ、鉄の規律を誇った経世会が自民党の最大派閥として、総裁・総理を決定する事実上の権力を握っており、経世会が自民党を牛耳る体制のもとでは、中堅、若手の政治家は派閥の方針に従って行動するだけであった。それゆえ、金丸の失脚と経世会の分裂は、中堅、若手の政治家にとって、自由にものが言える空間の開放を意味した。自民党内の改革論は、世代間闘争の様相を呈するようになった。岡田克也、石破茂、岩屋毅といった現在の政界のベテラン、大物は、この時期には若手政治家であった。

そして、中堅、若手の政治家に発言の機会を与えたのは、テレビの討論番組であった。一九八七年四月にテレビ朝日が「朝まで生テレビ!」という討論番組を開始した。この番組は、月末の金曜深夜に長時間の自由な討論をすることを売り物にした。政治改革を求める世論が沸騰すると、中堅、若手の政治家が登場し、自由な議論を繰り広げた。他のメディアも改革派の政治家をとりあげた。これにより、自民党の中にもまじめで純粋な政治家がいることに注目が集まった。

もう一つの新しいアクターは、民間政治臨調（正式名は政治改革推進協議会）であった。この団体は九二年四月に発足した。発足時の主要なメンバーは、次のような人々であった。会長・亀井正夫（住友電工相談役）、会長代理・得本輝人（自動車総連会長）、同・内田健三（東海大学教授）、主査・佐々木毅（東京大学教授）。この団体の特徴は、経済界、労働界、主要なマスメディア、学界、官僚ＯＢの多数の幹部や著名人を委員に取り込んでいる点であった。また、海部政権時代の第八次選挙制度審議会の委員を務めた人物も、多数この会のメンバーに加わっていた。八〇年代の土光臨調（第二次臨調）のひそみに倣って、臨調という通称を名乗ったのも、構成員の広がりと社会的影響力を重視したからだったと思われる。

そして、政治改革、選挙制度改革、国会改革、行政改革・地方分権の四つのテーマを検討する委員会が設置され、それぞれの分野の専門家、研究者が分担して改革案の議論を進めた。もう一つの特徴は、党派を超えた中堅、若手の国会議員が委員会の議論に参加したことであった。民間政治臨調の研究会に加わることは、政治家にとって改革派の徽章のようなものであった。

民間政治臨調の委員会は、決して箔づけのためのサロンではなかった。学者、専門家と若手政治家はまじめな議論を積み重ねた。議論のテーマは選挙制度や腐敗防止に限らず、地方分権や国会改革など広範囲にわたった。学者委員の中には、新藤宗幸（立教大学教授）、高橋進（東京大学教授）など左派、リベラル派の論客もいた。新藤は地方分権を扱う第四委員会の主査を務めていた。自民党政権が崩壊の危機に瀕していた当時、長年の課題だった政治制度、行政制度、地方制度を変革する千載一遇の好機だという認識が広範囲の学者の結集を後押ししたといえる。第四委員会は九三年一月に地方分権を求める提言を出し、その中には機関委任事務制度の廃止、国と地方の紛争を処理する機関の創設など、後の地方分権改革で実現する提案もあった。事務局を担当していた前田和敬(現日本生産性本部理事長)によれば、民間政治臨調の委員会で党派を超えた議員の議論を積み上げていたからこそ、制度改革の立法が迅速に進んだと評価される。政策過程において機会の窓が開いた一例といえるだろう。

第二の特徴、既成政党全体に対する強い拒否感は、新しいアクターが出現した理由でもあった。民間政治臨調の仕掛け人の一人、内田健三は『月刊社会党』のインタビューに答えて、次のように語っている。

> やっぱり強いのは、三十数年の政権交代なき政治のなかにつくり上げられた自民党対社会党という図式、それを社会党は「政官財の癒着」であるとか「自民党の一党支配の腐敗」とか言いながら、実は三〇年の体制にすべて組み込まれている。それがたまたま佐川スキャンダルで象徴的に出たと国民は思っているわけです。自民党もだめだが、社会党もだめね、ということにいまなっていると思うんだな。〔中略〕
> 私どもが政治改革推進協議会をつくったのも、国会のなかでは改革がようできんから、民間の研究あるいは行動としてやろうということです。(『月刊社会党』一九九二年七月号)

そのうえで、社会党、自民党の若手政治家の間に改革を求めて連動する動きがあり、そうした政治家の動きと民間政治臨調をつなぐという試みが始まっているとも述べている。かつて江田三郎の同志だった内田健三は社会党には懐疑的だった。九四、五年ごろ、社会党改革に関わった私に対し、「朽木は彫るべからず」と、徒労に終わると言われたことがある。それはさておき、民間政治臨調は、内田のネットワーク、佐々木の理論的裏付け、全国紙の論説委員クラスの参加による世論形成、経済界、労働界の幹部の参加による与野党両面の政界へのパイプを装備しており、類例のない発信力、影響力を持つに至った。

社会党が土井ブームという好機を生かせなかったことは第一章で説明したとおりである。土井の後継となった田辺誠は、国会対策委員長を経験したときから金丸と個人的に親しいことで知られていた。一九九〇年九月には、金丸と田辺が北朝鮮を訪問し、国交正常化に向けた話し合いをしたこともあった。それ自体はまじめな議員外交の努力であり、田辺にとって金丸との腐敗した関係があるという憶測は迷惑だったろうが、両者の親密な関係は五五年体制の暗部の象徴のようなものであった。金丸が議員を辞職すると、田辺も党内外の批判に抗しきれず、九二年一二月に委員長を退くことを表明した。

社会党の場合、八九、九〇年の選挙のバブルがはじけることは必至だったから、若手議員は次の選挙での生き残りのためには改革派として目立つことが必要であった。九二年一一月には、当時、社会民主連合の代表を務めていた江田五月が政策集団シリウスを結成し、社会党(主としてニューウェーブの会のメンバー)や連合参議院の若手議員が加わり、メンバーは二七人に上った。私も、シリウス結成の一か月ほど前に、江田と社会党若手の勉強会合宿に参加して、講演をした。その中で、抵抗政党社会党の限界と、政権交代を実現するための政策的課題について話した。江田や主要メンバーの仙谷由人と親しかった私も、シリウスが進歩派陣営の期待の星になることを待望していた。江田個人としては、父の三郎の遺志を受け継ぎ、穏健左派の勢力を立ち上げ、政権交代の担い手になるというプロジェクトに向けて踏み出したわけである。社会党の若手議員は、昔の社会主義イデオロギーに基づく派閥抗争など知らないので、市民的常識に近い進歩派勢力を結成し、五五年体制を打破するという思いだったのだろう。

江田の回想録では、次のように書かれている。

社会党からは敵みたいに言われましたが、あくまで政策研究集団だ、政策の勉強をするんだと言って設立しました。分派行動を起こすとか、社会党を潰すとか、大それたことを考えているのではない。若い我々が新しい政治の流れがどうあるべきかを勉強し、シリウスを母体にしながら新しい政党をつくっていきたいと思いました。〔中略〕社会党の土井さん(の存在)がやっぱり大きいんですよ。「新しい動きを起こしなさい」と温かく見てくれた。(毎日新聞 岡山版、二〇二二年一〇月一二日)

若手による政党再編の動きの中で、管見の限りでは、土井の影は見えなかった。社会党全体としての改革に絶望した土井は、江田などの新しい動きに個人的に期待を寄せていたということだろう。シリウスの動きが、当時、競合、協働していた日本新党、さらには翌一九九三年に生まれた新生党や新党さきがけと比べて、大きなブームをつくれなかったこと、シリウスに参加した社会党の若手の多くが九三年の衆議院選挙で落選し、肝心の時に政党再編に加われなかったことは、進歩派の選択肢をつくりたい者にとっては痛恨事であった。ここでその理由を考えておきたい。

日本新党は、政界再編の台風の目として注目を集めていたが、当時は参議院議員四名の小政党であった。この党は、九三年七月の衆議院選挙で一挙に五七人の候補者を立て、三五議席を得るという躍進を達成した。八九年の土井ブームと同じような無党派層の激流を受け止めることに成功した形である。政治資金を集めることと清新な候補者を擁立することについては、細川の苦労は大きかったと思われるが、細川個人がメディアに出続けることが党勢拡大の最大の手段であった。細川は最初から日本新党を時限的政党と考えていたのであり、この党は地域レベルの組織をつくるとか、熱心な党員、活動家とのつながりを持続するなどという、既成政党のルーティン的な苦労とは無縁であった。政党再編のブームをつかんだ点に細川の運と才能があったということができる。また、新生党や新党さきがけは、自民党である程度当選を重ねた政治家がつくった新党であった。これらの政治家は自前の後援会を持っており、選挙も自力で戦ってきた。そのために、再編の中で自由に動くことができたのである。

これに対して、シリウスは現職の社会党議員を中心とした集団であった。社会党は当時、衆参合わせて二百人の国会議員を抱える大政党であった。それゆえ、党全体として動くことが難しかったことは、前章の憲法論議の中でも説明した通りである。それならば、若手議員が新党をつくればよいではないかと思える。実際に、そうした期待の声は当時よく聞かれた。しかし、江田や若手議員には動けない事情があった。

社会党の改革派議員にとって、党に対する逆風が吹く中で、九三年に予想される衆議院選挙で生き残るという困難を乗り越えることが最大の課題であった。次の選挙の戦い方を考えるとき、新人候補者と、一度でも社会党の組織に乗って当選した政治家とでは、発想が異なる。新人であれば、新党の看板を背負って辻立ちをして、名前を売ることが政治運動である。九三年の総選挙では実際にそのようにして日本新党の多くの新人が当選した。しかし、社会党の現職議員の場合、不人気とはいえ社会党の組織に乗って当選を目指すことを考えるのが普通であった。新党から出るとなると、前回応援してくれた組織との関係を断つ、あるいは恨みや憎しみをつくるというマイナスを経て、ゼロから選挙準備を始めるということになる。あえてそのような道筋を選ぶことが再選可能性を高めるかどうか、不確実であった。

このころ、ニューウェーブ、シリウスの政治家から、「中央右派、地元左派」という言葉を聞いたことがある。永田町界隈に集まって国会議員同士で政策や再編について議論するときには、みな現実的な政策を共有していた。政権交代を起こすためには、自衛隊も認めなければならないし、消費税もすぐにはなくせないなどなど。シリウスの政策は、まさに江田親子が六〇年代の構造改革論以来、目指した社会民主主義、社会党右派の路線であった。安東仁兵衛、貴島正道など、江田三郎の周辺で政権交代を夢見た古参活動家も、最後のチャンスとばかりに社会党、社民連の若手を応援していた。しかし、地元に帰ると、実際にビラを配ったり、国政報告会の人集めをしたりしてくれるのは、地方支部の活動家や自治労、全逓、日教組などの労働組合の活動家であった。労働組合も中央本部の指導部は現実主義の発想を共有するようになったが、地域レベルの活動家には、伝統的な護憲派や、場合によっては社会主義イデオロギーを信奉する者もいた。私がそうした現場で創憲論や平和基本法の解説を試みたときには、激しい反発を示した人々は依然として多かった。国会議員にとって、政策は右派であっても、左派の活動家たちとも良好な関係を持たなければ、選挙は戦えなかった。この点は、自前の後援会を持つ保守系の政治家と異なる点であった。したがって、国会議員だけの判断で新党をつくるという選択をすることは、実際には困難であった。

江田も、先に引用した回想の中で、社会党を潰すなどと大それたことを考えていたわけではないと書いている。他方で、若手を中心に新しい党をつくりたかったとも述べている。九二年末の段階では、選挙制度改革の帰趨も見えない状態であった。江田が新しい党という時のイメージは不明であるが、とりあえず次の総選挙で社会党が後退したのち、社会党の再建論議を新党結成につなぐというタイムテーブルを考えていたと思われる。

江田とシリウスに対する期待は大きかった。もし、九三年の総選挙の前に、社会党から飛び出してシリウス＋ニューウェーブ新党ができていれば、日本新党や新党さきがけと同じように新党として扱われ、それなりのブームを起こしたかもしれない。また、そこに横路孝弘北海道知事が参加することができれば、社会党に代わる進歩派の魅力的な政党ができたかもしれない。そうすると、現実的な感覚を持った進歩派の政治家がもう少し政界に残ったかもしれない。さらに、「もし」を重ねれば、この新党は九〇年代半ばの連立政権、政党再編で社会党に代わって進歩派側の主導権を取ることになり、その後の政党再編の形は違ったものになっていたかもしれない。しかし、ブームだけに乗って選挙を戦うという選択は、あまりに大きなリスクを伴った。

もう一つ、解散総選挙になだれ込む過程も、革新側の新党をつくることをむずかしくした。自民党は、政治改革に消極的で、不信任を突きつけられる形になったため、党を割る大義名分も立てやすかった。野党側は一九九三年の通常国会で政治改革の実現を迫るため共同歩調を取って、自民党を攻めていた。野党陣営の中で、若手が新党をつくることはこの段階では無理であった。

革新側は従来の形で選挙に臨むことになったため、九三年の総選挙では社会党が大敗したうえに、社民連は消滅し、江田は日本新党に、菅直人は新党さきがけに参加した。こうして、シリウスは政党再編の核にはなれなかった。最終的には、九六年に横路、菅、仙谷は民主党に結集し、九八年の参院選で江田(九六年の岡山県知事選挙に立候補、落選し、政界を離れていた)もこれに合流するのだが、そこに至る過程で失ったものは多かった。このことは、九〇年代後半の政党再編に大きな影響を与えた。

3　政治改革ブーム

既に説明したとおり、リクルート事件、佐川急便事件という二つの大きな疑獄事件は、自民党に対する国民の不信を決定的にした。それゆえ、根本的な政治改革が必要だという世論が強まった。その際、根本的とは、政治家の資金集めに関するルールを厳格にするだけでなく、政治におけるゲームのルールそのものを変えるという意味内容を持つようになった。従来の政治は、国会議員が地元に補助金を持ってくることで票を集めるというゲームだからこそ、腐敗が後を絶たないという議論が受け入れられるようになった。特に、従来の中選挙区制度の下で、自民党の候補者同士が熾烈な競争をすることが、利益誘導政治を助長してきた。ゆえに、選挙制度を根本的に変えることが、政策に基づく競争を実現するために必要だという議論が流布した。

一九九〇年代前半の政治改革をめぐる政治過程には、以上に紹介したような言説が大きな影響を与えた。そして、言説を供給したのは政治学者とジャーナリストであった。政治学者が大きな影響を与えたのは、一九五〇年前後の講和問題、一九六〇年の安保条約改定の時以来であった。ただし、五〇年代、六〇年代の政治学者は主として進歩的知識人と言われた人々であり、権力の暴走を抑止する立場から発言していた。これに対して、九〇年代の政治学には異なった潮流も現れた。選挙制度改革をめぐって政治学者を中心とした論争が起きたが、それは権力の捉え方に関する認識の相違に由来していたということができる。

大きく分けると、政治改革については、選挙制度改革懐疑論と選挙制度改革推進論の二種類があった。

前者は、高畠通敏、石川真澄など、進歩派の学者やジャーナリストが主張した。その要点は、次のようにまとめられる。

一、リクルート事件や佐川急便事件などの大規模な腐敗、汚職は、衆議院の中選挙区制度が原因なのではない。

二、政治家の資金集めに関するルールの厳格化と透明化こそが、必要である（いわゆる腐敗防止先行論）。

三、小選挙区制度は多くの死票が出るという欠点があり、民主主義にとって好ましい制度ではない。

四、小選挙区制度は地方に強い支持基盤を持つ自民党にとって有利な制度である。小選挙区制では得票率の比を三乗すると議席率の比になるという経験則がある。自民党が得票率に比して不当に多くの議席を得ることになり、憲法改正に必要な三分の二以上の議席を獲得することも容易になる。逆に、革新派の政党は小さくなる。

イギリス政治の専門家、河合秀和は、小選挙区と政治腐敗の関係について次のように述べている。

〔選挙制度改革論者は〕小選挙区制のもと、自民党の候補が一人になれば、選挙ははじめて政党と政策の争いとなり、ひいては二大政党対立の方向に動き、政党間の政権交替も可能になるであろう。腐敗は少なくなるであろう、というのである。

この議論を信じるには、かなり無知で軽率でなければならない。この議論が成立するためには、選挙が党営で行われるという前提が必要である。（「民主主義と腐敗」『世界』一九九三年八月号）

イギリスでは、候補者個人がカネを集めるのではなく、党が資金を提供して選挙を戦う。日本では、特に自民党の政治家は自分でカネを集めて選挙を戦うので、どんな制度でも政治とカネの問題は起こるというわけである。

選挙制度は政党の利害が密接に絡む問題であり、過去の議論を振り返れば、自民党の党利党略によって小選挙区制が提唱されたことは否定できない。五五年体制成立直後の一九五六年、鳩山一郎政権が提案したが、恣意的な選挙区の線引きがハトマンダーと呼ばれ、強い批判を浴び、参議院で廃案となった。一九七三年、田中角栄首相が提唱したが、世論と野党の強い批判を受けて、法案作成以前に挫折した。これは、七二年秋に田中人気に乗って解散を行ったが、予想外に議席を減らしたことで、自民党安定政権を持続するために小選挙区制を導入するという狙いをもっていた。九〇年代前半の選挙制度改革論についても、自民党の有力政治家が起こした腐敗事件の収拾策に選挙制度改革をもち出すのは問題のすり替えという非難を、自民党政治を批判した学者は展開していた。また、小選挙区で自民党が多くの議席を得れば、憲法改正に道を開くという恐怖も、護憲派の中には存在した。

たとえば、高畠通敏は選挙制度改革、政治改革をめぐる超党派的合意が翼賛体制につながると批判している。

「政界浄化」や「清潔な政治」「強力なリーダーシップの回復」や「国際的な要請に応える政治」、あるいは「政治不信の解消」や「旧体制の構造疲労」などという溢れ出た形容詞は、ひるがえって考えれば、かつてのファシズムや全体主義時代の政治が台頭するときにも使われたことばでもあった。戦前の政党政治に終止符を打った新体制運動と「近衛新党」結成の騒ぎの中でも、同じようなことばが乱発された。そして、マスコミが煽り立てたムードの中で「バスに乗り遅れるな」と真先に解党したのが、政権参加の幻想に目がくらんだ社会大衆党であったことは、想起されてよい。（「はじめに――政界再編は改革にあらず」『世界』一九九三年八月号）

高畠は、社会党が選挙制度改革に乗ることによって革新の足場を自ら掘り崩すことを、憂慮していた。共産党以外の野党が足場を失い、結局、大きな保守化にのみ込まれるというのが高畠の描く危険な将来像であった。

これに対して、選挙制度改革を推進した代表的な論者が、佐々木毅であった。彼の主張は、小選挙区制を推奨するというよりも、中選挙区制の廃止こそが日本政治にとって喫緊の課題だという点にあった。佐々木の問題意識においては、日本政治にとっての最大の問題は、腐敗ではなく、統治能力の喪失であった。佐々木のこうした危機感は、一九八七年に出版された『いま政治になにが可能か』で初めて体系的に提起された。八〇年代半ばといえば、中曽根政権下の保守化の時代であり、自民党にとっては黄金時代のはずだった。しかし、自民党の政治家が族議員として、官僚と結託して利益配分政治に明け暮れることで、政治の最も重要な役割、国家経営、国家路線の構築という作業を行う能力が失われたというのが佐々木の見立てであった。佐々木は、リーダーシップを持った政党指導者がそうした大政治の課題を論じ、国民を説得する場を「政治的意味空間」と呼び、その再生を主張していた。この言葉は、一九八三年、ロッキード事件の一審判決が出された直後に田中角栄流の利益配分政治を批判する中で最初に使われたものである(詳しくは、『保守化と政治的意味空間』)。

その後も、リクルート事件、佐川急便事件と自民党政治家は大疑獄事件を起こした。しかし、佐々木が腐敗より重視するのは、冷戦終焉、バブル経済の終わりという巨大な構造変化が起きながら、日本政治が積極的な対応をしない点であった。

たとえば、一九八九年から九〇年にかけて、日米構造協議(Structural Impediments Initiative：正しく訳すと、構造的障壁に対する積極的行動)と呼ばれる日米両政府による政策調整の話し合いが行われた。その中で、対米貿易黒字を減らすために、輸入の拡大、規制緩和、大規模な公共投資など具体的な政策をアメリカが要求し、日本がこれを受け入れた。佐々木は、重要な政策のアジェンダ形成がアメリカの圧力によって形成される現象を「横からの入力」と呼んで、批判した。国内世論や国民の選択によって政策形成ができない点こそが、佐々木にとっては民主主義の危機であった。そして、大政策について明確な価値観と方向性を打ち出す強い政治的な指導力、佐々木の言葉で言うと「政治の集中」が求められていた。後に九〇年代の政治改革論議を振り返って、佐々木は次のように述べている。

戦後の日本の仕組みは冷戦という巨大シェルター、官僚制という行政シェルターの、二つのシェルターによって保護され、右肩上がりの経済成長という「結果オーライ」主義のなかでまどろんできたといえる。「冷戦の終焉」は、まず第一のシェルターを外し、次いで、バブル崩壊と経済の低迷は官僚制のシェルターとしての地位を決定的に失わせた。政治改革は日本政治にとってそれほど珍しくないスキャンダルに端を発しつつも、実は古いシェルターがなくなった場合の日本を想定した「早咲きの反応」であったと考えられる。この点でそれまでのスキャンダル問題に端を発した議論とは歴史的地平・方向感が異なっている。「カネのかからない政治」の実現に熱心な人々の間で、政治改革に対するそれほど熱心な支持がみられなかったことも、これと無関係ではあるまい。(『政治改革１８００日の真実』、一一頁)

バブル経済が終わったことがはっきりと実感されるようになったのは九〇年代の中ごろからだった。PKO論議の中で冷戦以後の対外構想の必要性は議論され始めてはいた。それにしても、戦後というある意味で安楽な時代が終わったという認識は、九〇年代初めにはそれほど一般的ではなかっただろう。その意味で、佐々木は九〇年代前半の政治改革論議を「早咲きの反応」と呼んでいる。佐々木はこの当時、与野党の中堅、若手の政治家と勉強会を重ねており、まじめな若手政治家の、新しい時代に備えなければならないという問題意識は高く評価していた。

佐々木が重視する政治的意味空間にとって、選挙制度改革は不可欠の条件であった。中選挙区制こそ、政治的意味空間を分断する元凶であった。なぜなら、中選挙区において自民党が政権を確保するためには、同党の公認候補を多数擁立しなければならない。したがって、自民党政治家同士の戦いが不可避である。中選挙区時代を知る自民党の政治家からは、同じ選挙区から選ばれている社会党の議員の方が自民党のライバル議員よりも仲が良かったという話をいくつも聞いた。自民党の政治家の同士討ちが全国で繰り広げられれば、国家路線をめぐる論争よりも、地元や業界のための利益誘導がテーマとなることが必然である。佐々木によれば、政党本位の政策論争を可能にする選挙制度に変えることは、政治的意味空間を再生し、政治に統治能力を取り戻すために真っ先に取り組まなければならなかった。政党本位を可能にする選挙制度は小選挙区と比例代表の二つがある。具体的にどのような制度が良いのかという議論は、九〇年代初頭にはまだ行われなかった。この点は、後で議論する。

選挙制度改革をめぐる反対論と積極論の対立の構図を、佐々木は次のように整理している。

ひじょうにラフなスケッチをするならば、一方には、中選挙区制プラス自民党長期政権(プラス金権政治)という発想が位置し、他方には、小選挙区制を含む選挙制度の抜本的改正プラス政権交代(可能性)のある政治(プラス金権政治の是正)という発想が立ち現れることになる。これが当時広く人口に膾炙した「守旧派」対「改革派」という構図である。(同上書、一八頁)

高畠に代表される選挙制度改革懐疑論者は、政治改革は選挙制度改革の同義ではない、政治改革を選挙制度改革に矮小化すべきではないなどと主張していた。これに対して、佐々木は、政治に求められる重大な役割から逃げ、腐敗防止で事足れりとする発想こそ、政治を矮小化していると反論した。

選挙制度改革に対する見方の違いは、つまるところ権力をどう捉えるかという政治観の違いに行き着くということができる。高畠に代表される伝統的進歩派、護憲派にとって、権力は常にあちら側の保守派が持っているものであり、こちら側にいる進歩派、護憲派の役割は権力の暴走と悪用に抵抗することであった。そして、中選挙区制は少数派の革新政党もそれなりに議席を獲得できるという点で、権力の暴走を止めるために適した制度であった。中選挙区制のもとでは、社会党などが三分の一の議席を確保することができ、改憲阻止に成功してきた。小選挙区制をめぐる歴史でも見たように、だからこそ、改憲を目指した保守勢力は中選挙区制を廃止することを目論んだことがあったのである。進歩派、護憲派にとって、政治腐敗への対策として小選挙区制の導入を、当の腐敗した自民党が進めることは、盗人たけだけしい所業ということになる。

佐々木たち改革推進論者にとっては、有能な権力を作り出すことこそ、日本の隘路を打開するために必要不可欠であった。佐々木は政治思想史の専門家として、マキャヴェリやボダンの研究から政治学を始めた。その経歴からしても、有能な権力に関心を持ってきたことは理解できる。もちろん、独裁によって強い権力を作り出すという選択肢はない。民主主義の手続きを通して、広範な議論に基づいて国民が選択することで、有能な権力を作り出すために、どのような制度が望ましいかというのが、推進論者の最大の関心事であった。

ここで、政治改革論議と私自身との関わりについても、述べておかなければならない。九〇年代初めから政治について論評を書くようになった私のところにも、佐川急便事件以後、原稿やコメントの注文が増えた。断片的な論評ではなく、政治改革を体系的に論じたいと思っていたところに、九二年末に、岩波新書編集部の佐藤司から、『政治改革』という新書を書かないかという誘いがあった。私にとって、初めての新書執筆の機会で、喜んで引き受け、九二年末から執筆を開始した。そして、九三年の二月末に脱稿した。

私の本来の専門は、行政学で、官僚制や中央地方関係が主要なテーマであった。日本の政治腐敗を分析する時に、政治家や政党だけでなく、官僚が持っている規制権限、地方に対する補助金の配分など、行政組織が持つ各種資源の運用の過程こそが腐敗の温床であると考えていた。その点は、リクルート事件と佐川急便事件でも明らかであった。そこで、政治と行政をセットにした病理分析と改革提言を盛り込む本を書こうと思った。

私は、政治腐敗の原因を、政策的要因(権限・財源の中央官僚制への集中と行政における巨大な裁量)、行政的要因(行政の透明性や公平性を担保するための制度の不在、当時はまだ情報公開法も行政手続法もなかった)の二つの側面から説明し、それらに対応した地方分権、情報公開などの制度改革の必要性を明らかにした。また、政党政治については、野党が潜在的な政権政党ではなく、単なる少数党であるゆえに、政権交代が起こらず、一党支配が腐敗を生むことを強調した。このような観点から政治改革を論じ、政治改革は選挙制度改革と同義ではなく、もっと広い課題を包含していることを言いたかったのである。

選挙制度については、私も中選挙区制をやめるべきという佐々木の主張に賛同した。社会党を見ていて、中選挙区が社会党にとっての安楽な環境を提供し、野党第一党の座に安住していたことに不満を持っていたからである。ただし、私は当初、小選挙区制には反対だった。その理由は、死票が多く、第一党に過大なボーナスを与える点であった。保守地盤の強い日本で小選挙区制を実施したら、自民党永久政権になり、地域に対する補助金の分配など利益配分に対して与党の政治家が一層強くコントロールするようになると恐れていた。ちなみに、私が小選挙区制のもとで政権交代を目指すしかないと覚悟を決めたのは、九七年春にイギリスに留学し、五月の総選挙で労働党が劇的な勝利をおさめ、一八年ぶりの政権交代を起こすのを目撃したあとである。当初、私は比例代表制を主張していた。『政治改革』でも、ドイツ型の、比例で政党に議席を配分したうえで、小選挙区で勝利した者を優先的に当選させる方式はありえると考えていた。

この本の終章では、あえて政権交代と政党再編の展望を書いた。そこで打ち出したのは、二段階の政党再編構想であった。第一段階は、本の中で提言した政治、行政の制度改革を実現するために、問題意識を共有する政党が暫定的に連立政権をつくり、改革立法を進める。この段階の暫定政権は政治改革だけを使命とするものであり、経済や外交などの実体的政策には手をつけない。第二段階は、新しい政治、行政の制度のうえで、理念と基本政策に即して新しい政党を編成し、選挙を戦うというイメージであった。第二段階で、日本の社会党を改革し、イギリス労働党やドイツ社会民主党のような中道左派政党を立ち上げて、政権の争奪戦に参加するというのが私の理想像だった。

私の政治改革は、佐々木と同じく有能な権力を作り出すための改革であった。創憲論を打ち出したころから、私は権力をチェックするだけの野党には飽き足らなかった。革新、進歩派も権力欲を持ち、政権を獲得して世の中を改良することがなければ、日本は救われないと思っていた。その点では、同じく進歩派に属していたのだろうが、高畠などの伝統的進歩派とは異なっていた。いろいろと立派な提案をしても、国会で多数を取らなければ何も実現できない。戦後の革新勢力が憲法改正阻止、あるいは国会で三分の一を取ることで満足し、政権交代をまじめに目指さないことに、私は欲求不満を貯めていた。

『政治改革』が出版されたのは、九三年五月二〇日であった。ちょうど通常国会の終盤で、選挙制度改革法案をめぐる与野党の攻防が大詰めを迎えていた。そして、その一か月後に宮澤内閣不信任案が可決され、政治改革を最大争点とする衆議院選挙が行われるという展開となった。終章で書いた二段階の政党再編のうち、第一段階は実際に起き、予言が当たった形となった。

タイミングが良かったので、この本は私が書いた本のなかで最もよく売れた。当時人気のあった「ニュースステーション」(テレビ朝日)のスタッフがこの本を読んで興味を持ってくれたようで、突然電話をかけてきて、明日夜番組に出演して、政治改革について解説してほしいと言われたこともあった。キャスターの久米宏が私を紹介する時に、「〔もう一人のキャスターだった〕小宮悦子と同い年の政治学者」と言ったことはよく覚えている。メディアの世界では、若いことが売り物になることを感じたものである。

実は、小沢一郎が改革のビジョンを打ち出した『日本改造計画』が出版されたのも同じ五月二〇日だった。小沢も、五五年体制における政治権力の不透明さを批判し、権力を集中することによって責任を明確にし、常に国民に対して政権、政策の選択肢を問うような政党政治のシステムに転換することを主張していた。私は小沢について、経世会の中枢部で権力を行使してきた過去を総括することなしに改革派を名乗る資格はないと批判したが、改革の具体的な中身については共感する部分があることも感じていた。

七月一四日の日記の一部を引用する。

> **七月一四日**　読売紙書評にて、御厨〔貴〕氏、小生の新書と小沢一郎の『日本改造計画』を並置して、「本来対極をなすべき二人の主張が実は見事に重なり合っている」と述べ、虚を突かれる思いがする。従前より小沢の主張には妙な説得力を感じていたが、たしかに小沢の近著を読むと、日本政治の病理の分析および変革の処方箋について、きわめて近い発想に立っていることがわかった。この点からも、政界再編論議に首を突っ込むことの怖さを感じる。

のちに、御厨自身が、『日本改造計画』は彼自身、北岡伸一、伊藤元重らが実質的な筆者であったことを明らかにしている。五五年体制の行き詰まりについて、進歩派の端くれの私と、保守側のエースである北岡、御厨両氏が共通の認識を持っていたことは当時から感じており、私と小沢が「近い発想」を持っていたのも、理由のあることであった。

4 改革派の運動

話を、政治改革をめぐる実際の政治の動きに戻そう。一九九二年末から九三年にかけて、衝撃的な政治スキャンダルが起こるたびに、政治改革の世論は高まった。それを方向づけたのは、先述の民間政治臨調であった。この団体は、提言のタイミングの選択、提言を支持する政治家、メディアの動員の仕方について、戦略的であった。九二年一一月一日、民間政治臨調は「日本政治の危機と政治改革の道筋」という提言を発表した。その中で、政治改革の基本的目的について、「「政治とカネ」をめぐる国民の納得できる仕組みを確立するとともに、「政策中心の政治」の力量を現在の内外の課題に見合うように高めることにある」と宣言した。そして、政党に対して、「部分利益の「すみわけ」的な代表を許容し、与党に対し何ら国民に益することのない同士討ちを強いている現在の中選挙区制度を廃止せねばならない」と求めている。この論理は、これまでに紹介した佐々木の発想そのものであった。

これを受けて、一一月一〇日に開かれた「政治改革を求める国民集会」(日比谷野外音楽堂)の壇上で、一八八名(自民党一〇九名、社会党三三名など)の与野党国会議員による「中選挙区制度廃止宣言」が公表された。その一部を紹介する(以下、民間政治臨調に関係する文書の引用は、この後継団体である「21世紀臨調ホームページ」http://www.secj.jp より)。

世界はいま、歴史的な激動の時代を迎え、わが国は内外の課題に的確に対応しうる新しい政治の構築を強く求められている。しかし、混迷と停滞を続ける現実の政治は、山積する課題への対応力を失い、一刻の猶予も許されない深刻な事態を招いている。〔中略〕

いまや制度疲労の極限に達し、その歴史的使命を終えようとしている中選挙区制度を維持する限り、この根本改革〔政権交代可能な政党政治、国会改革、地方分権など〕を実現することはきわめて困難であると断じざるをえない。選挙制度の改革は、われわれのめざす政治と行政のすべての改革の成否にかかわる核心課題であり、われわれ自身、いかに血を流そうとも乗り越えねばならないハードルである。〔中略〕

われわれは、ここに、歴史的な使命を終えた中選挙区制度との決別を決意し、国民の負託に応えうる新しい政治と制度の創造に立ち向かうことを宣言する。〔以下略〕

ここで注目すべきは、現職の国会議員が選挙制度改革について、「血を流す」と形容していることである。客観的、論理的に考えれば、衆議院議員が自らの依って立つ基盤である選挙制度を変えることは、次の選挙における当選の難易度に大きな影響を与えることは確かだが、議員定数を激減させるわけではなく、当選の可能性は残る。自民党の議員の中には小選挙区の方が安泰な者もいた。政治家としての生命に関わることを意味する「血を流す」というのは、大げさな、あるいは自己陶酔的な表現である。しかし、国会議員が自らの既得権を放棄するというイメージを振りまくことに成功したことは確かであろう。

民間政治臨調はその後もシンポジウムなどを開催して、世論の喚起に努めた。九三年四月以降、通常国会で公職選挙法改正案の審議が最重要課題となった。自民党は単純小選挙区制を提案、社会党と公明党はドイツ型の小選挙区比例代表併用制を提案し、審議はデッドロックに陥っていた。単純小選挙区制は野党が同意できるものではなく、比例代表を基本とする併用制は自民党が同意できるものではなかった。したがって、選挙制度改革を実現するためには、与野党が妥協するしかなかった。民間政治臨調はそのような政治情勢を見極めて、絶妙のタイミングでいくつかの提言を行った。

四月一七日、「政治改革に関し第一二六回国会において実現すべき事項に関する提言」を発表した。その序論において、「われわれは、経済界、労働界、言論界など各界から幅広い人材を結集しているだけに、与党、野党のいずれにも与することなく、最も客観、公正の立場から提言をおこなうことができる立場にあるものと自負する」としたうえで、デッドロック状況を次のように批判している。

与野党の改革案は、選挙制度を中心に極めて隔たりが大きい。われわれは、このためにせっかくの各案が、相打ちのかたちで不成立に終わることを心底懸念する。また、各党の案は、それぞれの立場にとっての有利、不利を配慮している結果、たとえば選挙制度に関して、与党案では大政党にとって極端に有利なものとなり、逆に野党案では小党分立になるなど、いずれもこれからの日本政治のあるべき姿に照らして、憂慮を禁じ得ない点がある。

そこで、民間政治臨調は小選挙区と比例代表を組み合わせた独自の案を提唱した。提案は、小選挙区と比例代表の組み合わせ方について、詳細に検討している。並立制の場合、小選挙区における得票率と議席率の乖離の補正効果が不十分である(この点は、現行の選挙制度の下、衆議院選挙のたびに見せつけられている)。併用制の場合、小党分立の可能性が高いうえに、小選挙区の当選者は必ず議席を得るため、小選挙区で優位な政党は比例で割り当てられた議席数をこえて議席を獲得する、超過議席が発生するという問題がおこる。

そこで、第三の制度として、小選挙区比例代表連用制を提案した。これは、小選挙区と比例代表を別個に選んだうえで、比例代表でドント式により議席配分を行う際、政党の得票数を割り算する時の除数を小選挙区の獲得議席プラス1から始めるというものである。都道府県別に比例代表選挙を行うとして、ある党がその県の小選挙区で五議席当選していれば、ドント式の割り算を「票数÷6」から始めるわけである。そうなると、小選挙区で大量の議席を獲得した政党は、比例ではあまり議席を得られなくなる。つまり、小選挙区で優位であろう自民党が圧倒的に勝つことを防ぐ点に、この制度の長所があったのである。

『政治改革』という本を著した私も、この連用制という制度については無知であった。四月一七日の提言は、選挙制度のみならず政党助成金制度、政治資金規正法改正などについて極めて具体的な、法案骨子ともいえるようなレベルの高い提案をしていた。この提言は、相当な時間をかけて準備されたものであることは間違いない。社会党の山花委員長からは、国会図書館、衆参両院の調査局などにいた選挙制度の専門家の協力があったのだろうという推測を聞いたことがある。実際に、社会、公明、民社など六党会派は、党首会談で連用制の採用で合意した。さらに、自民党羽田派もこれに同調した。そうなると、自民党が妥協に応じるかどうかが焦点となった。

さらに民間政治臨調は、五月一七日に「新しい政党のあり方に関する提言」を発表した。この提言は具体的な制度ではなく、政治改革以後の政党政治のあるべき姿を示そうとしたものである。その中の柱は、「政権交代のある政治の実現と政党の再編成」、「ソフトな二大政党制もしくは二大ブロック制の実現」であった。地元や業界に対する利益配分を政治家の主要任務としてきた五五年体制の耐用年数は過ぎたのであり、既成政党を一度リセットし、冷戦以後の国家路線やグローバル化への対応などの大きな課題に対して構想やビジョンを打ち出す政党による政権獲得競争で政党政治を運営していくべきだというのが、この提言のメッセージであった。この論旨もまた、ここまでに紹介した佐々木の主張を繰り返したものである。

そして、六月一四日には、一連の提言の最終回となる「民間政治改革大綱」を発表した。これは、通常国会の最終盤で政治改革法案の扱いをめぐって混乱を続ける政治家、特に自民党に対する最後通牒とでもいうべきものであった。前文では、この提言について「いまわが国は、政治改革をなし遂げることができるか、ふたたび挫折するかの歴史的な正念場をむかえている。ここに公表する「民間政治改革大綱」は、日本政治の危機に対する国民の側からの最後のメッセージである」と述べている。

政治の危機はリーダーシップの不在という分析は、従来の議論と同じである。この提言では、「政治的力量」というキーワードが使われていることが注目される。これは、佐々木がマキャヴェリの『君主論』から借りてきた言葉と思われる。戦後の日本は経済力の拡大に注力し、政策立案、外交、政治的意思決定など、政治の側の力量を高めることを怠ってきた結果として、冷戦終焉以後の右往左往、底知れぬ政治腐敗が起きたと分析されている。そして、政治家、政党の変革のみならず、内閣、国会、地方制度など統治機構の全体にわたるオーバーホールを主張している。

では、自民党内における選挙制度改革をめぐる議論の構図はいかなるものだったのか。まず、当時の宮澤喜一首相は政治改革に熱意や関心を持っているわけではなかった。この時期、宮澤は国の統治をダイヤを正確に守る山手線の運転にたとえたことがあった。それぞれの担当者(竹下登の言う司《つかさ》司《つかさ》)が確実な仕事をして、全体としてシステムが回るようにすることが政治の役割といいたかったのであろう。ここで紹介した佐々木の政治観とは対極の見方である。それでも、宮澤政権は政治改革を求める世論を無視できず、単純小選挙区制を軸とする政治改革関連四法案を四月二日に国会に提出した。社会党、公明党は四月八日、これに対抗して、ドイツ型の小選挙区比例代表併用制を骨子とする法案を提出した。

海部政権時代に設置された第八次選挙制度審議会は小選挙区比例代表並立制を答申し、海部政権はそれを実現するため、九一年夏の臨時国会に法案を提出した。しかし、当時の自民党の主要な政治家の強い反対にあって、衆議院解散をほのめかした挙句、逆に首相の座を降りることを余儀なくされた。並立制を一度否定した経緯があり、自民党が選挙制度改革を提案するとすれば、小選挙区制が党内合意を得る案だった。共同通信の政治記者だった後藤謙次は、自民党案について、「自民党の「やる気」を示すと同時に「野党側が飲めない案」であることが重要だった」と述べている(『ドキュメント平成政治史1』、一七九頁)。

このように自民党が野党の反対を押し切ってでも、選挙制度改革を実現する意思を持っていたとはいえなかった。朝日新聞の政治記者だった羽原清雅はこの間の事情を次のように説明している。

梶山〔静六〕幹事長ら執行部には、野党との調整・妥協を排すことでこの法案を廃案とし、その責任は協調性のない野党にある、といった政略があったと思われる。また、並立制で野党が妥協するまで、いっそ掛け値のまま突っ走ったほうが同調をえやすい、という見方もあった。(「小選挙区制導入をめぐる政治状況」『帝京社会学』第二〇号、二〇〇七年三月)

梶山は経世会分裂の際、小沢と対立した側の指導者の一人であった。小沢が権力闘争の道具に使った政治改革に付き合っていられないという思い、あるいは感情的な反発が存在したという解説は首肯できる。宮澤が五月三一日のテレビ朝日の番組で田原総一朗のインタビューに対し、「政治改革はこの国会でやらなければならない」と明言したにもかかわらず、梶山らは野党との妥協を否定し、選挙制度改革が無理であれば、腐敗防止先行策を優先すべきという姿勢を貫いた。そして、六月一四日、梶山は「選挙制度改革は二年後(九五年)の参議院選挙で勝った後に断行する」と述べて、通常国会での政治改革法案を廃案にすることを明らかにした。

これに対し、野党は宮澤首相が政治改革実現の公約を破ったとして、六月一七日に内閣不信任案を提出し、一八日の衆議院本会議でこれが可決された。宮澤は直ちに衆議院を解散し、政治改革を争点とする総選挙が行われることとなった。不信任案が可決されたのは、羽田派の三四人、その他の派閥の五人が賛成したからであった。九二年一二月の経世会の分裂は、このような形で自民党政権の崩壊につながった。また、解散の直後、政治改革に熱心だった武村正義、田中秀征など自民党の中堅政治家一〇名が自民党を離党し、新党さきがけを結成した。彼らは不信任案には反対したが、九三年の春ごろから、新党結成のタイミングをうかがっていたのである。羽田派は不信任案に賛成したものの、新党結成の決意は固くはなかったようである。羽田は、「さきがけの結成がなければ離党しなかったかもしれない」と語ったことを後藤謙次が書き留めている（『ドキュメント平成政治史１』、一七八頁）。しかし、新党さきがけができた以上、自民党にとどまることはできないと考え、新生党を結成した。

二つの新党の結成により、自民党は改選議席の段階で過半数を下回る状態で総選挙に突入することになった。五五年体制成立後、国民は初めて政権の帰趨が全く分からない選挙を経験することとなった。この選挙の意義について、政治学者はどのように考えていたかを振り返っておきたい。

佐々木の認識は、「民間政治改革大綱」に尽きている。冷戦終焉とバブル経済崩壊以後、政治、官僚機構、中央地方関係、企業における雇用と労働のシステム、教育など日本を構成する様々なシステムについて、変革の必要性が叫ばれていた。その中で始めの一歩となるのは政治の変革であった。なぜなら、政治の力で法律、制度を変えることこそ、官僚や企業のシステムを変える決め手だからである。そして、選挙制度は政治家の存立基盤であり、それを政治家自らが変えることが、政治を変えることの最も分かりやすい現れだというのが佐々木の認識であった。選挙制度改革を求める世論を高め、自民党を分裂に追い込んだことは、民間政治臨調の働きかけの成功を意味した。

選挙制度改革に懐疑的な学者は、異なる問題設定をしようとした。宮澤内閣不信任案可決と衆議院解散を受けて、『世界』一九九三年八月号は、選挙民に向けて「共同報告 民主主義再興こそが政治改革である」という特集を組んだ。その中に、先に引用した高畠や河合の論文が掲載されている。そこでイメージされている民主主義とは、カネの力で政治を左右するのではなく、清潔な競争によって民意を反映する仕組みであり、権力を批判するものの居場所が確保される政治の形を意味したと解釈できる。

しかし、自民党政権の継続か、五五年体制成立後初の非自民政権の樹立かという二者択一が最大の争点となった衆議院選挙において、腐敗防止を中心とする「民主主義再興」を説くというのは、的外れの感を免れない。一九八九年に日本の民主主義再興の担い手として期待された社会党については幻滅が国民的共通了解となり、再興の担い手がどこにも見当たらなかった。また、社会党を含め、衆議院の選挙制度を変えることは共産党以外のすべての政党が唱えていたわけで、選挙戦に向けて選挙制度改革が政治改革ではないと叫ぶことには、ほとんど意味がなかった。

この種の議論は、五五年体制が耐用年数を過ぎたという現実を軽視したうえで、底なしの腐敗に陥り自浄能力を喪失した自民党はけしからんが、自民党中枢にいて政治腐敗を起こしながら、選挙制度改革を口実に自民党を離党し、改革派を僭称する小沢一派も同じくらいけしからん、さらに八九年の土井ブームの時の期待を裏切った社会党もけしからん、という全方位的憤懣を意味するだけであった。

「まず政治が変わる」という佐々木の認識は、改革を求める中堅、若手の政治家の決意表明にとって便利な言説であった。自民党による一党支配を終わらせることは、それ自体、大きな改革であった。この点は、私も二段階政党再編論の第一段階として唱えたことであり、佐々木も「民間政治改革大綱」で唱えたことであった。

ただし、この議論では、政治がどのように変わるのか、あるいは政治を変えることによってどのような社会をつくりだすのかというイメージが明確でなかったことも指摘しておかなければならない。利権共同体である自民党を解体したうえで、理念・基本政策に即して政党再編を行う際に、どのようなモデルを目指すのか、まだ議論は深まっていなかった。「民間政治改革大綱」では、二大政党制あるいは二極的政党システムへの移行を主張していたが、二大勢力なるものが何を基軸として結集するかについては語っていなかった。私は政党再編の第二段階で、「保守」対「社会民主主義（またはアメリカ民主党のリベラル）」の二大勢力の競争システムを提唱したが、経済界などには保守二大政党を目指す議論もあった。その点を曖昧にしたまま政権交代や政党再編を唱えれば、政治家による政治家のための内輪のバカ騒ぎという批判を受けるのも無理からぬ話であった。

選挙制度という政治のルールの変革を主要テーマとして超党派的な結集を図った民間政治臨調にとって、実体的政策に踏み込んで政党結集の軸となる理念まで示すことは、活動の範囲を超えていたということもできる。だから、二大政党なるものがどのような対立構図で競争するかまでは、提言でも触れなかったのであろう。当時の「改革派」の政治家の議論を聞いていると、まず耐用年数の過ぎた建物を解体し、更地にしたうえで、生き残った政治家によって次なる政党の姿を考えるという、ある種の先送りの議論が存在していたようにも思える。

私にとっての憾《うら》みは、社会党が第二段階の再編に向けた展望を持っていなかったことであった。五五年体制の左側を支えてきた社会党があえて小選挙区を含む選挙制度を提唱し、五五年体制の破壊に加担する以上、その後の政党システムの中で平和、平等という革新的な理念を受け継ぐ政治主体をどのように持続するか、シナリオを持たなければならなかった。「九三年宣言」を準備し、ヨーロッパの社会民主主義政党に倣いつつ政権を担える政党への脱皮を図る作業は途中まで進んでいた。非自民勢力の中では、社会党は最も大きな政党であり、自民党との戦いの中では中心的な役割を担うべき立場にいた。しかし、社会党は自民党と同様、打倒されるべき旧勢力というイメージを貼り付けられて衆議院選挙の戦いに臨むことになった。この点についての戦略を欠いたことは、政権交代が成就した後の混乱の原因となった。

第四章　細川政権と選挙制度改革の実現

1　初の政権交代に至る道

一九九三年六月一八日、選挙制度改革という公約を実現できなかった宮澤内閣に対する不信任案が可決され、七月一八日に衆議院選挙が行われた。自民党を離党した政治家が、新生党、新党さきがけを結成したため、自民党は改選議席で過半数を割り込み、政権の行方が全く分からない総選挙となった。

この選挙の構図は、自民党、非自民非共産ブロック(社会、公明、民社、新生、社民連)、日本新党・さきがけ、共産党の競争というものであった。このうち、共産党は政権には関わらないことがはっきりしており、自民と非自民非共産のどちらが多数の議席を取るか、日本新党・さきがけブロックがどちらと組むかという二つが、政権の帰趨を決める要因となった。

日本新党とさきがけは、七月三日に選挙とその後の行動について協力する合意文書を発表した。その要点を引用する。

一、両党は歴史認識、政治理念、政治姿勢においてほぼ合致している。
二、両党は、このたびの総選挙においてできる限りの選挙協力を行う。
三、両党は、政治改革と行政改革の推進、景気対策、地球環境問題への取り組みに特段の努力を傾ける。
四、両党は、以下の三点について次のように合意した。
①私たちは日本国憲法を尊重する。憲法がわが国の平和と繁栄に寄与してきたことを高く評価するとともに、時代の要請に応じた見直しの努力も傾け、憲法の理念の積極的な展開を図る。
②国連の平和維持活動の厳格な法制化と国際安全保障体制の整備など国連改革、国連強化に努める。いわゆるＰＫＦの凍結条項は当分の間解除しない。
③コメの市場開放問題については、例外なき関税化に反対する。

この合意は、自民党あるいは保守陣営から飛び出した新党の理念や方向性を示す重要な手掛かりとなった。さきがけの理論的指導者だった田中秀征は、日本新党結成のころから細川護煕とたびたび会談し、同志としての信頼を高めていた(詳しくは、田中秀征『さきがけと政権交代』)。この合意は、憲法観や安全保障について田中の理念を反映している。まず基本は、憲法の尊重である。社会党的な護憲とは異なるが、自民党宏池会の軽武装路線を憲法の精神にかなう政策と考えていることがわかる。また、歴史観についても、過去の戦争における誤りを認める点で、自国中心主義の右派とは一線を画している。国連PKOに関しても、自衛隊の参加は平和的活動に限定し、平和維持軍(PKF)には参加しない方針を明確にしている。コメ市場開放については、細川が自由化の持論を抑え、農村部選出議員の多いさきがけに配慮したものと思われる。

選挙結果(全五一一議席)を大雑把に言えば、一九八九年に社会党に流れた無党派層の票は、今回は新党に向かった。ロッキード事件の後の新自由クラブよりも大規模なブームが起きたといえよう。日本新党は、五〇五万票、三五議席、新生党は六三四万票、五五議席、さきがけは一六六万票、一三議席をそれぞれ獲得した(選挙後の追加公認、入党は含めていない)。自民党は、二三〇〇万票、二二三議席(選挙前二二二議席)と、守勢の選挙ながら健闘したということもできる。公明は微増、民社と社民連は現状維持だった。すべての政党の中で、社会党が唯一大敗を喫した。前回の九〇年の衆院選では土井ブームが続いており、一六〇三万票、一三六議席を得たが、今回は九六九万票、七〇議席(選挙後の入党などで最終的に七七議席)と惨敗であった。土井ブームと比べれば大敗だが、八六年の衆参同日選挙と比べれば、ほぼ同じ水準である。土井という特異なリーダーと、消費税導入、リクルート事件という特殊な環境を除外すれば、社会党の地力はこの程度にまで低下していると考えるのが、冷静な見方である。この冷静な見方を持てず、「革新の首座」の幻想を追いかけたことが、九三年以後の政党再編における左派の分裂、収縮をもたらしたことは、後で説明する。

以下、政治の動きについて叙述する際の資料について説明しておく。一九九六年から九七年にかけて、細川、村山の二つの連立政権に関わった政治家、労組幹部十数名にインタビューしたことがある。この本でも、その記録を適宜利用したい。引用する時には、〇〇インタビューと表記する。なお、その成果は、山口二郎・生活経済政策研究所編『連立政治 同時代の検証』として刊行された共同研究の素材となった。

単独過半数を得た政党がないという選挙結果を受けて、連立政権の組み合わせをめぐる暗闘が始まった。去就を明らかにしていなかった日本新党・さきがけがキャスティング・ヴォートを握る形となった。自民、非自民の両陣営が日本新党・さきがけへの働きかけを行った。私自身は、当然のことながら非自民連立を期待していた。選挙翌日の七月一九日、TBSの「ニュース23」に出演し、次の政権をどうするかという討論に加わった。その時、石原慎太郎が「野党連立政権はお子様ランチ」と言ったことに腹を立て、相次ぐ大疑獄事件を起こした自民党こそ統治能力の欠如を露呈していると怒鳴りつけた。そして、同席していた武村に、かつて革新共闘で滋賀県知事選挙に勝ったことを引き合いに出し、非自民連立の中心になるよう懇請した。まだその時は、武村は態度を明確にしなかった。

非自民非共産の陣営を束ねたのは小沢一郎であった。ここで自民党政権の継続を許せば、再起不能の政治的敗北を喫することを理解した小沢は、非自民連立政権を樹立するためにあらゆる選択肢を考えた。そこで出てきたのは、衆議院初当選の細川を総理に担ぐ連立政権というアイディアであった。小沢が細川に首相就任を要請した経過を、細川の日記『内訟録』を編集した政治記者、伊集院敦は次のように書いている。

小沢は〔中略〕七月二二日にホテルニューオータニの一室で〔細川と〕会う手はずを整えた。会談は実質わずか数分。「首班を受けてもらえますか」という要請に、細川は「お引き受けしましょう」

と回答。「客観的状況を考えると、推されれば時代の要請としてこれは受けざるをえない、準備は全く整っていないが地金でやるしかないと、その場で決断した」と細川は後に明らかにしている。（『内訟録』、一〇頁）

日本新党・さきがけがなぜ非自民連立政権の樹立を選んだのか。選挙直後にも、金丸信元自民党副総裁の脱税事件の公判が始まる、無所属で当選した竹下登元首相を当選後追加公認した、茨城県知事が公共事業をめぐる収賄で逮捕されるなど、政治とカネをめぐる自民党やその系列の政治家の行動が話題を集めた。そのような状況で、自民党と政権を共にすることは世論の強い批判を浴びることが予想された。武村は非自民の旗色を鮮明にしていたわけではなかったが、日本新党とさきがけがまとまって自民党と組むことは、政治的にできない選択となった。また、もう一つの理由として、政治改革の呼びかけについて、日本新党・さきがけは「年内」という期限を明記したのに対して、自民党は「可及的速やかに」と応じたので、政治改革への本気度が疑われたという事情もあった（久保亘インタビュー）。

細川首班が事実上固まっても、キャスティング・ヴォートを握る日本新党・さきがけと非自民非共産が提携するための手続き、儀礼が必要であった。細川、武村、田中の三人が連立政権の構成の仕方について協議を重ねた。七月二三日、細川、武村の二人が記者会見で、政治改革政権の樹立を提案し、この指とまれと各党に呼び掛ける方式をとることとなった。具体的には、衆議院の中選挙区制に代わって小選挙区、比例代表各二五〇議席の並立制を導入することが政治改革の柱であった。非自民非共産はこれにすぐさま呼応して、七月二九日、社会、新生、公明、日本新党、民社、新党さきがけ、社民連の七党と参議院の民主改革連合の七党一会派が連立政権樹立に関する合意文書を作成し、ここに一九五五年以来初めての非自民連立政権の誕生が確定した。

細川政権の出発時における選挙制度改革の位置づけについて、いわばボタンの掛け違いがあったことをここで強調しておきたい。日本新党・さきがけの選挙制度改革に関する提案は何であっても、非自民非共産は受け入れる準備があった。それまでの議論の経過からして、日本新党・さきがけが純粋な比例代表制を提案することはありえなかった。しかし、非自民連立をつくることを決意したうえで提案するのであれば、自民党がのめない比例重視の制度を提案しても、連立合意は成立したはずである。小沢はこのころ二大政党制を目指しており、小選挙区を重視していたが、非自民連立をつくることの方が優先度は高かったので、選挙制度については日本新党・さきがけの提案を丸のみしたに違いない。

では、なぜ二五〇議席ずつの小選挙区比例代表並立制を提案したのか。武村は自民党時代に党の政治改革委員会の事務局メンバーとして選挙制度改革に熱心で、実現可能性を第一に考えて並立制を推進していた。それゆえにこそ、選挙制度改革が実現しないことにしびれを切らし、新党結成を決意した。その際の戦略においては、政党再編が先で、選挙制度改革が後という順序が想定されていた。武村は中選挙区制のもとで野党として選挙を戦いながら、良質な保守政党をつくることを構想していた。しかし、現実政治の展開が武村の構想を追い越した。その間の事情を次のように語っている。

容易に選挙制度改革はできないと思いましたね。だから、政界再編というか新党のほうに行動を起こすわけです。〔中略〕それが、ああいう選挙の結果で、まあ新生党も出られたことなのでバタバタと細川政権ができて、政治改革ができていくわけです。そういうふうに展望をきちっと持っていなかった。だから、新党をつくるときには、こんな小さい政党をつくったら選挙制度が変わったら大変だという認識はあまり強くなかった。（武村正義インタビュー）

細川も選挙制度自体について戦略的に考えていたとは思えない。彼は目指すべき政党システムとして、「穏健な多党制」を唱え、小沢の二大政党とは異なるビジョンを示していた。穏健な多党制を実現するためには、ドイツ型の併用制にするか、並立制において比例代表の議席をかなりの程度確保しておかなければならないはずである。言い換えると、細川たちが提案した小選挙区と比例代表を半々とする並立制は、穏健な多党制には向いていない制度であった。当時は、自民党も最大の危機に直面しており、政界全体が大きく再編されるという予想のもと、近未来の政党システムについては具体的なイメージを描けなかったのかもしれない。

新党結成に向けて細川と密接に協議していた田中秀征も、選挙制度改革は行政改革や経済構造改革など本丸の改革を進めるために通過しなければならない前段階と考えていた。政権交代を予想より早く実現し、改革に取り組む状況に至ったとき、選挙制度は従来の議論の蓄積がある並立制で早く決着をつけたいというのが、並立制提案の動機だったと思われる。細川と田中は、本物の指導者は必ず制度の枠を突破して出てくるはずだと述べて（『さきがけと政権交代』、一九〇頁）、自分たちが生き残るための選挙制度について深く考えていなかった。あるいは、選挙制度の意味を軽く考えていたと非難されても仕方ないだろう。もちろん、この非難は私自身にもはね返ってくる。日本新党・さきがけが並立制を提案したときに、私もこれをのんで野党連立政権をつくるしかないと主張した一人であった。このことは、後の政治の展開に禍根を残したのである。

2 政権交代をめぐる歓喜と恐怖

八月六日、特別国会が召集され、細川が首班指名選挙で首相に選ばれた。八月九日に組閣が完了した。大蔵、通産、外務などの主要閣僚は、長年政権を担った新生党の議員が務め、社会党から六人が入閣した。また、六党の党首はすべて入閣した。また、田中秀征が首相特別補佐という肩書で、首相官邸に常駐した。当時は、首相補佐官という公職はなかったので、これは非公式の役職であった。非自民政権の誕生を国民は歓迎し、朝日新聞調査では、発足時の支持率が七一％と、史上最高を記録した。

首相就任直後、細川は以下のような課題を列挙した手書きのメモをしたためた。

臨時行政改革本部を設置。内閣に総理を長とする本部を設け、一年以内で以下の基本的改革案を立案決定することとす。

総理の権限強化(法範囲としては内閣法六、七、一四条)

予算編成権の内閣移管(内閣法、財政法)
中央省庁の再編成(国家行政組織法)
公務員の中立性確保(国家公務員法)
規制の縮小緩和(行政手続法、情報公開法)
権限・財源の地方移管(地方自治法、地方財政法)
市町村の規模・能力の拡充(地方自治法)
府県連合・道州制の推進(地方自治法)　(『内訟録』、二六—二七頁)

歴史的な政権交代の勢いに乗って熊本県知事時代から温めていた官僚支配の打破、行政改革、地方分権、規制緩和などの基本的な方向性を法律改正、新法制定という形で実現しようという大胆な構想である。八〇年代末以来、様々な政治腐敗を見せつけられ、世界第二位の経済大国でありながら生活の貧しさについて不満を募らせている国民は、新政権の改革に期待した。

世論が政権交代を歓迎している一方、この政権交代の受け止め方をめぐって、社会党とその周辺の進歩派陣営には大きな分裂が生じた。

その前提となる事情を確認しておく。連立政権の政策合意をつくる際には、社会党の基本政策との整合性が問題となった。社会党からは久保亘(当時副委員長)が連立合意の協議に当たった。基本政策を異にしてきた社会党が連立政権に加わる際には政策のすり合わせが課題となり、久保は小沢一郎と協議を重ねた。社会党はそもそも小選挙区比例代表並立制には強く反対していた。しかし、新生、公明、民社の各党が日本新党・さきがけの呼びかけを受け入れた以上、この制度に反対することは国会の中で圧倒的少数として孤立することを意味したのであり、並立制を受け入れざるを得なかった。また、自衛隊と安保条約については、社会党はまだ違憲論の旗を降ろしていなかった。そこで、「これまでの政府の政策を継承しつつ、世界の平和と軍縮のために責任を果たし、その役割を担う」という表現で妥協が成立した(久保亘インタビュー)。小選挙区制を含む選挙制度改革に賛成すること、自衛隊と安保条約を当然のこととして運用する政権に参加することと、長年のイデオロギーや理念との矛盾をどうするかは、社会党の政治家とその周辺の学者、ジャーナリスト、文化人にとっての難題であった。

私などは、自民党政権の崩壊を、赤飯を炊いて祝いたい気分であった。前章で紹介したように、五月二〇日に出版された『政治改革』の終章で描いた二段階の政党再編の第一段階がわずか二か月後に現実になったのである。興奮するなという方が無理だろう。

連立交渉が続いていた七月二七日、私は朝日新聞の「論壇」面に、「「政権の交代」に大義あり」という文章を載せた。これは従来の主張を、総選挙後の連立交渉という具体的な状況に向けて練り直したものであった。その中で、「政治においては、対抗勢力が権力を奪取することによって権力者の誤りが是正されてきた」のであり、「非自民の連立政権の樹立は権力者を敗北させ、日本の議会政治に新しいページを開くためにこそ必要」だと主張した。そして、「連立政権に対してしばしば「基本政策なき野合」という批判が浴びせられるが、権力の移動という新しい慣習を政党政治に打ち立てること以上の大きな大義があるのだろうか」とも書いている。この論稿のタイトルは、ここから編集者がつけたものであった。

私の意図は、先に紹介した久保亘のそれと同じであった。総選挙の後の政治的選択肢は、自民党政権の継続か、非自民政権の樹立かの二つしかなかった。共産党のように、自民党も小沢もけしからんと言っていたら、結局、日本新党・さきがけを自民党側に追いやるだけであり、その上で、自民に受け入れられる小選挙区を中心とした選挙制度改革の実現につながるだけであった。日本の政党政治に社会民主主義的なものを残すためには、政権交代を実現したうえで、選挙制度改革をテコに、社会党が「九三年宣言」で示そうとしたような現代的社会民主主義政党に脱皮するしかないと、私は考えていた。いわば、革新勢力にルビコンを渡れと呼び掛けたつもりであった。

革新勢力のシンパだった知識人の中では、こういう考え方はむしろ少なかったかもしれない。江田三郎の時代以来、江田親子と共に社会民主主義を追求してきた老闘士、安東仁兵衛(通称、安仁《あんじん》)は、私を励まし、自身も次のように述べている。

〔政権参加のために基本政策を転換するくらいなら社会党は分裂すべきと主張する人々の中には〕社会主義協会的「左」翼と『九三年宣言』を改憲論と騒ぎ立てるたぐいの護憲論的原理主義とが見られますが、私はこの両者に共通するオール・オア・ナッシング的な考え方を否定しておきたい。つまり政治は、〝より良いか〟〝より悪いか〟という、すぐれて相対的な選択の積み重ねであるという考え方が弱く、〔中略〕結局のところ、自己満足的な心理的、心情的レベルのラディカリズムに陥ってゆくという日本の反体制派に根強い思考方法です。(『93年激変』、四四頁)

安東は若いころは共産党の活動家で、東京大学在学中に退学処分を受け、その後は共産党を離れ、在野で著述、出版活動をしてきた。丸山眞男と親交があり、丸山を師と仰いでいた。そして、「政治とは悪さ加減の選択」という丸山の政治観、心情倫理で行動し自己満足に浸る日本左翼に対する丸山の批判を受け継いでいた。ついでに、安東が当時三〇代の私を見て、「お前を見ていると、昔〔構造改革論争時代〕の松下圭一を思い出すなあ」と言われたことは、誇らしい思い出である。

選挙制度改革と政党再編の中に社会党を踏み出させようという議論に反発する人々は多かった。

まず、当時朝日新聞編集委員だった石川真澄を紹介しておこう。石川は、私にとってその後の岩波新書『戦後政治史』の共著者であり、多くのことを教えてくれた恩人であった。社会党担当の時代から江田三郎と親交があり、安東とは盟友でもあった。他方、朝日新聞政治部では選挙分析を担当し、選挙制度について政局の観点ではなく、理論的に考えていた。政治腐敗を防止し、政党主体で政策本位の政治を実現するために小選挙区制がよいなどという主張は、石川にとってお笑い草だった。九三年春にしばらくイギリス、オックスフォード大学に滞在していた石川は、イギリスの小選挙区制の問題点についても再確認したばかりであった。

また、小選挙区制導入は、五五年体制に代えて保守二党制を実現することを狙っているというのが石川の解釈であった。その分析を引用する。

「非自民」の各党結束で主導権を握ったのは七党中の第一党である社会党ではなく、その他六つの、あえていえば「非社会党」勢力だった。社会党はそこから孤児になりたくないばかりに、ただ追随した。そのようにして非自民という名の第二党目の形が整いつつある。それは自民党の旧金丸派が核となってかつて作られた自公民路線からひと続きのもので、労組「連合」のかなりの部分をここに取り込むことにも成功した。あとは社会党を五党ないし七党結集の新党のなかに囲い込んで無化すればもともとの狙いであった「保守二党」制は完成する。(「保守二党制が「政治改革」なのか」『世界』九三年九月号)

細川政権をつくったときの小沢の構想は石川の言うとおりであったろう。また、社会党が孤児になることを避けるために選挙制度改革を受け入れたという分析も私と同じである。石川にとっては、小選挙区制導入から社会党の無化、保守二党制へと、戦後革新勢力にとっては一直線につながる死滅への道がすでに見通せたのであろう。ちなみに、社会党の「無化」という言葉は、八六年の衆参同日選挙で社会党が大敗したときに石川が使い始めたものであった。無化の危機から土井たか子のおかげで立ち直ったのに、土井をやめさせた後、改革や政党再編の騒ぎに踊らされ、滅びの道を自ら進んでいく社会党を、石川は見ていられなかったのだろう。

もう一人の代表的な論者は、高畠通敏である。彼は、細川政権が誕生から半年ほどの間に追求した政策や理念を見て、この政権を中曽根政権の延長線上に位置づける。細川自身の政策的指向性は、先に紹介したメモに現れている。九三年一二月には、細川政権は当時のガット・ウルグアイラウンドの合意によるコメの市場開放を受け入れることを決定した。また、景気対策としての所得税減税を打ち出した。対外的には、国連ＰＫＯへの参加と国連安保理常任理事国入りを目指すという外務省の路線が維持されていた。高畠は、細川政権の中間的評価として、次のように述べる。

旧竹下派内の「改革派」が家出してつくった新生党によって実質的にになわれ、都市を基盤とする日本新党と社会党の右派が「左派」を引きずってその路線に同調している現在の細川内閣は、実質的にかつての金丸氏が構想した「民主党」内閣〔九〇年代初め、金丸はアメリカの民主、共和の二大政党制を模した政党再編を提唱し、自民党の一部が野党と組んで民主党を形成すると主張した〕であるといって過言でない。そしてこの「民主党」内閣において、小沢新生党代表幹事を先頭とする「改革派」グループは、自民党がなしえなかった新保守革命を、実質的に遂行させてしまおうとしているのである。（「新保守主義革命としての政治改革」『世界』一九九四年一月号）

八〇年代中頃の中曽根政権は小さな政府路線を目指したものの、当時は、自民党の族議員も健在で、既得権擁護の勢力は強い抵抗力を持っていた。貿易摩擦の解消のための市場開放や投資の自由化は小出しにしか進まず、また利益誘導的な補償措置もセットであった。九〇年前後の大疑獄事件で族議員が否定的な言葉となり、利益誘導政治に対する国民の怒りや不信が高まったことは、小さな政府路線にとって好都合だったというわけである。さらに、政治改革の名のもとに小選挙区制が実現すれば、中曽根が目指して実現できなかった都市中間層を支持基盤とした新しい保守政党を実現することもできる。高畠は細川政治を、保守政党のリニューアルを目指した小沢戦略の成功と理解していた。

そのうえで、新保守革命に加担する社会党を厳しく批判した。

社会党は、今や、党が中曽根政権時代から反対し、闘争してきた新保守主義革命の積極的な片棒担ぎになった。非自民政権というスローガンは、そこでは何の意味ももたない。〔中略〕歴史をふりかえって、近衛新体制を「時代の大勢」として進んで解党し迎合していった戦前の社会大衆党の歴史を想起する人は多い。どちらの場合も、「新体制」の本質についての認識の欠如が、一つの原因になっている。（同上）

確かに、細川政権をつくったときの小沢は保守二大政党制を志向していたのだろう。それは、並立制における投票方法をめぐる意見対立という形で現れていた。小沢は、小選挙区における投票をそのまま政党の選択としてカウントする一票制を主張していた。一票制であれば、比例代表で得票したい政党は小選挙区で必ず候補者を立てなければならず、自民党以外の候補者が乱立することとなる。したがって、非自民側も一つの政党にまとまらなければならない。それが、小沢が一票制を主張した理由であった。しかし、日本新党・さきがけの反対で二票制に落ち着いた。

この事例にも現れたように、保守系の新党が小沢の意のままに動いたわけではなかった。連立政権に対する評価の違いは、日本新党、さきがけというリベラルな保守新党に対する認識の違いに由来している。この点に関連して興味深いのは、高畠が滋賀県知事時代の武村の政治・行政手法について極めて否定的な評価を下していたことである。これは、連立政権評価に深くかかわる話なので、詳しく紹介しておく。

一九八〇年代半ば、高畠は日本各地の地域レベルの政治のルポを書いて、『地方の王国』という本をまとめた。その中で、武村滋賀県政について、次のように書いている。

武村知事は、革新諸組織の顔も立てつつ、行政の継続性に名を借りながら、結論として開発政策を受けつぐ立場を明らかにした。それに頑強に抵抗する〝一部〟の住民運動や専門家の意見は、切り捨てられた。「草の根」とは、そういう異議申し立てをする運動体ではなく、現実に町村で生活している静かな住民の大勢を指し示す言葉として意味されていたのである。〔中略〕そして、この〝草の根〟の上からの組織過程で暗黙のうちに批判されていたのは、地域にまったく根をもたない〝根なし草〟の革新諸勢力、とりわけ武村支持の中核勢力である社会・民社の両党だったのではないだろうか。(『地方の王国』、二二八―二二九頁)

武村は知事時代に、琵琶湖の水質汚染を防ぐために、有機リン系の合成洗剤の使用を禁止する条例を制定して注目を集めた。この政策は、物的豊かさや便利さを追求する高度成長期の政治から、環境など脱物質主義的な価値を志向する新時代の政策として共感を集めた。しかし、高畠は、①規制を有機リン系の合成洗剤に限定し、合成洗剤一般を禁止していない、②地方自治、環境保全の理念の陰で、自治省、法務省などに根回ししたことが矛盾だ、③赤潮の原因が家庭から出る合成洗剤だけでないことを知りながら、いわば県民の精神作興運動として条例を推進した、などの理由で、武村の手法を批判した。自治体レベルの新しい民主政治のモデルともてはやされた滋賀県について、高畠は全く別の見方を示している。「武村知事の下での滋賀県政は、政党間の対立が緩和し、イデオロギーが〝終焉〟した先進諸国で生まれつつある「協調国家」のシステムを先取りしているという見方も、当然、ありうる」(同上書、二四一頁)。

高畠がここで言いたかったのは、脱物質主義や環境などの新しい旗印の下で、武村は政治における対立や批判を無化し、新たな翼賛体制をつくりだそうとしているということであった。その意味で、細川政権は中曽根政治の延長線上にあるとともに、武村滋賀県政の延長線上にもあるということになる。

武村の環境政策に対する高畠の批判は、私が見るところ、言いがかりに等しい。合成洗剤の使用を条例で禁止することは憲法上の営業の自由を侵害する恐れがあり、関係省庁と協議をするのは当然である。また、合成洗剤を使わないようにすることは生活習慣を変えることを意味するわけで、行政が啓発活動をするのも当然である。環境汚染の原因をすべて速やかに除去しなければ合成洗剤だけをやり玉に挙げても仕方ないという主張は、先ほど紹介した安東の言う「オール・オア・ナッシング」的発想の具体例である。

高畠がなぜ武村についてこのように批判的だったのかは、わからない。一九八〇年代から九〇年代を貫く高畠の主張を読むと、彼は、あちら側の「保守＋官僚」とこちら側の「革新＋市民」の二つの陣営の間に絶対的な溝が存在すると考えていたように思える。「改革」などの魅力的なシンボルに釣られてその溝を飛び越えたら、結局保守勢力に吸引され、翼賛体制の一部になるというのが高畠の警戒であった。

私は、冷戦の終わり、自民党の構造腐敗、脱物質主義的価値観の広がりなどの大きな環境変化の中で、保守や官僚の中にも亀裂が広がりつつあると感じていた。一九九〇年代に入って、私はいろいろな場所で講演を頼まれるようになった。非大都市圏で、地方議員、労組活動家、地元経済界などの人々と話をしてみると、自民党政治に対する疑問が広がっていることを感じさせられた。それを一言で表すなら、自民党が得意としてきた「中央とのパイプ」がもはや役に立たないという現実であった。公共事業費をもらってインフラ整備をしても、地域に新しい産業は生まれず、雇用は増えないので、若者の流出は続く。新しい知恵とそれを推進する新しいリーダーが欲しいという声は、保守・革新の色分けとは関係なく、様々な地域で共有されるようになった。武村や細川はその先駆的事例であり、九〇年代には高知、宮城などで同種の知事が現れた。

細川や田中が規制緩和を重視し、小さな政府路線に傾斜していたことは事実である。しかし、官僚・族議員連合体の腐敗や独善を打破するためには、この分野でも「二段階革命」が必要だと私は考えていた。市場や地方自治体に対する時代遅れとなった官僚統制を壊すためには、社会民主主義と市場主義が一時的に共闘して、政策のリセットを進めるしかないと当時は考えていた。

九三年政権交代に関する私と高畠の評価の違いは、政治的対立軸に関する認識の相違に由来していた。高畠は五五年体制の延長線上で、社会党にあくまで批判と抵抗の党として命脈を維持するよう提言していた。私は、八九年から九三年までの社会党の衰弱を踏まえ、保守から分岐してきた新しい勢力と提携して、リベラルな勢力を構築すべきだと考えていた。そこでの対立軸を単純化して表現すれば、「集権・利益配分・軍事的普通の国」対「自治・脱物質主義・小日本主義」ということになる。小日本主義は、石橋湛山から借りた理念であり、田中秀征の思想のバックボーンでもある。先に紹介した総選挙前の日本新党、さきがけの「合意」は後者の理念にほぼ一致するものであった。過去の戦争を反省し、憲法の精神を擁護するという点は、私が田中と細川を評価した最大の根拠であった。実際に、細川は首相就任直後の全国戦没者追悼式において、日本の加害責任について言及した。経済に関するイデオロギー対立が消滅した時代において、歴史観の一致は政治勢力を糾合する重要な軸になると私は考えた。

リベラルという言葉は、革新という言葉が色あせるにつれて、一九九〇年代から使われるようになった。私も自分自身を革新ではなくリベラルと規定していた。日本におけるリベラルには次の二つの要素が必要だと考えていた。第一は、石橋湛山以来の軍国主義、全体主義、官僚主義に反対する自由民主主義の精神であり、第二は、アメリカ民主党のリベラル派が持つ、すべての人に自由を保障するために政府が積極的に役割を担うという政策理念である。その点で、リベラルはヨーロッパの社会民主主義の機能的代替物となる。社会主義体制が消滅した時代に、社会党はこの意味でのリベラル派になるしかないと私は考えていた。保守陣営でもこの二つの理念に共鳴するならば協力可能なパートナーであり、リベラル勢力を政党再編の一つの極に育てるべきだというのが、私が社会党に提言したことである。

政治学者の中では、篠原一が同様の見解を述べていた。彼は、選挙直後の論評で次のように述べている。

しかし、この総保守化は必ずしも保守二大政党化を意味しない。〔傍点は原文、中略〕日本新党やさきがけが狙っているポジションは、リベラルではないだろうか。〔中略〕このリベラルがその内実を明瞭にしながら、保守陣営の中の割れ目を大きくしていくことが日本の政治の大きな課題の一つであろう。そのうえに、コンスタントな力をもった社会民主派が、日本の憲法と戦後デモクラシーの精神を体現するものとして存在しつづけるならば、日本の穏健多党制は必ずしも絶望的ではなく、生育可能性 viable をもったものとなる。〔中略〕保守、リベラル、社会民主派が境界線を明確にしながら、共生していく穏健多党制への展望がひらかれるかどうかが、現在の日本政治の最大の問題点である。(「政治的移行期の可能性と不安」『世界』一九九三年九月号)

そして、社会党に対して、衆議院で八〇議席程度の勢力を確保したうえで、政策的定点をもって、連立政治に対して影響力を保持するよう求めている。

現在のような総保守化の状態の下では、たしかな政策をもった政治勢力がたとえ少数でも、しっかりした政策的定点をもって存在することが重要であろう。〔中略〕そのような定点としては、護憲平和、非軍事的社会理念の文化輸出、階級社会化した地球社会での価値の再配分、ワークスタイルの変換と環境重視、社会福祉と分権などをあげたい。〔中略〕しっかりした政策〔的〕定点をも

った勢力が八〇議席か九〇議席いれば、これからの穏健多党制の時代にはそれなりの力を発揮できるだろう。(同上)

この時の議論の構図は、平和基本法をめぐる論争と同じであった。私は、戦後革新の原理主義的主張が無効であることを受け入れ、良質の保守と理念を共有して、新しい憲法擁護・リベラルの戦列を組むべきだと主張した。平和基本法など論外と反発した高畠に代表される伝統的な進歩派は、政党再編の流れの中でも原理主義的主張を貫くことが役割だと主張した。平和基本法を許容範囲として受け入れた篠原は、社会民主派の自立を求めつつ、リベラル保守との提携を提言した。

選挙制度改革に賛成し、連立政権に参加した社会党は、次の段階でどのように生き残るか、あるいは変身するか、徹底的な議論をくぐって、戦略を立てなければならなかった。しかし、細川政権の重要政策に関する調整という重荷もあり、党内の議論は進まなかった。本来は、一九九三年九月の委員長選挙の際に、政治改革後の党の針路について徹底的な議論と党内合意をつくるべきであった。山花は総選挙直後、大敗の責任を取って、委員長退任を表明した。その後任を決める委員長選挙は九三年九月に行われ、左派から村山富市、右派から久保亘が立って、選挙を行う予定であった。しかし、告示直前に、久保は立候補を取りやめた。久保はその理由として、村山側近の野坂浩賢が党改革に関する久保の主張を受け入れたことをあげている。実際には、左派の村山の優位が動かなかったから、あえて党内の亀裂を深める委員長選挙を回避したわけである。久保は書記長に就任した。後知恵ではあるが、対立が顕在化しても、選挙を戦うことで、社会党の針路にかかわる選択肢を明示しておくべきであった。

当時の社会党において、江田ビジョンを葬ったときのような左右のイデオロギー対立は消滅していた。それに代わって、左派は原理主義的護憲、右派は現実的政策によって政権交代を志向するという対立構造が存在した。左派の村山が委員長になったことで、連立政権に対する社会党のスタンスは微妙になった。他の連立与党の党首はすべて閣僚となっていたので、閣議は与党党首会談でもあった。しかし、政権発足後に社会党委員長が交代したため、村山には連立政権における居場所がなかった。また、政権交代よりも憲法擁護を主要な任務と考える左派は、五五年体制への郷愁を持っていたということもできる。中選挙区制のもとで三分の一近くの勢力を確保し、憲法改正を阻止することを自らの任務と考える政治家にとって、小選挙区制を受容することは許せない選択であった。村山の委員長就任は、社会党にそのような連立政権に対する反抗の種を残したということができる。

3 細川政権による政策転換

細川は、政権発足時に、政治改革法案を年内に成立させることを公約した。選挙制度改革の具体案を固めることが最初の課題であった。それに加えて、先に紹介したメモにあった政治、行政の制度改革の骨格も速やかにまとめたいと考えていた。しかし、官僚機構全体に関わるような大改革について短期間で結論を出すことはできなかった。まず、景気対策としての減税と翌年度の予算編成の作業が優先課題であった。

細川は、経済、財政政策に関しても新機軸の構想を持っていた。先のメモの続きには、経済政策の要点も書かれていた。

〔景気対策〕
・新社会資本の整備(二次補正)
・公定歩合の引き下げ
・来年度(平成六年度)予算
・景気配慮の予算(但し、公共事業等の分野別配分の大幅見直し)
・赤字国債は発行せず
・政治主導の予算編成
〔税制改正〕
・所得税・住民税減税
・消費税・固定資産税増税

(『内訟録』、二八—二九頁)

細川政権は政治改革法案を成立させただけで短命に終わったというイメージが強い。しかし、わずか一度の予算編成と税制改正において、重要な仕事をしたことを紹介しておきたい。そもそも細川政権は経済的な逆境の中で発足した。バブル経済崩壊後の不況は九三年一〇月に底打ちしたが、円高が進行したこともあり、景気対策を求める声は大きかった。九三年夏は記録的な冷夏でコメの凶作が起こり、食糧確保のためのコメ輸入を余儀なくされた。バブル崩壊後の不良債権問題はじわじわと日本の金融機関をむしばんでいた。日米の貿易不均衡は続いており、アメリカの圧力に応えた市場開放や輸出規制も課題であった。

九三年秋以降、細川政権は減税と九四年度予算の編成に取り組んだ。連立政権は、自民党の政務調査会に代わる政策調整の仕組みをつくった。連立与党の政策責任者(政調会長、政審会長)が政策幹事会を設けその下に各会派代表からなる予算ワーキング・チーム、省庁別予算チーム、および税制ワーキング・グループが設置された。自民党政権の下で政調会の部会は族議員が跳梁跋扈する場であり、党税制調査会は山中貞則など少数のボスが租税特別措置を差配する場であった。いずれにしても不透明であり、利権の温床と考えられた。連立政権の場合、議論がまとまりにくいという欠点がある一方、それは透明性が高く、圧力ではなく論理で調整が図られるという特長にもつながった。

長年の自民党による利益配分政治に辟易した一部の官僚にとっても、こうした政策形成システムの変化は、既得権にとらわれずに政策転換を進める好機と映った。小沢と親密な関係にあった大蔵官僚、齋藤次郎の生涯を描いた評伝の中で、政治記者、倉重篤郎は「ポスト冷戦、バブル崩壊を受けてこのままでは日本は沈没してしまうという危機感があり、これを何とか政治の力を使って改革していこうという革新官僚たちにとって、新政権は大きな可能性を感じさせるものがあった」と記している(『秘録 齋藤次郎』、一七三頁)。

景気対策のために積極的な財政支出を行うことに各党は賛成であった。公共事業費の配分が道路、河川、農業土木などの分野ごとに固定化されてきたことが官僚支配と自民党の利権政治の象徴と考えられていたので、市民生活を豊かにするための「生活関連」社会資本の充実が連立政権の売り物となった。その結果、九四年度予算では公共事業費の配分に変化が起こった。

建設省所管では、道路と河川の整備費が抑えられ、住宅、下水道が伸ばされた。建設省の公共事業費が公共事業全体に占める割合は、〇・二六ポイント減少した。また、農水省では農業農村整備事業が削減され、シェアは〇・六六ポイント減少した。運輸省関係では、地下鉄と航路標識が公共事業の範疇に入れられた。大阪交通労組出身の左近正男(社会党)などが地下鉄整備に公共事業費を回す制度を推進した。その結果、運輸省の公共事業費のシェアは、〇・六二ポイント増加した。また、水道、廃棄物処理施設などの生活関連インフラを所管する厚生省のシェアは、〇・二一ポイント増加した。これらの変化を累積すると、事業別で一・九ポイントの増減、省庁別では〇・九ポイントの増減となった。自民党政権下の横並びの予算配分と比べれば、「メリハリ」の実現に向けて踏み出したという程度の評価は可能である。

また、減税については、所得税、住民税の定率減税で、五・五兆円(最終的に六兆円)の規模とすることが決められた。さらに、自民党政権下で利権の道具となっていた租税特別措置についても改革が始められた。企業の使途不明金に対して通常の法人税に四〇%の追加課税を行う、中小企業の交際費のうち一〇%は経費として認めない、信用金庫、信用組合、労働金庫などに対する固定資産税非課税措置を廃止する、などの公平化が実現した。

予算、税制に関するこのような変化は、生活者の政治、政治主導を掲げる政権交代の成果であった。それこそ、国民が政権交代に期待したことである。また、社会党が政権に参加することによって、革命ではなく、実現可能な政策転換に向けた意識改革が進んだことも評価できる。税制ワーキング・グループに加わった峰崎直樹、細谷治通などの議員と政審会長だった関山信之は、消費税を福祉財源として不可欠のものと位置づける、法人税率を引き下げるとともに、租税特別措置を廃止して課税ベースを広げるといった税制改革を社会党としても追求するという考えを表明していた。これを堕落と見るか、政策能力の向上と見るかは人によって異なるだろう。社会党が「新宣言」以降追求するはずの社会民主主義路線に照らせば、こうした政策こそ妥当なものだといえる。つまり、細川政権の最初の予算編成、税制改革の経験を通して、日本の財政、税制について大きなコンセンサスを形成する好機がめぐってきたのである。

しかし、細川政権の幹部と大蔵省が減税の財源確保を性急に進めたことは、そうしたコンセンサスとは正反対の方向、すなわち連立与党の中に巨大な亀裂を生むことにつながった。六兆円規模に上る減税の枠組みを決めるに当たって、財源をどこに求めるかという議論が当然始まった。代替財源は消費税しかありえなかったので、増減税を一体で決めるか、増税は先送りするかというのが争点となった。当時連立与党を主導していたのは小沢と公明党の市川雄一書記長(いわゆる一・一ライン)で、この両者と大蔵省は一体処理を主張していた。また、細川の就任時のメモでも、「赤字国債は発行せず」と書かれていたことも、大蔵官僚の主張の根拠となった。

細川自身の考えは揺れていた。当面の景気対策として減税を先行させ、増税を先送りするという路線に傾いた時期もあった。一一月二八日の細川の日記では次のように記している。

減税（増税）も年明けの来年度税制改正で論議することとなろうが、肝要なことは、あるべき福祉国家のイメージと国民負担の在り方を国民にわかり易いかたちで示し、行革と不公平税制の是正を行いその上で初めて減（増）税案を俎上にのせて国民の理解を得るということか。（『内訟録』、一九三頁）

また、一二月二五日には、田中秀征、堤清二両氏を交えて、宮澤喜一前首相と会談した。その中で宮澤は減税によって景気が回復軌道に乗れば税の自然増収も出てくるので、同時に消費増税を決める必要はないという持論を説いた。しかし、官僚に説得されて、一体処理に傾いていった。一月一五日の細川の日記には次のように記してある。

〔消費増税の問題に関して〕私からは消費税を基礎年金に充てるなど、将来国民皆年金が崩壊することを織り込んで、社会党などを説得し得る知恵を出すよう指示す。何となれば、以前村山氏と税制改正につき肚《はら》打ち割って話したる折、私の方から年金税ならどうかと投げかけたるところ、「それなら社会党はまとめられるかもしれぬ」との感触ありたるが故なり。（同上書、二八五頁）

こうして、一体処理の中で、福祉特定財源として消費税を衣替えして、増税を打ち出すという路線が固まっていった。

これに対して、社会党はまだ消費税率引き上げに賛成できる状態ではなかった。また、アメリカのクリントン政権は、日本の内需拡大を求める立場から、減税を歓迎しつつ、消費増税によって減税の効果を打ち消すことのないようにという親書を細川に送っていた。この二つの圧力の間で、細川は揺れていた。

倉重の『秘録　齋藤次郎』によれば、齋藤は政府税制調査会をはじめ、経済界、学界、言論界の要人を相手に消費増税の必要性に関する説得活動を続け、世論形成に努めた。増税といえば、細川首相による九四年二月三日未明の記者会見の際の発表を思い出す人が多いだろうが、倉重によれば広い範囲の根回しが行われ、連立与党の中でも、消費税率は別として、増減税の一体処理を「やむを得ない」ととらえる空気が広がっていた。

一月二九日、八与党会派代表と四関係閣僚が集まる政府与党首脳会議が開かれ、二月二日に税制改正の最終案を取りまとめることとなった。そこでの最大の焦点は、社会党の対応であった。九三年一二月一四日にコメ市場開放問題が決着したとき、社会党は当初反対を叫んでいたが、最終的に連立を壊すわけにいかないという政治的判断で、市場開放を容認した。この経験から、大蔵官僚は、社会党は強硬に反対しても、最後は連立政権の大勢に従うだろうと、ある意味で甘い予想をしていた。

二月二日の与党代表者会議の議論について、社会党と小沢・大蔵省の受け止めを紹介してみたい。久保亘は次のように書いている。

書記長・幹事長を集めたときに細川さんが、

「これは私に一任してくれ」

と繰り返します。私は、

「総理が自分の意思でおやりになるということであれば、私が何を言いようがあろう。ただ、社会党としては反対だ、ということだけははっきり申し上げる」

と言いました。このことによって、後に、

「久保さんも最後は反対せずに、一任したじゃないか」

という話が飛ぶのです。(『連立政権の真実』、五一頁)

倉重は、大蔵省の受け止めを次のように書いている。

〔二月二日の〕午後に小沢、市川、米沢〔隆〕から〔齋藤に〕電話があり「久保亘の了解を取った。良かった。我々はこれから祝杯を挙げに行く」とのことだった。久保の言い方は「与党の代表者五人のうち四人が了解した結果を首相に伝えることについてはどうこう言える立場にはない」というものだったが、これを事実上の了解宣言と受け止めたわけだ。(『秘録　齋藤次郎』、一八二頁)

小沢と官僚は、久保の「総理の意思を否定する立場ではない」という趣旨の発言を聞いて、党としては反対だが、連立与党の大勢に従うという、コメ市場開放の際のパターンを繰り返すものと理解した。それが、未明の記者会見における「国民福祉税構想」(消費税を廃止して、七%の国民福祉税を導入する)の発表につながった。しかし、消費税については、コメ市場開放とは異なる構図があった。

社会党は中央執行委員会を開いて政権離脱も辞さずという強硬な態度を決めたうえに、武村官房長官が社会党に同調して消費増税に反対した。また、記者会見で七％の根拠を問われた細川が、「腰だめの数字」と答えたことで、増税の根拠があいまいであるという印象を国民に広げてしまった。齋藤たちが周到に準備した税制改革案だったにもかかわらず、一般国民には付け焼き刃に映ったことは、致命的であった。倉重の聞き取りによれば、消費増税の根拠を説明する資料も用意されていたが、細川はこれを消化する余裕がなく、口癖の「腰だめ」という言葉を発した。こうして増減税一体処理の案は潰え去った。

国民福祉税の撤回は、細川の求心力を一気に低下させ、これ以後、政権は崩壊過程に入った。消費税率は連立与党にとって、政権を吹き飛ばす爆発物のような取扱注意のテーマであった。特に、社会党の参議院には八九年の参院選で当選した議員も多数存在した。細川、小沢と大蔵官僚は、政権交代というモメンタムを利用して、重大な政策転換を一気呵成に実現するという政治構想を持っていた。その、「一気呵成」は、社会党の多くの議員にとって強引、強権的と映った。

政権に入ると野党時代のような反対論を唱え続けるわけにいかないという発想の変化は、連立与党の中にある程度広がっていた。税制ワーキング・グループに参加した社会党議員のなかに税制改革についてのコンセンサスを共有する機運があったことは、先に紹介した。増減税の一体処理か分離かは、高度な政治的判断で決めるテーマであり、トップダウンの決め方をとったこともやむを得なかった。しかし、決定を先送りしたうえで、ワーキング・グループでの議論を積み上げて連立与党の合意を形成するという手法もあり得た。特に、福祉財源として消費税を位置づけ、高齢化社会において福祉国家を持続するために税制改革を行うという議論を、ある程度時間をかけて醸成すれば、社会党の反応も、世論の受け止め方も変わったであろう。国民福祉税騒動のわずか五か月後にできた村山政権の下で、消費税率を五％に引き上げることが淡々と決定されたことを考えると、国民福祉税構想に対する社会党の反対は何だったのかという疑問を感じないわけにいかない。社会党に統治の責任を自覚させることが、細川政権時代にはまだ足りなかったということであった。

角度を変えてみれば、社会党は細川政権に対して責任を負うのではなく、野党気分を残した半身の姿勢であったということもできる。とくに、政治改革や政党再編に反対の左派や、八九年当選者を抱える参議院議員の中には、そうした姿勢があった。社会党のそうした姿勢が政権の混迷をもたらしたのが、政治改革法案への対応であった。

4　政治改革法案をめぐる混乱

話は多少前後するが、政治改革法案をめぐる動きについて、振り返っておきたい。政権発足直後から、最大の課題である選挙制度改革案をめぐる連立与党の議論が始まった。政府案をまとめる際の最大の争点は、先に触れたとおり、一票制、二票制のどちらを取るかという問題であった。一票制は、小選挙区での投票を比例代表での投票とみなす制度、二票制は小選挙区、比例代表それぞれに投票する制度であった。一票制のもとでは、比例で得票したい政党は必ず小選挙区で候補を立てねばならなくなる。しかし、自民党に対抗する諸政党はまとまって候補者を一本化しなければ小選挙区では勝てない。故に、一票制は非自民勢力を一つの政党にまとめる効果を持つ。小沢はそれを意識して、一票制を主張した。穏健な多党制を主張する日本新党・さきがけと社会党は二票制を主張し、結局二票制に落ち着いた。原案作成の段階で、私は公明新聞のインタビューに対して、一票制によって性急に二大政党制をつくろうとすることには問題があると述べたところ、「性急に」という言葉を削除するよう編集部から求められ、断ったことがある。このころは、公明党は小沢と一体化していたことがわかる。

二票制で決着がつくと、細川政権成立の際の日本新党・さきがけの提案通り、小選挙区と比例代表をそれぞれ二五〇議席とする並立制が政府案となり、九月一七日に召集された臨時国会に提出された。採決直前に小選挙区を二七四、比例代表を二二六とする修正が加えられ、一一月一八日に衆議院で可決された。参議院に送られた後、自民党の抵抗で審議は停滞した。一二月一五日の臨時国会会期末を迎えても政治改革法案成立のめどは立たず、細川政権は会期を四五日延長し、年内の成立ではなく、臨時国会での成立に公約を変更した。

当時、自民、社会の両党の内部で、政治改革法案をめぐって深刻な対立が存在していた。自民党内には、自民党が耐用年数を迎えたことを認め、政治改革に賛成し、その後の政党再編に身を投じるという中堅、若手の政治家が存在した。その多くは、後に小沢がつくった新進党に参加した。

私にとっての関心事は、社会党内の亀裂であった。この間の社会党の事情については、地方組織で社会党を見ていた江口昌樹の次のような分析が、最も本質を衝いていると思われる。

それが仮に「毒薬」だったとしても、社会党は小選挙区制を飲んだ時点で「ルビコン川」を渡ったんです。一度ルビコン川を渡って敵地に踏み込むなら、退路を断ったうえで徹底して前進する以外にない。ところが社会党の場合は、ルビコン川を行ったり戻ったりしようとしました。ルビコン川を行き来しているうちに、部隊は混乱し、敵のつけ入る隙を見せ、無用の犠牲を出してしまった。もう後戻りのできない選択をしていながら、まだ後戻りができると思っていた。(『社会党の崩壊』、六八頁)

社会党内の構図は、九月の委員長選挙について述べたとおり、左派が五五年体制への郷愁を持ち、右派が社会民主主義的、あるいは進歩的勢力として連立政治のゲームに踏みとどまるという目標を追求していた。

それに加えて、衆議院議員と参議院議員の間の温度差も存在した。衆議院の場合、議員は七月の選挙で民意が社会党を完全に離れたことを痛感させられたばかりであった。また、選挙制度改革の実現を前提に、政党再編に向けた様々な動きにいやでも巻き込まれざるを得なかった。第八次選挙制度審議会は九〇年四月に並立制を答申、九一年六月には小選挙区の区割り案も提出していた。それを基に、誰がどこで生き残るかという水面下の動きはすでに始まっていた。そうした働きかけを最も積極的に行って、非自民新党に向けた人集めをしたのが小沢であった。また、選挙制度改革が頓挫すれば細川は衆議院を解散し政治改革をテーマに総選挙を行うという観測は、単なる憶測ではなかった。社会党のせいで政治改革がつぶれたといわれれば、社会党の議員はたとえ中選挙区制であっても生き残れないと考えるのが当然であった。そうした事情もあって、衆議院では、政治改革法案の採決の際に政府案に反対した造反者は、五人にとどまった。

参議院には、八九年の土井ブームに乗って当選した議員が残っていた。そのうちの多くは、土井と同じく、伝統的な憲法擁護を信奉する政治家であった。参議院には解散がないので、次の選挙のころにどんな政治的雰囲気になるかは予想もつかなかった。それゆえ、左派の参議院議員の間には、政党再編がどうなっても、護憲＝社会党の孤塁を守るという感覚が強かった。

私は、当然のことながら、もっぱら右派の政治家と付き合っていた。久保書記長は、一月の党大会で、将来の社民リベラル勢力の結集を視野に入れ、連立時代の行動宣言を採択したいと考え、私にその草稿を書くよう依頼してきた。一二月一二日の日記には、次のように書いている。

一二月一二日　一〇日夕、久保書記長と会見。一月党大会に提出する行動宣言の草稿、頼まれる。小生の書くものが満場一致で採択されるはずもなく、社会党の［葬式と書いて後から線を引いて消してある］解体の引き金を引く歴史的文書にしたいもの。

私が書いた草稿の要点は次のようなものであった。第一に、五五年体制の解体を決定的なものとし、社会党は政権を担う勢力として次の段階に進む。第二に、小沢が進めようとしていた「国家主義＋市場主義」の路線に対抗して、社会党は「平和国家＋公平公正な経済」を追求する社会民主主義勢力として政党システムの一翼を担う。第三に、憲法観、歴史観、脱官僚支配などの理念を共有するリベラルな保守勢力と提携する。

社会党の左右対立は深刻で、党大会で党の発展的解消も含意するような行動宣言を採択することは無理であった。一年後に左派の村山が首相に就任し、新制度での衆議院選挙が近づいてくると、社会党は丸ごと新党への移行を打ち出すことになる。したがって、私が描いた路線は、社会党の生き残りのためには唯一の道であった。しかし、当時の左派の間には、革新の首座という幻想が残っていた。それを支えたのは中選挙区制であった。

一月七日の日記には、次のように書いてある。

一月七日　社会党大会で、執行部は政治行動指針の提出を見送るとの公算大。せっかく人が苦労して作ったものをお蔵入りにするとは、いかにも社会党らしい。あの程度の文書にさえ反発するとは、左派ファンダメンタリストの頭はどうなっているのかと思う。政治改革法案がまとまったら、さっさと分裂すればよいのだ。指針はいずれ新しい政党をつくるときの綱領になれば、うかばれるというもの。

私が社会党左派を嫌った理由は、左派が社会主義イデオロギー、あるいは護憲を隠れ蓑に、万年野党の地位に安住し、自民党政権の永続化に加担したからである。この点については、第三章で述べたように、私は佐々木毅による社会党批判に共鳴していた。また、当時細川首相も社会党については同様の認識を持っていた。九三年一一月二六日の日記では細川は次のように書いている。

どの道、八党派による無理な連立は短期政権が宿命と肚を括り、この際ハシにも棒にもかからぬ社会党が与党にあるを奇貨とし、積年の難題を少しでも脇に抱きかかえて無理心中せざるべからず。政治改革、コメ、その先どこまで行けるか。とにかく行ける所まで行く外なし。(『内訟録』、一九一頁)

重要な政策転換について、社会党は党内合意に手間取り、政権運営の足を引っ張る形となっていた。細川の不満は、政治改革に反対する社会党左派に向けられていた。

しかし、知識人の中には、左派の抵抗を応援する議論もあった。たとえば、高畠通敏は、先に引用した論文の中で、社会党に細川政権に対する反乱を呼びかけている。

今や、共産党を除いて批判勢力がなくなった国会の危機について、風向きを見るに敏なマスコミでさえ、疑問を呈しはじめている。コメ市場関税化の政府決定をめぐって脱党者が続出して空中分解するまえに、社会党は、今からでも遅くない、選挙制度改革への党決定のしばりを解き、閣外協力へ転じるべきである。それのみが、社会党が辛うじて生き残れる道だろう。(「新保守主義革命としての政治改革」『世界』一九九四年一月号)

高畠が近衛新体制の故事を引いて翼賛体制の形成に警鐘を鳴らした時、私などは新体制の鉦《かね》太鼓を鳴らした軽薄なイデオローグとして念頭に置かれていたに違いない。しかし、私から見れば、高畠は、細川政権をつくった保守の新勢力の内情をまったく見ず、政治の変化をもっぱら小沢の戦略によって説明する陰謀論に陥っていた。

高畠の呼びかけは、左派の参議院議員にとって心強い応援となったに違いない。九四年一月二一日、参議院本会議で政治改革法案は否決された。社会党から反対一七人、欠席二人、棄権一人の造反が出たのである。その後、両院協議会での協議が行われたが、自民党は譲歩しなかった。土井衆議院議長は、細川、河野洋平自民党総裁の両指導者を招き、議長の下に選挙制度に関する協議機関を設けるという事実上の棚上げを意味する斡旋案を示したが、細川はこれを拒否した。最後は、一月二八日の細川、河野のトップ会談で、小選挙区三〇〇、比例代表二〇〇、比例一一ブロック、企業団体献金の存続を柱とする合意が成立した。

一月二一日の日記には次のように書いている。

一月二一日　参院本会議、政治改革法案を否決。社会党から造反が一七人も出る。その浅慮については言うべき言葉もなし。心情倫理と責任倫理のはき違えの見本のようなもの。結局自民党を利するだけではないか。いわゆる護憲派の幼稚な正論追求こそ、現実の政治の変革の流れを押しとどめるものならむ。

総合雑誌の三月号（二月初旬発売）の締め切りは二八日より前なので、三月号に掲載された論文は、政治改革法案が否決され、その後の決着が見えない状態で書かれた。その点で、『世界』三月号は興味深い。河合秀和と石川真澄による「「政治改革法」頓挫で何を学ぶか」という対談が特集の冒頭にある。小選挙区制に否定的な両氏は、日本で小選挙区制を実施すれば議席の固定化が必ず起こると予測する。政権交代には限界と意義の両面があった教訓を踏まえ、今後の政治の在り方について利害や熱狂を離れて考えていこうという話でまとめている。

造反議員の一人だった國弘正雄の「私がガンバル理由」は、その時点での勝利宣言であった。彼は、選挙制度改革に反対した理由を次のように述べている。

万が一この希代の悪法を〔中略〕パスさせようものなら、せっかく多くの犠牲と努力の上に築いてきた戦後民主主義は取りかえしのつかない大打撃を蒙ってしまう、という焦りにも似た思いに把えられてのことでした。（『世界』一九九四年三月号）

さらに、この対立は、小沢が体現していた自民党の派閥における上意下達の体質と、社会党の反政治改革派における自分でものを考える姿勢の違いに由来していると彼は言う。そして、政治改革法案を否決したことは、細川政権が進める翼賛体制建設を阻止したと評価する。

「近衛新体制のバス」に乗り遅れまいとして、そのバスの行く先もたしかめずに競って乗りこもうとひしめきあった末が、どのような災殃《さいおう》をもたらしたかを多少は原体験した年代の一人として、いまの「細川連立政権」のバスに乗りおくれまいと、日本社会党までが狂奔している姿は、当方の気分を悴《やつ》れさせてやみません。憶えば近衛新体制のバスに乗りこむべく、さいしょに口火を切ったのは、そうです、社会大衆党、でした。（同上）

國弘と高畠が直接話し合うことがあったのかどうか、私は知らないが、このあたりの議論は、二人とも全く同じである。

國弘たち造反議員は、政治改革法案を葬ったことによって、社会党にとってより不利な内容の並立制と企業団体献金の存続という結果を招いた。彼らの不明を責めることは、決して結果論ではない。社会党左派が参議院で否決すれば、細川政権が自民党の言い分を丸のみして政治改革をともかく実現することは、予想できたのである。衆議院の審議の段階から、連立与党と自民党の間で妥協を求める様々なレベルの動きがあったことは、広く知られていた。参議院の採決直前まで、そのような模索は続けられた。小選挙区はなるべく少なく、比例はなるべく多く、全国一本で行うことが、少数政党にとって有利であった。当初の政府案と、最終的に決まった並立制の間には、五十歩と百歩の違いはあった。政治家たるもの、その違いを読み取ることが求められていた。しかし、左派は、安東仁兵衛の批判にあった通り、オール・オア・ナッシングの発想で選挙制度改革に対処し、結果として自民党を喜ばせたのである。まさに、地獄への道は善意で舗装されている。

左派の参議院議員だけでなく、村山委員長も選挙制度改革については見通しを誤っていた。後のインタビューで次のように答えている。

小選挙区法案が参議院で否決されたとき、僕は本当にしめたと思った。これで小選挙区制は導入できなくなったと思った。〔中略〕社会党は細川・河野会談で決まった修正案に反対だと言って断固阻止する。委員長を辞める覚悟で行動できなかったことが悔やまれる。(『村山富市の証言録』、七九—八〇頁)

そもそも、社会党の力だけで廃案に追い込むことはできなかった。選挙制度をめぐる党派間の争いはイデオロギーではなく、政党にとっての利害の対立であった。細川には政権の存続がかかり、河野には自民党の分裂回避がかかっていたので、妥協は必然であった。政治改革法案が廃案になっていたら、細川は退陣する決意であった。もしそうなっていれば、政治改革に積極的な党派、自民党の一部を糾合して連立の組み替えが起きたであろう。また、衆議院を解散し、政治改革を争点に総選挙を行うという手段もあった。いずれの場合も、社会党は分裂していたに違いない。もちろん、その場合には村山政権もあり得なかった。要するに、政治改革法案に反対した社会党の議員は、法案否決後の政治のシナリオについて何も考えていなかったのである。

政治改革法案の決着の直後、前節で紹介した国民福祉税構想をめぐる混乱が起き、細川政権は崩壊過程に入った。その中で、連立与党の間のブロック化が進んだ。すでに九三年一二月の段階で、小沢は武村官房長官との対立を深め、彼を更迭するよう細川に求めていた。武村は、自民党の有力者とも頻繁に会合しており、非自民連立政権における獅子身中の虫だというわけである。国民福祉税構想について、武村が記者会見で「過ちは改めるにしくはない」と述べて、細川と武村の対立も決定的となった。連立与党は、小沢・新生党、市川・公明党、米沢隆・民社党、細川・日本新党と、社会党、さきがけとの二極に分裂した。

二極化の理由には、理念的な違いもあるが、政治改革以後の政党再編に関する戦略の違いが重要であった。細川は、小沢について信頼感を持っていたわけではないが、新しい選挙制度のもとで五五年体制を倒すためには小沢のシナリオに沿って動くことが必要という認識に至っていた。二月二三日の日記で次のように書いている。

私は価値観が多様化している今日の社会において、必ずしも二大政党に収斂するとは思えず。また好ましきことにもあらず。何回かの選挙を経て遠からず「穏健な多党制」が実現するだろうとの見通しなるも、来るべき次の選挙においては、自社寡頭政治たる五五年体制を粉砕せずんばあるべからず。本格的再編はその後にならん。当面は一種の非常事態下なるにより、皆でオールを漕いでシケの海を乗り切る心積りせねば、全員溺ること必定なりと、私の所見を述ぶ。（『内訟録』、三九五頁）

小沢は、「シケの海」を乗り切るための新党づくりに着手していた。しかし、さきがけ、社会党の多く、日本新党の一部の政治家は、小沢の強引で秘密主義的な政治手法や「普通の国」論に示される国家観に反発し、別のまとまりを模索していた。それがどんなものか、まだ具体的なイメージはなかった。

振り返って考えると、私が唱えた政治改革二段階革命論も、制度改革から再編に至る移行過程について、具体的な詰めを欠いていた。選挙制度改革を実現しても、五五年体制を支えた旧勢力がすぐに消えるわけではなかった。新しい制度の下で選挙を行い、鵺《ぬえ》のような自民党を分裂に追い込まなければ、政策理念に即した再編はできない。権力を接着剤とした自民党は、野党の座に置いておくことによってのみ、理念・政策に即して分岐していくはずであった。九四年一月に選挙制度改革が実現しても、五五年体制の土台は残っていた。非自民の枠組みで新しい制度の下での選挙を実際に戦うことが、第一段階の政治改革には必要であった。しかし、連立与党が分極化し、まとまって次の選挙を戦う体制が作れなくなることで、政治改革、政界再編は中途半端なものとなるのである。

二月以降、自民党は細川の政治資金に関する疑惑を追及し、国会審議も空転した。細川はしだいに政権担当の意欲を失っていき、四月八日に退陣を表明した。

第五章　保守本流のアンカーとしての村山政権

1　悲運の羽田政権

一九九四年四月八日の細川の突然の退陣表明は、政界を大混乱に陥れた。細川政権の終わりによって、非自民連立の枠組みは崩壊した。

小沢は、政治改革法案から国民福祉税に至るごたごたの中で、八党派連立がもはや機能しないことを痛感させられていた。それに加えて、九四年春には社会党を含めた連立政権では対処できないと思われる難題が、日本に襲いかかっていた。

第一は、北朝鮮による核開発および朝鮮半島情勢の緊迫化であった。北朝鮮は一九九四年六月にIAEA(国際原子力機関)から脱退を表明し、核兵器の開発を進めたが、その兆候は九四年初めから明らかであった。また、韓国への軍事侵攻の可能性に言及するなどして、朝鮮半島の緊張が高まった。アメリカはこれに危機感を持ち、北朝鮮に対する経済制裁、海上封鎖などの措置を取ることを検討し、朝鮮半島における戦闘のシミュレーションもしていた。朝鮮半島で軍事紛争が起き、アメリカ軍が出動すれば、当然、日本の自衛隊もそれに対する支援を求められることになる。当時、内閣官房副長官を務めていた石原信雄は、九四年二月、朝鮮半島有事の際の自衛隊の対米協力についてシミュレーションを行っていたことを、後で明らかにしている(『首相官邸の決断』、一四一頁)。小沢は、アメリカ軍が出動する際には自衛隊も後方支援を行わなければならないと考えていた。具体的な自衛隊の活動と憲法九条の整合性については、当時、十分議論が詰められていなかった。そのため、有事の際には政治判断で自衛隊を動かす必要があった。その際、当時まだ自衛隊違憲、日米安保廃棄を看板に掲げていた社会党は邪魔であった。

第二は、税制改革の決着であった。細川政権の下で、五・五兆円規模の減税を行うことは決まったが、国民福祉税をめぐる混乱のせいで、代替財源については先送りされていた。九四年度には増税についても決着をつける必要があった。この点でも、社会党は政権の足を引っ張ることを繰り返す恐れがあった。

小沢は、連立の枠組みを組み替え、次の首相に渡辺美智雄を担ぐことを模索した。その兆候はかなり前からあった。二月二七日の日記には次のように書いてある。

二月二七日　政局の行方は相不変混沌とする。細川、渡辺ミッチーと会談す。渡辺はさかんに連立政権の一角に食い込もうと浅ましくうろうろしている。やはりこの際、一・一、ミッチーを孤立させるのがよいようである。

当時、すでに鹿野道彦を中心とするグループが自民党を離党し、離党予備軍が他にもいると言われていた。小沢は、渡辺が自分の派閥を率いて自民党を離党し、連立政権に参加すれば、社会党、さきがけを追い出しても多数派を形成できると考えていた。小沢は自民党を巻き込んだ第二段階の政党再編を、この機会に起こそうとしたのであろう。細川が退陣表明をする前に、小沢は渡辺と会い、首相就任を要請した。そして、渡辺も当初は、離党による首相就任に意欲を示した。しかし、自民党内で渡辺の動きに呼応する政治家は少なかった。結局、渡辺は四月一九日に離党断念を表明し、渡辺首班構想は消えた。

そこで、新生党の代表であり、細川政権の副総理だった羽田孜が首相候補に落ち着いた。しかし、連立の枠組みは続かなかった。さきがけは日本新党との統一会派を解消し、首班指名で羽田に投票するが、閣外協力に転じることを決めた。予算を編成した責任があるというのが、閣外から政権を支える理由とされた。羽田政権の発足に当たって、連立与党の政策合意を新たにつくることとなった。その過程は、一年足らず前の細川政権の合意への道筋とは全く異なるものとなった。この点について、久保は次のように振り返っている。

政策協議では、細川政権樹立のときとは違って各党間、特に日本社会党と新生党との間で厳しい論争が行われました。小沢氏は連立政権を維持するにしても、自民党から権力を奪うという段階は終わった、次の段階としてこの政権は自分たちの考える憲法観、国家観に基づいて何をするかということをはっきり打ち出さなければいけないということで、政策合意づくりに対し強い姿勢

で臨んできたのです。(『連立政権の真実』、六七頁)

これに対して、久保は「細川政権の樹立の際に合意した基本的な姿勢、憲法、外交・防衛、歴史観、こういったものを変更しようとする小沢氏の主張は、社会党の基本的な立場を失わせるもので合意できないと応酬」したと述べている(同上書、六七―六八頁)。

当時、新聞、テレビの報道を見る限り、朝鮮半島有事への対応と消費税率引き上げをめぐって、小沢が社会党に対して高いハードルを突きつけているという印象を私は受けた。小沢は、朝鮮半島有事の際に米軍支援のために自衛隊が果たす役割を明記すること、消費税率を一〇%まで引き上げることを社会党に認めさせようとし、久保はこれに抵抗した。久保は、国会内の政策協議と三宅坂の党本部で開かれている中央執行委員会の間を往復した。社会党は小沢が投げてきた球をどう打ち返すかで悩んでいたわけである。社会党抜きで羽田政権はできないのだから、社会党から小沢にハードルを突きつけることがなぜできないのかと、私は不満を感じていた。久保は、朝鮮半島有事については、小沢が言う日米、日韓の協力に加え、中国など近隣諸国との協力を加えること、および国連による制裁行動等が行われる場合には「日本国憲法の下で緊急の事態に備える」と表現することで、消費税率引き上げについては、「国民の理解を得つつ」という条件を加えることで妥協した。

小沢と社会党は妥協に至ったが、連立政権の基本的任務は、細川政権のときの政治改革や生活者中心の政策から、小沢が『日本改造計画』で打ち出した「普通の国」に向けて一歩踏み出すことに移行したことは明らかであった。私は、小沢が渡辺を担ぎ出す策謀を始めた瞬間に、小沢を中心とした連立政権の継続は絶対に避けなければならないと判断した。九三年七月の政権交代の大義を小沢が勝手にすり替えたことが許せないと思っていたのである。このころの日記を引用する。

四月九日　辞任と引き換えにスキャンダルの隠蔽を図った細川を党首にいただきつつ「改革（日本新党を軸に新しい会派の結成を呼び掛けたもの）」なる党派を作るとは、さても図々しき所業なり。国民を見くびるにも程があるというもの。社会党も右・左と論争している状況ではなくなった。細川、一・一、ミッチー　腐敗 coalition ⟷ 武村、社、河野　清新 coalition
いよいよ正念場来たるべし。
連立与党、自民党内のねじれを解消するのによいチャンスと思えばよし。

河野とは、河野洋平自民党総裁のことである。九三年一一月に、私は自民党の再生を考えるというシンポジウムに呼ばれて、初めて河野と会った。それ以来、自民党は別として、私は河野個人には好感を持っていた。河野は一九七六年、ロッキード事件の際に自民党を離党して新自由クラブを結成し、自民党の腐敗体質を批判してきた。また、自民党に戻った後、宮澤内閣の官房長官を務め、ハト派路線で知られていた。私の中では、後の自社さ連立のアイディアはこのあたりから始まった。

四月一〇日　後継首相の選出について、いよいよ一・一と社会・民社、さきがけの間の対立顕在化する。一・一は渡辺をかついで自民分裂を前提とした首相選びを画策す。昨日考えた構図が現実味を増す。

この時民社党は、必ずしも小沢、公明と一体ではなかった。国民福祉税騒動のときには、民社党委員長の大内啓伍厚生大臣は、社会党、さきがけと共に国民福祉税を批判した。その経緯から、民社は社会、さきがけと近いと考えられていた。

四月一二日　政局の方は、一・一も社民リベラルもともに数が読めず、連立の枠を維持する方向で収束の兆し見える。いずれにしても次の政権(羽田?)は暫定政権たるを免れず。

四月一八日　大山鳴動して結局羽田首班ということになりそう。これは新生党の矛盾をあぶりだすよいチャンスかもしれぬ。このさい、小沢も入閣させるべきである。予算が通ったら第二次再編に向かうべし。

様々な曲折を経て、四月二五日、衆議院本会議で羽田が首相に指名された。しかし、政権の土台を崩すような事件が出来《しゅったい》した。首班指名の直後、民社党の大内啓伍が羽田政権を支える大きな会派、「改新」の結成を呼び掛け、社会党、公明党を除く与党会派がこれに参加した。その数は約一三〇で、社会党の二倍近い規模であった。社会党が与党内の第一党であれば、政権運営に支障が出るので、小沢は社会党封じ込めの秘策として、大会派の結成を考えついたのであった。この件は事前に社会党の了承を取っていなかった。社会党は当然反発し、羽田政権に対して閣外協力に転じるという強硬策を取った。

私は二五日夜、「ニュースステーション」に出演して新政権について解説した。改新騒動を見て、社会党もここまでバカにされたら連立離脱くらいのことをしなければ済まないだろうと言った。日記には次のように書いている。

四月二五日　組閣直前に民社、大内の提唱で改新なる大会派形成され、社党の反発で組閣に至らず。一・一コンビに無節操大内がくっついて、新与党の結成に一歩踏み出したもの。社会党が政権離脱をしては、彼らの目算は外れてしまった。ニュースステーションでは思い切り小沢批判をする。愉快痛快。こうなったら一・一ラインと徹底して戦うしかない。今回ばかりは社党の決断を心より支持する。

四月二六日　朝、全日空ホテルで、日本新党の荒井聡、高見裕一らと会談。昨夜作りし文章を手交す。自分より年下の国会議員〔後述〕に初めて会う。

ＴＶを見ていた高見裕一より連絡ありて、日本新党を離党するに当って宣言文の起草を頼まれる。

羽田政権の政策合意をまとめる過程で小沢に押しまくられていた社会党にとっては、改新の結成は、小沢と袂《たもと》を分かつ格好の理由となった。小沢は、新生党、日本新党、民社党が統一会派をつくったくらいでなぜ社会党が怒るのか、理解できなかった。このころ、社会党について「下駄の雪」とからかう、あるいはバカにする議論がメディアでささやかれていた。雪原を下駄で歩くと、下駄の二つの歯の間に雪が踏みしめられて固まり、どこまでもついて行くように、社会党も小沢に踏まれてもついて行くという意味である。改新は、社会党のプライドを呼び覚まし、下駄の雪という揶揄を返上させたのである。

また、日本新党の中でも小沢の政策的方向性や政治手法について行けないという不満を持つ政治家は存在した。その一人、旧北海道一区選出の荒井聡は前からの知り合いで、応援していた。高見裕一は市民運動出身で、議員になった後に市民運動界隈の会合で知り合った。二六日朝に会った「年下の議員」とは、枝野幸男と前原誠司であった。これが彼らとの最初の出会いであった。荒井、高見、前原、枝野の四人は民主の風という新会派を結成し、日本新党を離れた。余談ながら、二世でもなく、大きな組織に支えられているわけでもないにもかかわらず、前原、枝野の二人がそれ以来ずっと衆議院の議席を保ち、政界のキー・プレーヤーとして生きてきたことは、偉業である。

かくして、羽田政権は少数与党として苦難の船出を余儀なくされ、通常国会会期末までの二か月間、日本政治は迷走を続けることとなった。この時の政党の構図は、羽田政権与党(新生党、公明党、日本新党、民社党、自由党(柿沢弘治などが自民党を離党してつくった新党))と自民党が対峙し、その間で社会党とさきがけがキャスティング・ヴォートを握るというものであった。

このころ私はいろいろな政治家の勉強会で講演を頼まれ、自民党も、新生党、日本新党も、一枚岩ではないことを感じていた。時間は戻るが、二月に新生党の若手議員の会で講演したときに、この党には悩める若手議員がいることを知った。日記を引用する。

二月二四日　夕方東京に戻り、新生党若手の会で講演。岡田克也、前田武志ほか一五人ほど。新生党の若手はけっこうまともな人物多く、学者の議論が通じる。小沢や一・一ラインに対する不満はけっこうあるようだが、連立与党が一・一とさきがけ＋社民に分かれてしまえばとても新生の若手は選挙で勝てないとのこと。やはり、一・一ラインには大きな無理があるとのこと。一・一新党だけは御免こうむりたいとのこと。面白い発見であった。

岡田克也とはこの時初めて会った。

五月には超党派の議員の勉強会で講演をして、その時の様子を次のように書いている。

五月二〇日　社会党の大畠章宏、旧新自由クラブ系自民党リベラル派、さきがけの議員勉強会で講演。社民リベラルの結集の条件について話す。中川秀直、中馬弘毅など自民リベラル派の面々は連合さえバックアップしてくれれば新党をつくることもできるとの決意を示す。

小沢の不手際で羽田政権が少数与党状態になり、自民党にも希望が見えてきた。同時に、自民党も大きな再編の渦にのみ込まれるという予感も、広い範囲の政治家に共有されていた。

しかし、白紙の状態から理念に沿った政党の再編を図るというのは、机上の空論であった。政局の混乱によって大幅に遅れていた九四年度予算が六月八日に衆議院を通過すると、羽田政権の命運、その後の政権の枠組みをめぐって暗闘が繰り広げられるようになった。

2　政権をめぐる攻防戦

六月二三日に予算が成立すると、自民党はただちに内閣不信任案を提出した。そこから六月二九日の会期末まで、権力をめぐる小沢と自民党の最終決戦が行われた。首相の座をめぐる争いは、数の取り合いである。政権を守る側も倒す側も改革とか変革とかいう旗印を掲げるが、それは表向きの美辞麗句であった。

次の政権の構図は、小沢が社会党と復縁し、自民党の一部を取り込みながら連立政権を維持するのか、自民党が社会党・さきがけと組んで権力を奪還するかという二択であった。後の言葉を使えば、保保連合かリベラル連合かという選択である。二つの間の選択には、当時頂点を迎えていた北朝鮮危機が関わっていた。小沢が社会党を邪険にして、保保連合を志向したのは、先に見たように、朝鮮半島有事の際に日本が積極的に行動するための基盤を作りたいという意図に基づいていた。六月一三日には北朝鮮がＩＡＥＡからの脱退を宣言し、核開発についてのフリー・ハンドを得たことを世界に示した。朝鮮半島は、一触即発の状態となった。このような危機に直面して、社会党を政権に入れるべきではないと小沢は考えた。

しかし、六月一五日にアメリカのジミー・カーター元大統領が電撃的に北朝鮮を訪問し、金日成主席と会談して、査察の受け入れ、核開発の凍結で合意して、危機は去ったかに見えた。このことは、日本における政権の枠組みをめぐる綱引きにも影響を与えた。

さきがけは不信任案に反対しないことを表明しており、不信任案が採決されれば可決される可能性が大きかった。六月二五日、羽田は内閣総辞職を表明した。一年前の宮澤政権のときと同じく、あえて不信任案の採決に臨み、可決されたら衆議院を解散するという道もあった。羽田が不本意ながら総辞職を選んだのは、小選挙区の区割りができておらず、総選挙は中選挙区制のもとで行わざるをえず、選挙制度改革をご破算にすることにつながったから、これを回避したという解説が流れていた。羽田は総選挙に意欲を持っていたが、小沢が総辞職を主張し、羽田を押さえたという解説もある。小沢は、首班指名を通して、連立の組み替え、大きな政党再編を一気に起こすことを狙っていた。

キャスティング・ヴォートを握った社会党とさきがけは、村山、武村の信頼関係もあり、一体として行動することを約した。そして、共同の政権政策を作成し、各党に提示した。この時、社会党では、右派の久保が連立復帰に向けて小沢などと交渉し、左派、国会対策委員会(国対)経験者の議員が自民党と水面下で接触するという両方向で動いていた。久保は、左派による自民党との交渉についてまったく知らなかったと言う。党としてまとまって明確な戦略や獲得目標を持っていたわけではない。

久保は、非自民連立の継続の可能性を追求して、小沢との協議を続けた。しかし、連立復帰の協議をふりかえり、羽田内閣総辞職のとき、小沢はすでに保保連合の構築を決意していたと解釈している。

市川氏と小沢氏は何かとクレームをつけて政権協議を引っ張っていました。

問題は日本の憲法と国際的役割、少子高齢化社会に対する財政のあり方などいくつかの点で対立していましたが、結局、小沢氏にしてみれば、

「社会党とやるのはもういやだ」

という気持ちだったのではないでしょうか。(『連立政権の真実』、八六頁)

自民党と社会党の間には、いくつかの交渉のパイプがあった。最大の絆は、国対時代のつながりであった。村山と梶山は同じ時期に国対委員長を務めており、親密な関係にあった。また、村山の側近であった野坂浩賢国対委員長は、鳥取県議時代に、鳥取県警に出向していた警察官僚出身の亀井静香と昵懇であった。中堅の中では、自民党の白川勝彦と社会党の伊東秀子が東京大学の学生時代に学生運動での知り合いであったというつながりがあり、両者が「リベラル政権を創る会」という議員グループを主導した。

学者はそうした暗闘の詳細を知る由もなかった。朝日新聞は、六月二八日の朝刊で、「どんな政権が望ましいか　政治学者に聞く」という特集を組んだ。私もそこに寄稿した。以下に、そこに登場した学者と、論稿の見出しを並べる。

白鳥令(東海大学教授)「野党第一党〔自民党〕に主導権を」
猪口邦子(上智大学教授)「社党含め合意形成図れ」
内山秀夫(新潟国際情報大学長)「選挙区改正だけで十分」
山口二郎(北海道大学教授)「「戦後」評価を対立軸に」
山口定(立命館大学教授)「総選挙でネジレ解消を」

白鳥は、最大議席を持つ自民党を中心とした政権の樹立、猪口は非自民連立の維持、内山と山口定は、新旧どちらの制度で行うかは別として、早期の解散総選挙をそれぞれ主張していた。

私は、小沢が主導する保保連合と社会党・さきがけと自民党の穏健派が追求する憲法擁護のリベラル連合との間の選択が問われるという認識の下で、社会党・さきがけと自民の連合で政権を樹立すべきと説いた。羽田が総辞職を決断した以上、一度政権をリセットすべきという社会党の要求は入れられたわけで、この後の政権協議では社会党が劣位に立つことが予想された。他方、自民、社会の提携は野合と言われていたが、小沢の保保連合が触媒となって、社会党と自民党のハト派が提携するのは当然だと私は考えた。それは、平和基本法構想の延長線上にある話であった。私にとっては、平和基本法は、軽武装・専守防衛の路線で新たに護憲の戦列を組み直すことを目指したものであった。小沢が軍事面での対米協力に踏み込む「普通の国」を目指している今、社会党は非武装中立の顕教を捨て、専守防衛の密教に転向したうえで、戦後日本の平和国家路線を守るべきだというのが、ここで私が主張したことである。かつて、細川政権の評価をめぐって、社会党左派や高畠通敏が小沢陰謀論に陥ったと批判したが、この時は私も小沢主敵論に転じた。それは、小沢が保保連合を追求したことを理由としていた。もし、カーター訪朝による北朝鮮危機の収拾がなかったら、このような議論はできなかったかもしれない。

同じ日の朝日新聞社説は、「「自社」超えた発想なら」というタイトルで、興味深い主張を展開していた。その中で、社会党と自民党の接近を紹介したうえで、社会党内では、連合系議員を中心に非自民連立を志向する動きがあり、自民党内でも、社会党と手を組むことを嫌う保守的な議員がいることを指摘する。そして、次のように結論付ける。

首相指名投票は新たな組み合わせによる戦いになろう。どちらの陣営が勝つにせよ、与野党双方に種々雑多の考え方が交じり合うという、いまの「ねじれ」現象が、これを機に解消に向かう可能性があるのだ。〔中略〕望ましいのは早くこの状況を打開し、国民の目にわかりやすい政治の図式を作り出すことだ。そのために政界大再編を進める覚悟があるなら、「自社」連立構想にも相当な意味がある。（朝日新聞、一九九四年六月二八日）

この社説は、当時政治担当の論説委員だった若宮啓文が書いたに違いないと私は推察した。後に本人に確かめたが、否定はされなかった。若宮は宮澤喜一に最も近い政治記者であった。この社説は、宮澤や宏池会の指導部の考えでもあるのだろうと私は思った。それゆえ、この社説を読んで、私は自信を深めた。

自民党、非自民連立、社会党・さきがけの三者の間で駆け引きが続き、政権の枠組みが明確にならないまま、首班指名が行われる会期末の六月二九日を迎えた。この日まで久保と小沢の協議は一応続けられた。二九日午後、民社党と日本新党は社会党・さきがけの政権政策を受け入れることを提案したが、小沢と市川がこれを拒否し、協議は休憩に入ったまま、再開されることはなかった。社会党は、首班指名において自党の党首である村山に投票することを決めた。さきがけも村山に投票することを決めていた。しかし、自民党との間では、合意ができていなかった。小沢は、二九日夕方、自民党から海部俊樹を引っ張り出し、首班指名に臨むことを表明した。自民党には中曽根元首相をはじめ、海部を支持する議員もいた。こうして、どちらが勝つかわからない首班指名選挙が行われることとなった。

後に、小沢側近の平野貞夫は、連立与党側が求めていた会期延長が認められれば、非自民側の多数派工作が自民党をさらに切り崩し、海部が勝っていたはずだと語った。会期延長と首班指名は、どちらが優先される議題かについて、衆議院事務局に長年勤め、議会運営の慣習を知悉していた平野は、会期延長が優先すると主張していた(平野貞夫インタビュー)。しかし、土井議長は首班指名を優先させるという議事運営を行った。細川政権成立時に、護憲原理主義の土井の政治的影響力を封じ込めるために、小沢は土井を衆議院議長に祭り上げた。しかし、通常国会の最終日、首班指名という最重要課題の処理に当たって、土井は小沢に復讐したのである。

一回目の投票では、村山二四一票、海部二二〇票という結果で、過半数を得る者がなく、決選投票となった。二回目では、村山二六一票、海部二一四票で、村山が総理大臣に指名された。村山政権をもたらした最も重要な要因は、村山と梶山など自民党のベテラン政治家との間の国対時代のつながりであった。五五年体制は、「国対政治」に象徴されるように、自民党と社会党の馴れ合いと小沢は批判してきた。政治家の人間関係は理屈に勝ると言うべきか。村山政権は、「国対護持」の政権であった。

3　村山政権と社会党の政策転換

首班指名が行われた日、私は東京にいた。日記を引用する。

六月二九日　午後九時ごろホテルに帰り、TVで首班指名の様子を見守る。決戦の結果、村山が首相となる。自社さ大連合の成立なり。

一一時過ぎ、赤坂プリンスの一室の、社党の若手の作戦本部に行き、松本龍、細谷治通、峰崎直樹、仙谷らと会う。されど前途は多難ならむ。

四七年ぶりの快挙にも、諸手を挙げて万歳というわけにはいかず。

この集まりには、敗戦直後の片山哲政権以来、四七年ぶりで自分の党の党首が首相になったという喜びよりも、当惑が支配していた。誰が言い出したかは覚えていないが、石原信雄官房副長官に留任してもらおう、大蔵省の中島義雄に連絡しようと、官僚の助けを借りる話が出たことが印象的であった。中島は、東大の学生時代に学生運動をした経験があり、社会党にもつながりがあったようである。石原の回顧録には、首班指名直後の深夜、未明にかけて、村山から呼び出され、官房副長官留任を懇請され、やむを得ず引き受けたことが記されている(『首相官邸の決断』)。

村山は、政策決定以前に、社会党の基本政策を転換するという重たい課題を片付けなければならなかった。石原は、官房副長官留任を承諾する際に、村山に総理に就任するからには自衛隊違憲、日米安保廃棄という社会党の党是を捨てなければならないと意見した。村山もそれに同意した。石原の回想を引用する。

総理は「これは自分にとっても非常につらい話だ。しかし、この国の総理をおおせつかった以上は、国のためにどういう選択が大事かを優先せにゃいかん。自分の政治家としての立場よりもそちらのほうを優先する。ただ、自分はその方向転換をなるべく早く公にする。そして、社会党の党首なんだから社会党の中央執行委員会の了承をあとでとらにゃいかん。そこでもし中央執行委員会が了承しないというのであれば、自分は即座に総理大臣を辞める」ということも、明快にいってました。(『首相官邸の決断』、一七七頁)

村山は、首相就任の際に、後藤田正晴と会談し、これからの憲法九条をめぐる対立点は、自衛隊を専守防衛にとどめるか、自衛隊による海外における武力行使を是認するかという点にあると述べて、意見の一致を見たと述べている。そして、政権発足直後、所信表明のために召集された臨時国会の冒頭で、次のように演説した。

日米安保体制は、国際社会における広範な日米協力関係の政治的基盤となっておりますし、さらにアジア・太平洋地域における安定要因としての米国の存在を確保し、この地域の平和と繁栄を促進するために不可欠となっています。維持と言おうが堅持と言おうが、このような日米安保体制の意義と重要性についての認識は、私の政権においても基本的に変わることはなく〔以下略〕。専守防衛に徹し、自衛のための必要最小限度の実力組織である自衛隊は、憲法の認めるものであると認識するものであります。(七月二〇日の衆議院本会議)

悲惨な戦争を繰り返してはならないとの国民の決意に基づく平和憲法の理念を社会党が非武装中立の政策として定式化したものと認識をしております。この政策は、冷戦構造のもとにおいて、文民統制、専守防衛、自衛隊の海外派兵の禁止、集団的自衛権の不行使、非核三原則の遵守などの原則を確立し、日本の平和を守り、軽武装で国民生活を大切にする政治の推進に大きな役割を果たしたと確信いたしております。しかし、国際的に冷戦構造が崩壊した今日、その政策的役割を終えたと認識をいたしております。(七月二一日の参議院本会議)

村山が首相就任後に示した「平和国家」に関する歴史的位置づけは、私たちが平和基本法提言の中で示したものと同じである。自民党の改憲志向を止め、自衛力を国内限定で保持するという路線を作り出したのは、社会党が動員した憲法擁護の世論の圧力であった。六〇年安保以後は、九条に関する顕教と密教が共存する状態が続いてきた。冷戦終焉の後、自衛隊を海外に出して武力行使をする普通の国を目指す議論が出てきたからこそ、顕教と密教の使い分けを解消し、専守防衛で護憲の戦列を組むという私たちの構想から見れば、村山による政策転換は当然であった。しかし、政権を目指して主体的に政策転換を行うのではなく、社会党委員長の首相就任という現実が先に来て、政策転換を事後的な応急措置で行ったことは、社会党の節操、知的一貫性に対する大きな不信を招いた。日記には次のように書いている。

七月二一日　村山首相、自衛隊合憲論を唱え、非武装中立の歴史的使命は終わったとの認識を示す。つくづく創憲論のときに徹底した議論をしておくべきだったと思う。いまこういう議論をしても、ご都合主義にしか見えないだろう。

九月の社会党大会で、激論の末、村山の政策転換は承認された。村山政権の樹立に消極的な右派が政策転換を支持し、村山をかついだ左派が反対するというねじれた構図が一部に存在した。委員長を首相に送り出しながら、自衛隊違憲論を叫び続けられると考えた政治家がいたというのは、信じがたい話である。そのような人々の一部は、後に新社会党を結成した。

村山政権が取り組む政策のカタログは、六月末に社会党とさきがけがまとめて各党に呼び掛けた政権政策で示されている。自民党は首班指名前に合意することはできず、政権発足後に合意した。この政策合意は、改革を具体化した意欲的なものと評価できる。以下、項目を紹介する。

一、政治改革の継続的推進　　早期に選挙区割りを確定し、腐敗防止のための関連法を整備する。国会改革のため、立法考査局や調査室等を拡充強化する。

一、行政改革と地方分権の推進　一括採用などで公務員制度を改革し、国の行政組織、権限のあり方、経済的規制のあり方を抜本的に改革し、特殊法人の整理・合理化を推進する。早急に地方分権基本法を制定し、行政権限の自治体への移譲と手順、国に偏在している税財源の自治体への移管等を定める。機関委任事務は原則廃止し、補助金等は原則一般財源化を図る。

一、経済改革の推進　社会資本の拡充と内需主導型経済への構造改革に取り組み、ゆとりと豊かさを実感できる質の高い国民生活を実現する。内外価格差の是正、新産業創出等のため経済分野での行政規制の緩和を進め、開かれた市場と自由な競争を促進する。

一、農林漁業振興の推進　ガット・ウルグアイラウンドの合意を踏まえ、市場原理の機能を活かしつつ、農業再生のために新しい総合計画を策定する。基盤整備、中山間地域対策の強化、農山漁村地域の振興を図る。

一、高齢社会と税制改革　必要な財源の確保に向けて、所得・資産・消費のバランスのとれた税体系を構築する。行政改革による財政効果、高齢社会に必要な財政負担、間接税の税率引き上げなど、現行消費税の改廃を含む総合的改革案を提示し、国民の理解を求めて、今年中に関連法案を成立させるよう努力する。

一、外交・安全保障・国連改革　わが国は軍事大国化の道を歩まず、核武装の意思がないことを世界に向かって発信し、これをわが国外交の基本とする。自衛隊と日米安保条約を維持し、近隣諸国間の信頼醸成活動に力を入れつつ軍縮を進める。国連の平和維持活動については、PKO派遣原則の下、憲法の範囲内で協力する。

一、戦後五十年と国際平和　新政権は、戦後五十年を契機に、過去の戦争を反省し、未来の平和への決意を表明する国会決議の採択などに積極的に取り組む。

一、朝鮮民主主義人民共和国の核開発への対応　北朝鮮と米国の高官協議、南北首脳会談が再開されることを歓迎する。北朝鮮が再度、核査察を拒否し、国連安保理で決議が行われた場合は、日本はその趣旨に従い、憲法の範囲内で可能な限りでの措置を行う。

一、教育の充実と男女共生社会の創造　教育を未来への先行投資と位置づけ、男女が共同で参加する社会の実現をめざす。

一、連立政権与党の運営　新政権は、政策決定の民主性、公開性を確保し、政党間の民主的な討論を通じて、政策決定過程の透明度をより高め、国民にわかりやすい政治の実現に努める。

内政外交の主要な課題を網羅し、社会党・さきがけのリベラルな姿勢が反映された政策である。また、国民福祉税を潰したときとは打って変わって、統治する側の責任を自覚した政策が並んでいる。これにより消費税問題など重要課題について、社会党から反対が出てくることを封じた。また、この合意を自民党に丸のみさせたことの意味は大きかった。自民党が従来反対してきた、あるいは関心を持っていなかった課題について、政権発足時に基本的な合意文書に署名したことで、具体的な政策立案の段階で自民党内の反対論が出てくることはあったが、譲歩、協力を引き出すことができた。

村山政権は、国対政治と結びつく守旧派的なイメージを持っていたが、実際には様々な政策課題について答えを出した、実行力のある政権であった。村山首相個人が実行力を持っていたというわけではない。自民党と社会党の手練《てだ》れの政治家が連立を組み、さきがけの若手政治家が改革のイメージを担うという点で、システムとして有効に働いたということである。細川政権において小沢と市川がトップダウン型のリーダーシップを多用して、必要以上の反発を招いたことへの反省から、村山政権では政策調整について、自民党三人、社会党二人、さきがけ一人という割合で分野ごとにワーキング・チームを作り、そこで議論を詰めて与党政策責任者の調整、政府与党の調整に上げていくという、ボトムアップの方式が取られた。この三対二対一の比率が、自民党の独走を防ぎ、バランスのとれた政策論議を可能にした。その政策的成果は、税制改革、政治・行政改革、国際貢献と安全保障、戦後史の負の遺産の処理などに分類される。

税制については、細川政権以来の宿題であった減税の代替財源を消費税率引き上げで確保することが最大のテーマであった。政権合意で年内に結論を出すと記したことの意味は大きかった。所得税の累進性の緩和という恒久減税と定率減税を組み合わせる二階建ての減税と、消費税率を五％に引き上げることの組み合わせで増税のイメージを薄めるという妥協が成立した。社会党内には五％の明記に反対する声も強かったが、村山の裁断で同意した。また、二％分の消費増税のうち一％を地方消費税に回すことも決められた。税制改革については、与党の実務者による議論を積み上げて政策の枠組みを決め、社会党に対しては政権維持に必要という理由で同意を迫るというパターンで決定された。

行政改革・地方分権の分野では、地方分権推進委員会の設置による分権改革の推進が村山政権の大きな功績であった。村山は自治労大分県本部出身であり、官房長官の五十嵐広三は旭川市長を務め、自治大臣の野中広務は京都府園部町の町長、京都府副知事を務め、それぞれ地方自治に強い思いを持っていた。地方分権については、宮澤政権末期の九三年六月に衆参両院で地方分権推進決議が可決され、細川政権時代の九四年二月に閣議決定された「今後における行政改革の推進方策について」の中でも分権の推進が強調されていた。この流れを受けて、村山政権は九四年一二月に地方分権推進大綱を閣議決定し、九五年五月には地方分権推進法を成立させた。

この間の事情について、五十嵐広三は次のように語っている。

機関委任事務の廃止というのは、〔官僚が〕「廃止」を書かせなかった。機関委任事務の「整理」とか。それは議論して議論して、後の国会での予算委員会とか総理の本会議の答弁で、「機関委任事務の制度的検討」という文言で、それは廃止を含めることなんだということの答弁をさせて、そこは政治側としてはからくも頑張ったということだった。

それと今の地方分権推進委員会、この第三者機関に関しては、初めはそれは不要だ、政府内で本部をつくれば足りるという意見だった。絶対それではだめだということで我々はやって、その後委員会の性格の問題でまた議論して、それも押し返した。（五十嵐広三インタビュー）

この法律に基づいて設置された地方分権推進委員会の委員に、前神奈川県知事の長洲一二《かずじ》、東京大学教授の西尾勝、評論家の樋口恵子が起用されたことは、五十嵐が誇るように、村山政権でなければできない人選であった。この委員会は、政策合意にあった機関委任事務の廃止や国の権限の移譲について具体的な勧告を出し、二〇〇〇年の地方分権一括法の施行につながった。

安全保障、国際貢献についても、社会党のそれまでの抵抗が影を潜め、淡々と必要な政策が進められた。その典型は、ルワンダにおけるPKOへの自衛隊の派遣であった。九四年にルワンダで内戦が起こり、大量虐殺、人道危機へとエスカレートした。ルワンダは紛争当事国であったが、緒方貞子国連難民高等弁務官の要請もあり、国際貢献のために村山政権は自衛隊の派遣を決定した。その根拠は、PKO法の「人道的な国際救援活動」であった。これに対して、社会党からは異論は出なかった。また、現地の治安が極めて悪いため、機関銃一丁を携行することも認められた。九二年のPKO法案審議における社会党の徹底抗戦は忘れ去られたかのようであった。また、有事の際の邦人救援のために自衛隊機を外国に派遣できるようにする自衛隊法の改正も、ほとんど議論なく実現した。

戦後史の負の遺産の処理は、社会党の真骨頂が発揮された数少ないテーマであった。社会党は、戦後日本の繁栄の陰に置き去りにされた人々を救済するために村山政権をつくったと言ってもよいくらいである。具体的には、被爆者援護、元「従軍慰安婦」への補償、水俣病の未認定患者の救済、戦後五〇年の村山談話が重要な課題であった。被爆者、元「従軍慰安婦」、水俣病未認定患者には共通したパターンがあった。彼ら、彼女らはいずれも、日本政府の責任を追及し、謝罪と補償を求めて裁判を起こしていた。これに対して、日本政府は責任を認めず、被害者が放置されていた。村山政権は被害者の救済を図ったが、政府に責任はないという従来の政府見解を転換することはできなかった。その面では、官僚の壁が高く、分厚かった。そこで、村山政権は道義的な面で謝罪、あるいは遺憾の意を表明し、直接的な財政支出ではなく、迂回した形で「見舞金」を払うという救済策を取った。

「慰安婦」問題については、アジア女性基金をつくり、広く民間から寄付を募るとともに、政府も資金を拠出した。被爆者援護に関しては、被爆者健康手帳を持つ遺族に対して一人当たり一〇万円の「特別葬祭給付金」を支払うことで決着した。水俣病については、加害者であるチッソが未認定患者の救済対象者に一時金二六〇万円、主な被害者団体に総額五〇億円の団体加算金を支払い、国と熊本県は県が新たにつくる基金を通して二六〇億円をチッソに融資するという政治決着が決まった（伊藤光利「連立維持か党の独自性か」『連立政治　同時代の検証』）。

これらの決着については、それぞれの被害者を支援してきた運動団体から、中途半端、政府の責任を認めていないという批判が噴出した。この種の問題において、オール・オア・ナッシングか、一歩前進を評価するかという対立は、常に起こるものである。ここで不満足ではあっても決着を受け入れるという選択を拒否するのであれば、被害者は永遠に放置されると私は考えていた。自民党が下手に出ているこのチャンスでなければ、この種の問題の決着はつかないとも考えていた。

戦後五〇年談話は、社会党と自民党保守派の歴史観が衝突する難しいテーマであった。当初、社会党と自民党のハト派は、戦後五〇年の国会決議を行うことを目指した。しかし、衆議院での採決では、野党の多くと自民党の一部が欠席し、国会の総意とは程遠い形となった。また、参議院では決議を行えなかった。この事態に衝撃を受けた村山は、五〇周年の終戦記念日に合わせて首相談話を出すことを決意した。具体的な文案は、内閣外政審議室長だった谷野作太郎を中心に練り上げ、五十嵐官房長官が与党間の調整に当たった。村山談話の肝は、「侵略と植民地支配に対する反省と謝罪」であった。これについて、当時日本遺族会会長を務めていた橋本龍太郎通産大臣も受け入れ、談話の原案にあった「敗戦」と「終戦」の二つの言葉を敗戦に統一するよう村山に意見した。この談話はアジア諸国から歓迎され、その後も日本外交の基本理念としてつねに引照されてきた。安倍晋三首相が戦後七〇年に当たって談話を出した時も、村山談話を踏襲することを余儀なくされた。このテーマに関しては、村山が政治生命を賭ける強い決意を示したことで、自民党も村山の歴史観を黙認したのである。

私は、村山政権を積極的に支える側に回った。もともと、社会党左派には親しい政治家はいなかった。しかし、政権発足直後の八月、村山の側近だった野坂浩賢と渡辺嘉蔵に招かれて、首相を支えてほしいと頼まれた。その後、一〇月、田中秀征から電話がかかってきて、村山のブレーン会議を作るから参加してほしいと頼まれた。会合は一〇月二一日から始まり、二、三か月に一度、首相公邸で弁当を食べながら議論するという形を取った。田中は、二一世紀を見据えるという趣旨で、二一会という名前を付けた。他のメンバーは、高橋進、鴨武彦の両東京大学教授、斎藤精一郎立教大学教授で、後に、宮崎勇元経済企画庁事務次官、速水優元日本銀行理事も参加した。斎藤、宮崎、速水の三人は、田中がリクルートした。

最初の会合について、日記に次のように書いている。

一〇月二一日　首相というのは孤独な存在なり。官邸にはろくな話し相手もおらず、官僚のペーパー以外の知識に飢えているようす。田中氏がブレーンのオルガナイザーとなるというのも、悲しい話なり。社会党の人材欠乏をうれう。

私はその会合で、ＰＫＯ参加のための別組織を作ること、情報公開法の制定を急ぐこと、消費税率引き上げに合わせて福祉社会の新たなビジョンを作ることなどを主張した。また、行政改革については、特殊法人の整理、統合についての案も作った。そこで話したことが政策につながることはなかったが、孤独な首相を元気づける程度のことはできたであろう。村山という人は、首相になる日に備えてノート数十冊の構想を用意していた中曽根康弘の対極のような人物で、権力欲や国家構想を持たない、温厚で淡々とした好人物であった。自民党の政治家から好かれるのも不思議ではなかった。戦後史の負の遺産の処理にはそのような人柄が役立った。しかし、未来を志向した新しい構想を打ち出すことは無理であった。

ともかく、長らく反対してきたテーマについても、社会党は憑き物が落ちたように現実的に対応し、結果を出した。野党時代には徹底抗戦していた政策も、政権の側から見ればこの程度は当たり前と思えるようになったのである。その意味で、細川政権時代には権力に対して半身の構えだった社会党は、村山政権を作って権力を全面的に支える覚悟を持ったということができる。権力との関係で、社会党はルビコンを渡ったのである。しかし、その経験は、政党再編というテーマに関してルビコンを渡ることにはつながらなかった。また、政権与党の「しんどさ」に疲れて、気楽に反対できる野党に戻りたいという気分の政治家もいたと村山は言ったことがある。

4　村山退陣と新党結成の失敗

戦後五〇年の一九九五年は、一月の阪神淡路大震災、三月のオウム真理教による無差別テロという衝撃的な災害や事件が起こり、政府の危機管理能力が問われた。村山にとって、首相の役割は重荷になった。

九五年四月の統一地方選挙において、東京都知事に青島幸男、大阪府知事に横山ノックが当選し、無党派層の反乱と言われた。九三年夏から政治改革、政界再編の騒ぎが続いているが、権力欲しさ、議席欲しさの離合集散が続くだけと、多くの人々の目に映っていた。それが、地方選挙における既成政党批判につながった。七月の参議院選挙では、九四年末に細川、羽田政権の与党だった勢力を中心に結成した新進党が躍進し、比例では第一党となった。社会党は一六議席しか取れず、政権中枢を担っているにもかかわらず、あるいは、政権を担っているがゆえに、社会党への支持は三年前の参院選の時よりさらに減退していた。

衆議院の選挙制度の変更が、小選挙区の区割りを含めて確定し、政治家の関心は新制度の下の最初の選挙でいかに生き残るかに向いていた。社会党は、自民党、新進党に対抗する第三極としての新党をつくるという方針を立てた。久保は、九四年一〇月、札幌で開かれた社会党北海道本部のセミナーで、その方針を初めて打ち出した。その中で、保守二大政党では国民の思いを代表しきれない、社会党を基盤とする社会民主主義勢力が中道の穏健派、リベラル派と提携して、新党をつくり、単独過半数政権を防がなければならないと主張した。

選挙制度改革の議論の過程から、次の政党システムについて様々な議論があった。一般的には、小選挙区制は二大政党制を作るという常識が信じられていた。しかし、私は政党再編の過渡期を長く続けるべきと考えて、当面、小沢とも自民党とも一緒になれないので、社会党は天下三分の計をめぐらせるしかないと主張していた。根拠のある話ではなかったが、そのような状態を続ける中で、政策に即した再編が進むだろうと構想していた。そして、小選挙区で生き残るためには、全国でまんべんなく票を集めるのではなく、ここでは勝てるという本拠地(フランチャイズ)を持たなければならないと説いていた。

イギリスの小選挙区を見れば、労働党と保守党がそれぞれ全体の三分の一程度の本拠地を持って、残り三分の一の取り合いが選挙のテーマとなる。また、選挙区の社会構成を反映し、労働党はロンドン、中北部の工業都市、スコットランドとウェールズでベルト状に選挙区を獲得している。これを日本に当てはめれば、社会党、あるいは社民リベラルの政党は、従来、比較的革新勢力が強かった北海道、神奈川県など、いくつかの本拠地を築く努力を急ぐべきであった。特に、北海道は社会党系の横路孝弘が知事を務めていたので、本拠地候補の一番手であった。この話は、社会党や労働組合の講演で繰り返していたので、久保も理解し、札幌での新党構想の発表に至った。

新党結成論は、特に右派の側に強かった。その理由は、右派が政治改革以前から政界再編に積極的だったこと、新制度での生き残りに対する恐怖心をより強くもっていたこと、村山政権誕生によってなし崩しに基本政策を転換し、社会党のブランドが完全に信用を失ったことへの危機感が強かったことであった。

山花貞夫を中心とする右派は、九四年一二月に新民主連合(新民連)という議員集団を立ち上げ、社会党を離党し、新進党に参加しなかった旧日本新党などの議員と一緒に新党をつくる構想を明らかにした。そして、九五年の年明け早々は、社会党の分裂が政局の最大の話題となった。私は、政治改革の実現までは山花など右派を支えてきた。しかし、村山政権がさまざまな問題に取り組んでいる時に社会党を分裂させることは、大義に欠ける行動であり、反対であった。一月一七日、山花たちは社会党を離党し、衆議院で新しい会派、新民連を結成する動きを起こした。しかし、この日の早朝、阪神淡路大震災が勃発し、新民連は霞んでしまった。離党、新会派結成も沙汰止みとなった。

私も、社会党のままで新制度に対応することは無理であり、社会民主主義と石橋湛山的リベラリズムを基調とした新党をつくることが不可欠だと考えていた。しかし、政策や理念に関する作文だけで新党をつくってもインパクトはないと思っていた。政権中枢を握りながら、具体的な政策実績を作れないような政治家が新党を結成したところで、選挙を凌ぐための便宜的な集まりと思われるのが関の山であった。

自社さ連立は政治の過渡期における一時的な存在であった。私は、武村、田中などさきがけのリーダーを尊敬しており、社会党とさきがけが合同して社民リベラルの新党をつくることが必要だと考えていた。村山もその点については同じ展望を持っていた。九五年一一月一四日のブレーン会議の時の日記を引用する。

一一月一四日　七時より公邸にて久しぶりの二一会。外交、経済全般にわたり活発に意見を交わす。別れ際、総理に、「あんたからも秀征さんに(新党問題を)よう頼んで」と言われる。そのあと田中さんと全日空ホテルにて会談。新党について、社会党が本当に生まれ変わらなければ提携はできない。それは確かに正論である。もちろん田中さんとて政界第二次再編を諦めたわけではないが、まだ熱気がわいてこないとの由。

田中は自由主義者であり、社会民主主義の政党とひとつになることはできないと、のちのインタビューで述べた。給付中心の社会民主主義政権の下では市場経済の活力が失われるというのが彼の主張であった（田中秀征インタビュー）。当時西欧で広がっていた「働くための福祉（welfare to work）」という新しい社会民主主義の理念を説明して議論を深めていけば、協力の可能性は広がったかもしれないが、そのような時間的な余裕はなかった。

その後、九五年から九六年にかけて、社会党は新党準備会を作り、議論を続けた。しかし、村山が首相の間は、委員長であっても社会党の改革に取り組むことは不可能であった。また、新党移行を主導する久保と村山を支える左派の温度差はあまりにも大きく、新党論議は前進しなかった。九六年一月五日、村山は首相を務めることに疲れ果て、退陣を表明した。一月一九日、社会党は党大会を開いて、社会民主党に名称を変更することを決めた。当初久保は、社会党の解党と新党結成を宣言するという準備を進めていたが、村山退陣という状況変化の中で、社会党の結束を維持することが優先された。

新党結成が困難であることは、社会党の組織を見れば明らかであった。党を解散し、新党を結成するためには、国会議員だけではなく、全国の地方組織から出ている代議員の賛成が不可欠であった。しかし、地方組織は政界再編には距離を置き、旧来の社会党ブランドを守ることを重視する風潮が強かった。九五年一一月一日の日記を引用する。

一一月一日　参院議員会館にて、一井淳治氏（岡山県選出）と会談。社会党の衰弱した地方の県における新党作りの難しさを聞く。労働組合党員は形式化し、地域党員はますます頑迷になり、旧式の護憲にしがみつく。組織として意思決定する時にはどうしても後者を無視できぬとのこと。横路一座〔リベラル・フォーラム〕が岡山へ行ってもさしたる成果なかるべし。

村山は党務に復帰した後も、新党結成に指導力を発揮することはなかった。それは村山のせいだけではない。村山は武村との信頼関係に基づいて、さきがけとの合併による新党結成を追求した。しかし、さきがけの内部も新党についてはまとまっていなかった。特に、若手のホープと期待された鳩山由紀夫は、政党同士の合併ではなく、個人が集まって新党をつくり、併せて世代交代を進めるという構想を持っていた。社会党の新党構想は停止したまま、九六年秋の衆議院解散を迎えることとなった。

社会党系の新党に関しては、もう一つ別のルートの模索もあった。それは、横路孝弘北海道知事を党首にする新党の結成という構想であった。社会党のプリンスと言われた横路は、本来、知事を九一年四月の二回目の任期で終えて、九三年の衆議院選挙で国会に復帰すべきであった。細川政権樹立のときに、横路が社会党の指導者であれば、その後の展開は多少変わったかもしれない。しかし、横路知事の二期目には、「世界・食の祭典」（一九八八年）の失敗、新長期計画策定をめぐる横路側近の道職員の汚職など大きな不祥事があり、二期で辞めることはできなかった。したがって、重大な政界再編に出遅れてしまった。横路不在の社会党の混迷を見て、横路は社会党に戻って党を再建するのではなく、新党をつくるという選択をした。

九三年末から、横路新党の構想を練る準備会が開かれた。これには、横路の学生時代の友人、市民運動家、労働組合の一部が参加した。私は、横路が立ち上げる新党の結党宣言を書いた。そこには、自立した市民の連帯による、社会的価値を大事にする民主主義の創造といったようなスローガンを盛り込んだ。社会党の新党構想が行き詰まるなか、できるところでローカル・パーティを作り、それが中央で結合するというアイディアも出た。北海道では知事権力を握って、左派も右派も政権を取らなければならないという認識を持っていたので、ローカル・パーティのイメージは作りやすかった。しかし、他の地域で同じことをするのは、難しかったであろう。結局、横路は鳩山由紀夫のほか、筒井信隆や仙谷由人など社会党右派の政治家と共に、リベラル・フォーラムという団体を結成し、全国を行脚して新党結成の準備を進めた。これが、九六年九月末の民主党結党につながった。

5　社民的なものが生き残るチャンスはあったのか

田中秀征が言う「熱気」を作るには、理念をめぐる観念的な作文だけでは駄目であった。新党には、人々に応援したいと思わせるような具体的なミッションが必要であった。村山が総理でいる間に、自民党と社会党・さきがけの間で相容れない争点を作り、喧嘩別れしたうえで、社民リベラルの理念を実現するために新党をつくり、選挙に突入するというシナリオがベストだと私は考えていた。

その際には、情報公開と官僚集権の解体、公共事業の見直し、歴史認識などいろいろなものが、社民的新党のミッションに想定された。実際に、いくつか社会党の存在意義が問われるような政策決定の場面はあった。

たとえば、長良川河口堰の運用開始問題が一例である。この事業は、着工以来、長い時間が経過し、その目的についても建設省の説明は変遷していた。地元のみならず、全国で見直しを求める声が広がっていた。細川政権で建設大臣に就任した五十嵐広三は一年間かけて調査、再検討を進めることで、運用を先送りした。しかし、九五年五月二三日、野坂浩賢建設大臣は、河口堰の運用を開始した。五十嵐は、その時の社会党本部に対する抗議電話は、自衛隊違憲論を捨てた時よりもすさまじかった、社会党の票は半分減ったかもしれないと述べている(五十嵐広三インタビュー)。

私も、何のための社会党政権かと怒りにかられ、朝日新聞に「日本社会党の命運を憂う」という文章を投稿した。その一部を引用する。

日本社会党は二十七日の臨時党大会で新党移行の方針を決定したが、その内実は太平洋戦争末期の帝国軍隊のごとく、頑迷な国体護持派、自己の保身に腐心する大臣たち、現実的生き残りを模索するグループなどが入り乱れ、およそ新しい政党の創造とは縁遠い状態にある。社会党は見送りの三振を繰り返してきたが、もはや最後の機会をも見逃そうとしている。この数年、社会党の変革による日本政治の転換を願ってきた者として、この党に対して最後の批判と提言を行いたい。

〔中略〕

社会党はなぜ言葉のうえでの新しさにこだわるのであろうか。言葉やイメージの目新しさを求めれば求めるほど、新党構想は色あせてくることを知るべきである。政党は、政権についたときにどれだけ自らの理念に沿った政策を実現するかにその真価がかかっている。〔中略〕しかし、政権中枢にいた一年近くの間、社会党は新党の展望につながる具体的な実績や手がかりを残したであろうか。先日の長良川河口堰問題をめぐる野坂浩賢建設相の裁定は、社会党にとっての最後の機会を自らつぶすという意味で決定的な出来事であった。環境を大事にするとか公共事業を効率化するといったスローガンを並べることはだれにでもできる。国民は、政権の座にある政党がどこまで自らの理念に忠実に行動するかを注視しているのである。社会党が本当に環境を大事にしたいのならば、なぜ社会党の政治家は野坂氏を囲んで河口堰と環境問題について徹底的に議論しなかったのか。既成事実の壁の前に、すごすごと理念を引っ込める政治家がどうして新党を担えるのか。

野坂氏は「公共事業に間違いはない」と語ったそうだが、間違った公共事業で環境が破壊され税金が空費されていることを多くの国民は知っている。社会党が新党の支持者に想定している人々は、河口堰に象徴される環境破壊的・利権政治的な公共事業に公憤を感じている市民である。そうした人々の思いを受けて、公共事業のあり方を考え直すためにこそ村山政権を作ったのではないのか。建設官僚とけんか一つできない政治家たちが新党と叫んだところで、青島幸男東京都知事一人が持つインパクトには遠く及ばない。社会党が他の政党と同様に官僚主導の政策を追認するようなら、政党離れをとめることなどできるはずはない。

社会党の新党構想が帝国軍隊の本土決戦構想にならないためには、二つの困難な条件をクリアしなければならない。第一は、何のために村山政権を作ったかをもう一度かみしめ、連立三党の政策合意のうち何がなぜ実現できなかったかを総括することである。戦後五十年に関連した懸案の処理についてはある程度社会党の存在意義が発揮されたが、行財政改革など国民の期待を裏切ったテーマも多い。遅きに失した感はあるが、将来につながる制度改革の提起を行うことが求められている。

第二は、自らの理念を確認したうえで、政権与党の地位にこだわらず愚直にこれを追求することである。なりふり構わず権力の座にしがみつく政治家が国民によってもっとも忌避されていることとは、先日の統一地方選挙の結果が物語るとおりである。社会党の基本的理念と自民党のそれが相入れないのならば、連立政権を維持すべきではない。（朝日新聞、一九九五年五月三一日）

この文章は、私の長い論壇人生の中で、最も気合をこめたものであった。社会党の新党構想が人々の期待を集めなかった理由は、この文章に尽きていると思う。

社会党の存在意義を主張して戦いに打って出るもう一つの機会は、戦後五〇年の記念行事であった。村山の戦後五〇年談話と合わせて、政府は八月一五日に「戦後五〇年の集い」を開催する準備を進め、予算措置も行い、天皇の出席を仰ぎ、司馬遼太郎に記念講演を依頼することで内諾を得ていた。しかし、自民党右派の反対で、この催しはキャンセルされた。五十嵐はこの間の事情を次のように語っている。

ところが、自民党の外務部会で噴き上がった。何をやろうとしているんだと。一方で、「終戦五〇周年国民委員会」、もう一つは戦後五〇年の衆参の議員会議、これが三月一六日に憲政記念館で集まりを持った。「謝罪・不戦決議を阻止する緊急集会」が行われたり、その後、彼らだけの「戦後五〇年」をやっている。〔中略〕その勢力は国会議員二〇〇人以上の署名をとっている。そして国会決議に対する圧力と、「戦後五〇年の集い」についての圧力が出てきて、司馬遼太郎先生のご了解を得ていたけれども、結局実施できなかった。これは僕の官房長官時代の最大の責任問題だ。（五十嵐広三インタビュー）

この時、歴史観、あるいは憲法観を争点に、自民党との対立を浮かび上がらせて、連立を解消していればどうなったか。出典は定かではないが、当時、元公明党委員長の矢野絢也が週刊誌で、戦後五〇年を争点に大手門を開いて戦いに打って出る手もあると書いていたのを読んだ記憶がある。歴史認識は、単に過去に対する反省だけではなく、アジアの中でどのような外交、安全保障を追求するかという未来に向けた問題提起につながる話であった。

しかし、村山や側近にそこまでの大胆な戦略を求めるのは無理であった。後藤謙次の『ドキュメント平成政治史1』を読むと、当時、自民党は政局の混乱を避け、自民党総裁の座を河野から主流の橋本龍太郎に取り戻し、村山退陣後に政権を掌握するという遠大な政略の下、村山を必死で支えていたことがわかる。権力への本能的欲求という点で、自民党は数段すぐれていると思い知らされる。

五十嵐の回想とかかわるが、村山政権の時代、私は自民党のハト派と右派の関係について見誤っていたことを認めなければならない。自社提携を推進した自民党の政治家は、加藤紘一、山崎拓、野中広務など、反戦とは言わないまでも非戦派であり、軽武装の保守本流路線を受け継ぐ人々であった。私はこれらの政治家を見て、自民党は新進党よりもましと思った。自民党は大疑獄事件を起こして政権から転落し、反省して、歴史観や憲法観について世界標準を受け入れるようになったのかと思っていたのである。

加藤紘一は、自社連携について、その近代性を強調していた。彼は、細川連立を、社会党と自民党竹下派の中枢部との連携という意味で第一次自社、村山政権を第二次自社と呼んでいた。そして、細川政権崩壊後、小沢は自民党の旧世代を引き込もうとし、加藤たち、当時の次世代の政治家は社会党と組んだと、次のように解説している。

後になって村山政権が成立した直後、中曽根さんは山崎拓に怒るんです。「おまえはおれとの恩義よりも加藤たちとの友情を優先したな」と。そこで明らかに世代間の引っ張り合いがあって、山崎拓に「中曽根さんについていくな」ということを説得して、彼もついていっても中曽根さんの周辺にはお年寄りがいっぱいいて、どうせあまり仕事もできない。平成六(一九九四)年の六月二五日前後、事実あれは世代間戦争でもあったんです。小沢さんはミッチーさん、中曽根さん、海部さん、こんなところにアプローチした。我々は社会党の中堅・若手にアプローチしたという世代間戦争としての一次自社、二次自社というところがあると思います。

もう一つ、二次の自社がなぜ比較的長く続いたかというと、これは僕らの世代だと一言でわかることですが、第二次自社のほうに若干学園の匂いがするんですよ。学園紛争における硝煙の匂いみたいのが。（加藤紘一インタビュー）

加藤は六〇年安保の時に東大の学生で、デモに参加したこともあった。政界に入ってからは宏池会に所属し、大平正芳に宏池会の次世代のリーダーとして期待され、鍛えられた。その意味で、保守の側における憲法と戦後民主主義の旗手であった。戦後五〇年の時点では、戦後民主主義の空気を吸って育った五〇代の政治家が自民党においてはまだ中堅だった。加藤に代表される自民党の穏健派と社会党、さきがけの提携は、私が平和基本法で目指した新たな護憲の戦列の形成であった。ただ、それが持続するためには、自民党が歴史観や憲法観に即して分裂し、政治路線の整理をつけることが必要条件であった。この点は、先に紹介した村山政権誕生前夜の朝日新聞の社説も指摘していたことである。

しかし、自民党はそう甘くはなかった。五十嵐が指摘していたように、右派的ナショナリズムは頑強で、村山政権下の社会党への譲歩に対する反作用のように、九〇年代後半には、ジェンダー、教育、歴史認識などのテーマで、バックラッシュ（ゆりもどし）を進めた。それは、後の安倍政治につながった。村山政権は、そのような自民党を分解の危機から救い、助け上げたと言われても仕方ない。村山政権の下で、自民党ハト派、保守本流は最も輝き、歴史的使命を果たしたが、右翼的バックラッシュのドアを開いた。その意味で、村山政権は、保守本流の最終ランナーでもあった。

第六章　Intermezzo　イギリス滞在記

一九九六年一〇月、小選挙区比例代表並立制の下で最初の衆議院選挙が行われた。自民党は二三九議席を獲得し、第一党の座を守った。前年の参議院選挙で躍進した新進党は伸び悩み、一五六議席にとどまった。選挙直前に菅直人や鳩山由紀夫が中心になって結成された民主党は、選挙前の五二議席を維持した。村山政権で重要な役割を果たした社会民主党とさきがけは、民主党結党の際に分裂し、それぞれ一五、二議席にとどまった。また、共産党は二六議席を獲得した。自民党は、社会民主党、さきがけと閣外協力という形で連立を組んで、政権を維持した。政局はしばらく落ち着き、橋本龍太郎政権による行政改革や金融危機への対応が政治の焦点となった。

私は、九七年三月末から半年間、イギリス、オックスフォード大学に留学した。日本政治研究のアーサー・ストックウィン教授がいたニッサン日本問題研究所に居候させてもらった。九〇年代前半からの運動で疲れがたまって、しばらく日本を離れたいと思っただけではない。議院内閣制の現実的な展開と社会民主主義の現代的変容という二つのテーマについて、学者として関心を持ち、細々と研究を続けていた。その二つのテーマについて一度に勉強するためには、イギリスに行くのが便利であった。さらに、九七年五月には、下院の任期満了により、総選挙が予定されていた。保守党政権が一八年も続いており、政権交代が起こるのは確実と見られていた。この目で本場の政権交代を見たいと思い、このタイミングでの留学を準備していた。

私は、一九九〇年代中頃から、春休みになるとイギリスを訪問して、イギリス労働党の動きを追跡してきた。留学の動機は、次の九五年の日記の記述に明らかである。

三月一五日　英国滞在中に、労働党の綱領改正問題で Tony Blair の奮戦ぶりを見て、大いに感慨を深くする。国有化を党綱領から外すは、労働党にとっての identity の放棄に等しけれど、万年野党の隘路から抜け出すには、思い切った路線の転換以外に途なし。わが国の社会党の非武装中立とひき比べ、考えることしばし。

野党としての主体的転換と政権党としてのなし崩しの変節と、四〇歳の若き党首の将来性と七〇歳の老党首の悲哀との対比に、日本政治の悲惨を思う。噫《ああ》、我が国に一人の Blair なし。

しかし、Blair の新綱領の草案を見て、去年作りし幻の横路新党の宣言文とほとんど同じ内容なのは、笑ってしまう。

ボーダーレス資本主義における社民の限界について痛感す。この限界をいかに突き破るか、重い宿題なり。

この宿題について考えるために、イギリスに赴いたわけである。実際に、日本で社会党の混迷を見てうんざりした者の眼から見ると、得るものの多い留学であった。

第一の教訓は、長年野党に低迷していた労働党の党改革と政権獲得に向けた準備であった。イギリスでは一九九二年五月の総選挙で、久しぶりに労働党が政権を奪回することが確実だと思われていた。しかし、ジョン・メージャー首相が木箱に乗って辻説法をするというパフォーマンスで劣勢を挽回し、保守党が政権を維持した。労働党のショックは大きかった。一〇年程度我慢していれば、政権が転り込むという政権の振り子は止まった。政権を取れるように自らを改革しなければ、労働党は万年野党になるかもしれないという危機感を持った。一九八七年の大敗の後に就任したニール・キノック党首の下で若手の登用が始まっていたが、キノックの後を継いだジョン・スミス党首は、トニー・ブレアとゴードン・ブラウンを次代の指導者にすることを目指して、党の要職を割り当てた。そして、スミスが急死すると、ブレアが四一歳で労働党の党首に就任した。

ブレアが目指したのは、労働党を労働組合の党ではなく、中産階級の市民からも支持される現実的な党にすることであった。そのために、組織、政策の両面での改革を進めた。

組織面での改革は、党の意思決定において、労働組合のブロック・ヴォートを廃止し、一人一票制を導入することであった。ブロック・ヴォートとは、労組のトップが組合員＝党員の人数分の投票をまとめて行うことで、労働党の政策や人事を大労組が左右することを可能にした手続きであった。すべての党員が平等に一票を行使することで、党指導部が大労組から自立性を確保することが狙いであった。

政策面では、綱領第四条の国有化条項を削除することが最大の争点であった。主要産業を国有化することは労働党の基本政策であり、一九四五年の労働党アトリー政権の発足の際に実現された。しかし、第二次世界大戦後のイギリス経済の衰退の中で、一九八〇年代に保守党のマーガレット・サッチャーが民営化、規制緩和を進めて長期政権を築いた。ブレアたち、労働党の改革派はそれを受け入れ、市場経済を前提として公平な経済を築くことを目指した。綱領の国有化条項は、サッチャーたちが批判して止まない労働党の古臭い体質の象徴であった。ブレアは、労働党がグローバル化時代の経済運営の能力を持っていることを示すために、国有化条項の削除が不可欠と考えた。他方、伝統的な労働党員にとって、国有化条項は党の魂を表現したもので、これを固守すべきという声は根強かった。ブレアは地方組織を行脚して、綱領改正の必要性を説いて地方党員を説得し、実現にこぎつけた。九五年の春にスコットランド労働党の大会で綱領改正の支持を取り付けたときに、私はたまたまイギリスを旅行中で、この問題に大きな関心を持ったのである。

イギリスに行って早々、ブレアのニュー・レイバー(New Labour)に関する本を読んだ。特に感銘を受けたのは、ブレアのブレーンであった下院議員のピーター・マンデルソンとシンクタンク研究員のロジャー・リドルが一九九六年に書いた『ブレア革命(*The Blair Revolution*)』という本であった。この本は、ブレアによる党改革の軌跡と、政権構想を書いたものである。

綱領改正問題の経緯について、マンデルソンたちは次のように語っている。

ブレアの目的は単純であった。党に対して私的に言うことと、国民に対して公的に言うことを同じにするということである。彼は有権者の信頼を勝ち取りたかった。そのためには、労働党は正直にならねばならず、党に対してはあること、国民に対しては別のことを語るという二枚舌をや

めなければならないとブレアは主張した。（*The Blair Revolution*, p. 54. 拙訳）

この文章を読んで、日本の社会党との対比を考えた。綱領第四条に相当するのは、日本の社会党にとって憲法九条である。それらはいずれも党の魂であった。国有化は、欧州大戦直後に生まれたアトリー政権、憲法九条は一九五〇年代の再軍備反対や安保反対の大運動という、それぞれの党の黄金時代の記憶と結びついている。

しかし、黄金時代の思い出に浸っていては駄目で、政権交代を起こすためには、党の魂に相当する政策をアップデートすることが必要だと、新世代の改革派は考えた。マンデルソンは傲慢で、陰険というイメージが強く、労働党左派からは嫌われていた。九七年九月の党大会では、全国執行委員の選挙で落選したくらいである。しかし、私は、不遜にも自分をマンデルソンに、失礼ながら社会党の原理主義的護憲主義者を労働党の守旧派に重ね合わせた。自分が日本の社会党を相手にやろうとしたことを、イギリス労働党は若いリーダーが徹底した論争を通してやり抜き、地滑り的な政権交代を成就したことが、うらやましかった。イギリスの場合、政党は政権を取らなければ話にならないという現実主義が労働党の大半に共有されていたからこそ、党改革も政策転換も進んだ。

二つの左派政党の自己変革をめぐる対比について、私は、Why no Blair Revolution in Japan ?（なぜ日本ではブレア革命が起きなかったのか）と題する小論を書き、ニッサン研究所のセミナーで報告した。日本の場合、党の魂であった憲法九条をめぐる解釈を主体的に変更することができないでいるうちに、政権参加という現実が先行し、変節という形で路線転換をして、社会党はすっかり知的信頼性を失ったという話をした。

選挙制度についても、発見があった。当時、私は、自民党が村山、橋本両政権の下で息を吹き返したのを見て、小選挙区の下で与野党伯仲、あるいは天下三分の計を実現することは難しいと感じていた。イギリスでも、一九八〇年代から選挙制度改革の議論はあった。政権交代の展望を失っていた労働党だが、ブレアなどは選挙制度改革に反対した。マンデルソンはその理由を次のように説明している。

ブレアとブラウンは、選挙制度改革がより根本的な党改革に向けた勢いを止めるのではないかと憂慮していた。彼らが比例代表制をどう考えていたにせよ、彼らはルールを変えることによって選挙に勝てるものではないと主張した。彼らは国内の様々な意見と対話することに反対ではなかった。とはいえ、保守党を破るために選挙制度改革に頼らなければならないような左翼少数政党に労働党が落ち込むことを座視するのではなく、労働党をキノックの功績の上に、広い支持基盤を持った中道左派政党に変えることこそ彼らにとっての至上命題であった。(*The Blair Revolution*, pp. 44–45. 拙訳)

要するに、小選挙区で勝てるようにするのが本当の党改革だというわけである。実際に、九七年五月一日の総選挙を見て、小選挙区制の威力を見せつけられた思いがした。他国の選挙とはいえ、選挙特番を見て興奮した。

五月一日　夜一〇時から、ＢＢＣの開票速報にかじりつく。まことに世紀単位のLabourの大勝利、Conservativeの大敗なり。Blairの理念に不安も残るが、社会民主主義を奉じるものとして、このLabourの大勝利を喜びたい。北海道新聞に原稿を送ったのち、祝杯をあげる。Blair、Brownらの演説を共感を持って聞く。

労働党は、九二年総選挙の二七一議席から四一九議席へ大躍進し、保守党は三三六議席から一六五議席へと半減した。また、労働党の女性議員は一〇一名にのぼった。得票率は、労働党四四・四％、保守党三一・五％で、小選挙区が有権者の投票行動を増幅することが、よくわかる。私はそもそも小選挙区制については懐疑的で、『政治改革』でも比例代表制を主張していた。自民党が元気を取り戻した状態で小選挙区による選挙が始まったことで、自民党常勝の構図ができることに、困ったなあという思いであった。しかし、イギリスで労働党の歴史的な勝利を見て、日本でも労働党のような小選挙区で勝てる政党をつくるしかないと思いいたった。

小選挙区制と政権交代のある二大政党制が結び付く条件について、イギリス政治を観察して、次の三点に注目した。第一は、イギリスの二大政党はそれぞれ、どんな逆境の時にも勝てる選挙区を二〇〇程度持っていることである。九七年の場合、保守党はその最低ラインを割り込んだので、大敗であった。それにしても、大敗しても政党としての持続可能性は確保されていた。とびぬけた野党第一党の地位を守って、数年から十数年辛抱していれば、政治の風向きは変わって政権交代のチャンスが巡ってくる。イギリスの場合、政党は政治的なインフラである。選挙区レベルに地方組織があり、地方議員を送り出し、様々な日常活動を行っている。党員、支持者は逆境の時も活動を続ける。そうした下部構造が政党システムを支えている。

第二は、二大政党の政治家が大きな塊としての政党を持続させるというリアリズムを持つことである。小選挙区において、第三党以下は圧倒的な不利を被る。得票率に比して、小さい議席率しか得られない。近年のスコットランド国民党のように、特定の地域で圧倒的に大きな支持を得て、その地域の多数の選挙区を制する例もあるが、逆にそのような地域政党は他の場所では全く議席が取れず、規模には限界がある。ゆえに、二大政党が政権を目指すためには、ともかく結束を保たなければならない。

これについて、労働党には失敗の経験があった。サッチャー政権が新自由主義的な政策を始めた一九八〇年代前半、労働党は左傾化した。これに反発する右派は、一九八一年、社会民主党を結成した。一九八三年の総選挙では、社会民主党は当時の自由党と連合して候補者を擁立した。社民自由連合は二五・四％の得票率を上げ、労働党の二七・六％に迫ったが、議席数では、労働党二〇九に対し、社民自由連合は、わずか二三にとどまった。第三党の社民自由連合は小選挙区の壁を乗り越えることができなかった。

社会民主党の実験が失敗に終わり、労働党は再び統一を回復した。内部に路線論争や対立はあるが、政権交代という大きな目的のために党の結束を保つという常識は、党内で共有されている。

第三は、有権者のリアリズムである。選挙における投票は、有権者にとって自らの政治的アイデンティティを表現するという意味を持つ。ただし、有権者はそのような強い政治的アイデンティティを持つ人ばかりではない。世の中を見ながら、選挙の都度どの党に政権を取らせるのがよいか考えて投票する有権者(swing voter という)もいる。たとえば、保守党の長期政権をそろそろ替えた方がよいと考える有権者の場合、自分の選挙区における投票選択の基準は、好きな政党、候補者に入れるのではなく、保守党を倒す可能性が最も大きい候補者に投票するということである。そこで、世論調査を見ながら、投票日直前に投票する候補者を決めるという行動をとる。これを戦術的投票(tactical voting)とよぶ。

私がイギリスに行って最も驚いたことの一つは、投票直前に進歩派の新聞(ガーディアンの日曜版であるオブザーバー紙)が世論調査をもとに、接戦の選挙区において、保守党を倒したい有権者は、選挙区ごとに、具体的な候補者の名前を挙げて、労働党の支持者であっても自由民主党の勝てそうな候補者に投票しようという記事を載せていたことである。自由民主党は、この戦術的投票の恩恵を被り、得票率は前回と比べて微減なのに、議席は二六も増やした。

もちろん投票行動は個人の自由であり、勝つ可能性がゼロに等しい候補者に投票することも自由である。しかし、政権選択という小選挙区の選挙の意義を重視し、自分の一票を死票にしないよう、望ましい政権を実現するために使うという有権者の側のリアリズムがあることも、政権交代可能な政党政治を支えていると感じた。

政権交代後のブレア政権による政策展開にも、目を見張った。五月二一日(総選挙の二〇日後)の日記を引用する。

五月二一日　今日は、六月に Nissan Seminar で話す日本社会党と英国労働党の比較論の英文原稿を書く。書けば書くほど、日英の大きな落差に暗澹となる。

政権交代後、労働党政権はイングランド銀行に独立性を付与、Devolution〔スコットランド、ウェールズに対する大胆な地方分権〕のための referendum 法案、最低賃金法案など、次々と新しい政策を打ち出す。

昨日は、ブラウン蔵相、金融機関の監督機関の強化と一元化を打ち出す。

さらに今日は、ブレア首相、地雷の製造、輸出、使用の非合法化を打ち出す。

毎日毎日、政権交代の意味を示す新機軸の連続なり。政権交代に当たって、よほど周到なる戦略と agenda が練られていたものと感じられる。

保守党のケネス・クラーク前蔵相、政権就任後の労働党は一八歳の若者〔イギリスでは一八歳以上なら酒が飲める〕が酒場に入って棚の酒を片っ端から飲むようなものと批判す。されど、国民は若者の如きひたむきさ、情熱を待望しているに違いない。

ブレア政権の一年目の政策的成果は次のようなものであった。

・スコットランド、ウェールズへの地方分権　　外交防衛、マクロ経済などの国政の課題を除いて政策権限をすべて二つの地域に設置される地方議会に移管する。これは、それぞれの地域での住民投票で承認された。

・イングランド銀行の独立性の強化
・北アイルランド和平提案
・EU(欧州連合)との関係改善
・対人地雷の全面禁止

ブレア政権は、これらの新政策で政治の変化を国民に印象づけた。また、医療、社会福祉など大きな予算を必要とする政策については、二年目以降に先送りされた。このあたりの課題選択(agenda setting)の巧みさには感心させられた。

政権交代の勢いに乗ったトップダウン型の政策決定は、議院内閣制の持つ可能性を感じさせた。日本では、議院内閣制について、政府と与党の関係が複雑で、首相がリーダーシップを振るいにくいというイメージがあった。中曽根康弘は首相時代に、大統領型首相を目指すと言ったこともある。しかし、本来の議院内閣制は、与党が一体であれば、首相のリーダーシップが発揮しやすい制度である。労働党政権のロケット・スタートは、そのことを教えてくれた。

制度面では、イギリスの場合、行政府の政治任用のポスト(大臣、副大臣等)の数が多く、法律で規定されているわけでもないので、与党議員の三割程度が行政府に入って、政策立案に当たっている。また、選挙で大勝した後のブレア首相の指導力は絶大で、党は結束していた。そして、新政権が実現すべき政策は、選挙前にマニフェスト(政権政策)に列挙されており、それが国民の支持を得たという強い正統性を持つ。それゆえ、新政権は迅速に新政策を決定できた。ブレア政権のダイナミックな動きを見て、政権交代こそ民主政治に活力を吹き込むという確信を得た。

内閣制度における政治的要素の拡大、選挙におけるマニフェストの使用などのイギリス・モデルは、一九九〇年代後半から二〇〇〇年代にかけて、日本でも取り入れられた。橋本龍太郎首相が進めた行政改革の中で、内閣機能の強化は重要な柱の一つであった。首相のリーダーシップの強化は、イギリスの内閣を手本としていた。また、副大臣、大臣政務官というポストが新設され、行政府の中に入る政治家も増員された。さらに、内閣人事局が設置され、幹部公務員の人事を内閣が管理するという仕組みも始まった。後で述べるように、第二次安倍晋三政権における首相官邸主導は、こうした制度改革を土台としたものであった。

マニフェストの導入は、民間政治臨調の後身である21世紀臨調が訴え、民主党も二〇〇三年の衆議院選挙からマニフェストを作成して、選挙戦を戦うようになった。当初は、具体的な政策が並んでいたことが珍しがられた。しかし、民主党がマニフェストを日本に輸入する際に、大きな歪曲というか、誤解があった。このことは、第九章で説明する。

社会民主主義の現代的展開についても、簡単に述べておこう。戦後イギリスの福祉国家体制は、サッチャーによって批判され、八〇年代に変容した。労働党の課税と福祉支出を進める大きな政府路線が経済の活力を殺《そ》ぐという批判は、定着したかに見えた。サッチャーの民営化、規制緩和の路線は、イギリス病と呼ばれた経済停滞を克服したと、日本でも言われている。確かに、規制緩和で金融業は活性化し、ロンドンは国際金融のセンターとなった。しかし、社会保障支出の削減は、国民生活に打撃を及ぼした。特に、医療の水準が下がったことに国民は強い不満を持つようになった。また、格差、貧困の深刻化も明らかになった。

サッチャー政権が長期政権となり、労働党を支持してきた左派の知識人は危機感を持った。労働党を、左派の活動家が牛耳るイデオロギー政党から、政権を担いうる中道左派政党にするというプロジェクトに取り組む学者も現れた。特に労働党に大きな影響を与えたのは、社会学者のアンソニー・ギデンズであった。

ギデンズは、大きな政府を志向した昔の労働党に復帰するのではなく、サッチャーによる労働党批判を受け止めたうえで、グローバル化の時代に適応した新しい社会民主主義を打ち出した。それを表現するのが、「第三の道」というスローガンであった。第一は第二次世界大戦直後の労働党政権が進めた福祉国家、第二はサッチャーの新自由主義、第三はそれらを乗り越える新しい社会民主主義である。政府の役割を再分配による平等の実現ではなく、グローバル化の中、市場で活躍できる人材を育成することにあるとするのが、第三の道の新しい力点であった。そのために、教育投資が重視される。グローバル化する経済の中では、情報技術を中心とする知識、技能を持つ人材が求められるのであり、政府はそうした経済構造の変化に対応して、積極的に人への投資をしなければならないと、ギデンズなどは考えた。

ブレア労働党は、ギデンズの理論を取り入れて、「働くための福祉(welfare to work)」を掲げ、人々の稼得能力を向上させるための教育投資を福祉政策の目標に据えるという政策転換を行った。ブレアの演説、「私のやりたいことは三つある。教育、教育、教育だ」という演説は、そうした新政策のスローガンとなった。この路線はイギリスだけでなく、デンマーク、スウェーデン、フィンランドなどの北欧諸国で広く採用されて、グローバル化の中で経済的活力を維持することと、社会的な公平、公正を両立させる政策として、注目されていた。

私には、ギデンズなどの知識人が政治、政策の転換のために実践的な議論を展開していたことにも、強い感銘を覚えた。また、労働党系のシンクタンクであるフェビアン協会や公共政策研究所(ＩＰＰＲ)などの活動を見て、政党を支える知的な土台の存在にも気づかされた。こうした経験は、私個人の政治に対する発言や、生活経済政策研究所というシンクタンクでの活動に影響を与えた。何ともおこがましい話だが、自分を日本のギデンズに、北海道大学の政治講座を日本のＬＳＥ(ロンドン・スクール・オブ・エコノミクス、労働党のブレーンが集まった大学)になぞらえて、日本の政権交代を目指そうと思った次第である。私は、イギリスで開花した新しい社会民主主義を日本の民主党に持ち込むことを試みたいと考えた。二〇〇〇年代には、北海道大学で同僚となった宮本太郎とともに、社会民主主義の国際比較の研究プロジェクトを推進した。これは、二〇〇九年の民主党政権にも大きな影響を与えたと思う。

このように、九七年のイギリス留学は半年間という短期間ではあったが、その後の日本政治を構想するうえで、重要なインスピレーションを得る貴重な機会となった。

第七章　小泉構造改革と野党の再構築

1　自己責任時代への転換

一九九〇年代後半には、政治変革の熱は次第に消えて、自民党を中心とした政治の展開が続いた。他方で、一九九〇年代末から二〇〇〇年代初めにかけては、経済政策に関して大きな転換が起きた。しばらくは、野党の動きを離れて、自民党政権による政策転換を追跡したい。

自民党は、一九九六年一月の橋本龍太郎政権の成立で息を吹き返した。橋本は、一九九六年九月に衆議院を解散し、新しい選挙制度の下で最初の総選挙を迎えた。この選挙で橋本は、行政改革、金融改革などの大胆な改革を訴えた。この選挙で勝利した橋本は、行政改革会議を設置して、中央省庁の再編成、内閣機能の強化のための制度改革を検討した。それらは、二〇〇一年に実現した。総理大臣のリーダーシップの強化と、それを支えるための内閣中枢部の組織整備も実現した。また、村山政権が設置した地方分権推進委員会の提言した分権改革を実現させたのも橋本政権の功績であった。こうした制度改革は、後の日本政治に大きな影響を与えている。

一九九六年の総選挙で敗れた新進党では、小沢と反小沢派の対立が深まり、この党は誕生からわずか三年で九七年末に分裂した。これにより、自民党一強政治が再現されたように見えたが、九八年の参院選で予想外の敗北を喫した。これは、橋本が財政、金融面での改革を性急に推進したことが招いた危機であった。

一九九七年秋に起きた都市銀行や証券会社の破綻で、経済の先行きに関する人々の不安は高まった。金融危機に起因する不況が始まる中、橋本政権は、赤字国債発行ゼロを目指すという財政構造改革を掲げ、九七年四月に消費税率を三％から五％に引き上げ、同年九月から医療保険改革により自己負担も増加した。九八年の参院選の中では景気対策としての減税の実施が争点となったが、橋本は減税について言を左右にして、不信感を招いた。この選挙から投票時間が午後八時までに延長され、投票率が九五年の参院選より一四ポイントも上がった。そのことが、無党派層の野党への投票をもたらした。自民党の当選は四四議席にとどまり、橋本は退陣を表明した。

後継者を選ぶ自民党総裁選挙には、橋本派の小渕恵三、橋本派を離れた梶山静六、森派(清和会)の小泉純一郎が立候補し、小渕が勝利した。小渕は竹下政権の官房長官や外務大臣を務めた。地味なイメージの政治家だが、経世会分裂騒動の時には、小沢一郎との権力闘争に勝って経世会の指導者となった、したたかな政治家である。

小渕は二〇〇〇年四月に病に倒れ、そのまま死去するという悲運の政治家であり、わずか二年足らずの短期政権であった。しかし、小渕は政策面でも、政権運営の面でも、後の日本政治を規定する重要な決定を行った。

政権運営の面では、自民党が公明党と連立を組んだことが最大の変化であった。九八年の参院選で自民党が大敗したことによって、自民党は衆参のねじれ状態に苦しめられることとなった。九八年秋には、不良債権処理をめぐって、査定や公的資金の注入に関する法整備が課題となった。この問題については、民主党の主張を丸のみすることで、急場をしのいだ。

この時、民主党の菅代表は金融危機を政局に結びつけないと発言した。当時自由党の代表であった小沢一郎は、金融危機に対する自民党政権の不手際を材料に、政権を追い詰めようとしていたが、菅の発言を契機に民主党との提携を諦めたと言われる。小沢は、経世会分裂から細川政権の時期に不倶戴天の敵であった野中広務と復縁し、九九年一月に自民党と自由党の連立政権が誕生した。さらに、自民党と自由党の連立を踏み台として、同年一〇月には自民、自由、公明の三党連立が成立した。新進党時代には、創価学会が同党の支持基盤であったことから、自民党は創価学会を政教分離に反すると攻撃した。そのような経緯もあり、自民党と公明党がいきなり連立を組むことには自民党にも抵抗があり、自由党をクッションにした三党連立から、新しい連立が始まった。

自由党は小党であり、組織基盤も持たなかったので、自民党にとっては連立の緩衝材でしかなかった。連立政権の中で次第に影響力を失った小沢は、二〇〇〇年四月一日、小渕にいくつかの改革を提示し、それを実現するために自民党と自由党を合併することを提案した。しかし、小渕はこれを拒否し、小沢は連立離脱を決断した。その際、自由党は小沢について行く者と、連立に残る者に分裂した。

以後、自民党と公明党の連立が自民党の選挙を支えることとなる。公明党の集票力は、全国で七〇〇万ないし八〇〇万票である。三〇〇の小選挙区で割れば、一選挙区当たり二万票余りである。公明党の組織票は党の方針に忠実に動くと見られており、公明党と選挙協力をすれば、自民党の候補は優位に立つことができる。国政選挙を重ねるうちに、自民党と公明党の協力体制は強固になっていった。

こうして、九〇年代前半に始まった政党再編は、自公連立という終着点に落ち着くこととなった。九〇年前後の大疑獄事件によって自民党は確かに存亡の危機を迎えた。九〇年代前半の政党再編論議の中では、自民党の分裂が当然の前提として語られたこともある。しかし、非自民側が結束を維持できず、自民党は土俵際で踏ん張った形となった。ただし、国民の不信を一掃することはできず、単独で過半数を取り戻すほどには回復しなかった。その不足分を、小選挙区制が第一党にもたらすアドバンテージと公明党との連立が埋める形で、安定政権を樹立するに至ったのである。すぐ後で述べるように、小渕政権は政府の権力を強化するような立法をいくつか実現した。その立法過程において、自民、公明の巨大与党が数に物をいわせて熟議を経ずに物事を多数決で決めるという政権運営も、この時期から始まったということができる。

自民、自由、公明の連立は、九〇年代中頃の自社さ連立と比べると、リベラルから保守へという大きな政策転換をともなっていた。自社さ政権のころから、社会党に付き合わされることへの不満は自民党内に存在していた。第二次橋本政権で社民党が閣外協力に転じたことで、社民党のハト派路線に遠慮する必要はなくなった。また、橋本政権が内政面で小さな政府、外交安全保障面で日米安保体制の再強化を志向したことにともない、自民党は本来の保守色を打ち出した。その傾向が、小渕政権で一層明確になった。ただし、小渕は就任直後、九八年一〇月に、韓国の金大中大統領を国賓として迎え、未来志向の日韓関係を打ち出した。

小渕政権は、日米安保強化のために、周辺事態法を成立させた。これは、日本有事だけではなく、日本周辺で日本の安全に影響を与える事態に米軍が対処する際に、自衛隊が広汎に米軍を支援するための法的枠組みを定めたものである。法案審議の中で、周辺事態とは地理的な意味での日本周辺ではないと説明された。日米安保体制が日本の安全確保から、地理的限定を持たない米軍の行動を支援するための仕組みに変質し始めたのである。のちの安保法制の原点はここにあると言ってよい。

また、日の丸、君が代に法的根拠を与える国旗国歌法も成立させた。そのことは、文部省(現文部科学省)による国旗掲揚、国歌斉唱の義務化の根拠を提供し、学校現場に大きな影響を与えることとなった。さらに、組織犯罪対策として、通信傍受(盗聴)を可能にする通信傍受法も成立させた。市民社会との関係において、国家権力を強化するような多くの立法が小渕政権の下で実現した。公明党は、本来平和と福祉の党を自負してきたが、連立に入ってからは、人権を脅かすような法案について抵抗することはなくなった。

市民社会との関係で国家権力を強化するような政策転換が進んだ一方で、市場との関係においては、橋本政権の下で始まった政府の役割を縮小する構造改革路線を本格的に拡大したことも、小渕政権の実績である。確かに、九七、九八年の金融危機、不況を受けて、小渕政権はケインズ主義的な財政出動を拡大し、公明党の要求を受けて一五歳以下の子どものいる世帯や高齢者に二万円ずつの商品券(地域振興券)を配った。小渕は「世界一の借金王」を自称したこともあった。しかし、そうした当面の景気刺激策の裏側で、自己責任社会への転換を国民に受け入れさせる政策理念の転換が進んだことを見逃すべきではない。

小渕時代の経済関係の審議会、諮問機関の報告、答申を読むと、グローバルな競争に立ち向かい、政府をあてにせず自力で頑張ること(私の言葉で言えばリスクの個人化)に向けて国民の思考態度を変えようとする議論を見つけることができる。

その種の議論を要約すれば、次のようになる。戦後日本の経済システムにおいては、政府が市場の自由な競争を抑制し、競争力の弱いセクターや企業が保護され、結果の平等がある程度実現された。これを「成功した社会主義」と呼ぶエコノミストもいる。しかし、九〇年代以降、バブル経済の崩壊、グローバル化が日本を同時に襲い、日本の経済システムは転換を余儀なくされている。これからは、政府の介入を極力排し、市場における自由な競争のエネルギーで成長を再び前進させなければならない。企業や教育における集団主義や横並び志向を脱し、個人が自由に創意工夫を発揮できる世の中に作り替え、成功した者にはそれ相応の報酬が与えられるべきで、逆に競争に耐える努力をしない者にはそれ相応の低い待遇しか与えられなくても仕方ない。

たとえば、九九年に経済審議会から小渕内閣に提出された経済ビジョンを解説した『経済社会のあるべき姿と経済新生の政策方針 50のキーワード』を見ると、経済界や経済官僚が二一世紀の日本の経済、社会のイメージをどう考えていたかがわかる。重要なキーワードを拾っていくと、次のようなものが目につく。

三番目のキーワードとして、「「個」の自由と「公」の概念」があげられている。そこでは、人間の働き方と人間関係の変革を説いている。そして、「日本の戦後体制である官の主導と各業界の協調によってリスクを社会化し、日本式経営によって高度成長を目指すことは不可能である。当然、日本式経営の一部である長期継続雇用や年功賃金体系を従来通りに保つこともできなくなる」として、日本的経営の終焉を宣言している。九五年に日本経営者団体連盟(日経連)が打ち出した政策文書、『新時代の日本的経営』(正社員を限定し、業務の多くを非正規労働に置き換えるという方針)を政府も追認したのである。また、個人、企業、政府の関係は、「平等な「横」の関係となり、社会の営みは相互行為になる」と言う。そうした相互作用から「公共」の考えを形成していくことが期待されている。

九番目のキーワードに、「自己責任原則」があげられている。「雇用や勤務の形態や人々の帰属対象までもが多様化し、各個人がそれぞれの好みによって人生の目的とその達成手段とを選ぶこととなる。そのように自由度が高まり、選択肢が広がることにより、社会全体の厚生は高まる」と述べて、企業から解放された個人は、自分の生き方を選び、その結果に対しては個人として責任を取るべきというわけである。

集団主義を重んじる日本的経営の中で個人の自由が抑圧されるという批判は、進歩派の知識人や運動家が行ってきたものである。九〇年代末には、経営者や官僚がそれを逆手にとって、個人の自由を経済政策の基本理念に据えた。国旗国歌法や通信傍受法を制定する政府が、いかなる意味の自由を尊重するのか、そもそも疑問である。それはともかく、別段、日本のエリートが市民的自由に目覚めたわけではない。労働者のために企業が雇用や生活のリスクに対処するという仕組みが、グローバルな競争に立ち向かう企業にとって、重荷になっていたということである。

折しも、九〇年代後半は、金融危機と不況のために企業は設備投資や採用を抑制し、学校を卒業した若者にとっては就職氷河期と呼ばれていた。正社員になれなかった人々が非正規という形で働くことを余儀なくされたのも、政策立案者から見れば、個人の自由な選択ということである。従来の日本では結果の平等を重視しすぎたので、これからは自由競争と自己責任で社会を運営するという言説は、まず、もっぱら若者に対して適用されることとなった。そのことが日本社会にどれだけ深刻な打撃をもたらすか、当時気付いている人はほとんどいなかった。就職氷河期の被害者はいわゆる団塊ジュニア世代で、この世代の人々が経済的に不安定な境遇に置かれたことによって第三次ベビーブームは起こらず、人口減少が加速された。

自己責任という考え方がすべての人に公平に適用されたなら、それは社会の在り方に関する一つの選択であろう。しかし、小渕時代、責任という言葉をめぐって中身のすり替えが行われた。昔、人生幸朗という漫才師のボヤキ漫才という芸があって、世の中のけしからん出来事を一通り嘆いた後、「責任者出てこいッ!」と怒るのが締めであった。普通の人々にとって責任を論じるのは、不祥事の原因を作った者を非難し、詫びさせる時であった。

バブル崩壊の後始末、不良債権処理のための公的資金の注入の際、当然、「責任者出てこいッ!」の合唱が広がった。放埒を極めたバブル紳士、金融機関からいかがわしい接待を受けた官僚、破綻した金融機関の一部の経営者が背任、収賄などで刑事訴追されると、悪者追及の責任論は一段落した。他方、銀行不滅の神話は終わり、今後は普通の人も、資金を預けるに当たっては銀行が破綻する危険を念頭に置いて注意深く行動しなければならないという風潮が広がった。こうして、責任論の矛先は、悪者ではなく、自分自身に向かう。いわば、個人が自己責任の概念を内面化するようになるのである。小渕政権が進める経済政策は、そうした風潮を促進した。

他方で、小渕政権は不良債権を作り出し、それを隠蔽してきた金融機関の経営者を免罪した。小渕が設置した諮問機関、経済戦略会議は、不良債権処理を積極的に進める一方、金融機関の責任論を切り離すべきと主張した。

〔金融危機が起こりかねない〕状況を回避するためには最長三年という期限を区切って存続可能と判断される銀行に対して政府の積極的な主導の下に大胆かつ速やかに数十兆円の公的資金を投入し、自己資本比率も大幅に引き上げる措置が早急に必要である。金融監督庁の検査結果により、公的資金を受け入れざるを得ない銀行の経営者責任が問われるべきであることは当然である。ただし、責任論については事態の緊急性にかんがみ、公的資金問題とは切り離して考えるべきである。また、公的資金を受け入れた金融機関は早急に自主的経営改善計画を策定、実行すべきであるが、三年後に顕著な経営改善を達成できなかった場合は経営責任を明確にする必要がある。（『経済戦略会議報告　樋口レポート』、一二〇頁）

この文書の意味について、経済学者の金子勝は次のように解説する。

三年間、経営者の責任を棚上げにしたわけです。僕らは、公的資金の強制注入を前提にした裁判プロセスで、商法とか銀行法違反で会計を粉飾したりするようなやつはきちんと責任を問いなさい、と言ったんです。これはバッシングではなくて、裁判プロセスに耐えるだけの査定をしなければ不良債権額そのものは確定できないんです。〔中略〕九九年から三年というのは二〇〇二年でしょう。ここから〔時効が成立する〕五年遡ると九七年です。これはまさに金融システムが破綻して、潰れた銀行を見ればわかるように、会計粉飾やら飛ばしやら、みんなやっているわけです。つまり、バブル犯罪というより、単なる法律違反です。それを全部不問に付した〔後略〕。(『誰が日本経済を腐らせたか』、八一―八二頁)

ここに、日本流の自己責任論の虚妄が現れている。経済戦略会議は、他の審議会と同じく、結果の平等と過剰な政策的保護からの決別を説いていた。従来の日本には、「大きな政府+結果の平等=モラル・ハザード」という公式が存在した。これからは、「小さな政府+格差を伴う機会の平等=公正で活発な経済」という公式を目指すというのが、その「戦略」の基本であった。しかし、国民に対して責任を取れと説教する一方で、金融機関に対しては経営責任を不問に付して、公的資金注入で経営再建を助けるというモラル・ハザードを作り出していたのである。

小渕政権の懇談会がとりまとめた「21世紀日本の構想」については、当時の私も一九九九年の日記で憤懣を述べている。

九月一四日　それにしても、小渕の二一世紀ビジョンには腹が立つ。いわく、「目の前のことしか考えない、他者志向、同調的、戦略的思考がない」。すべてお前のことだろうと言いたくなる。その能天気ぶりにおいて日本の政治史上のナンバーワンである。

バブル崩壊と不良債権を作り出した経営者のマインドセットは、一九三〇年代、満州事変以後泥沼の戦争にはまり込んだ政府や軍の指導者のそれと同じだと感じられた。作戦が失敗し、大きな犠牲を生んでいることを知りながら、不都合な現実を直視する知的誠実さを持たず、希望的観測に基づいて失敗する作戦を続けていたのである。政治学者の丸山眞男はそうしたマインドセットを「無責任の体系」と呼んだ。一九九〇年代末から二〇〇〇年代にかけて、無責任の体系の中で自己責任論が横溢するという奇妙な光景が続いた。バブル経済の崩壊は、日本国民が営々と働いて築いた富を投機で消尽する愚行であり、経済的な敗戦であった。その敗戦に対して真に責任を負うべき者を免罪し、一般国民に自己責任を説いた一九九〇年代末から二〇〇〇年代の経済政策は、平成版一億総懺悔のキャンペーンであった。

その当時の野党の動きは、3節で詳しく述べるが、こうした動きへの対応について、紹介しておく。私は参議院選挙で躍進して、野党第一党となった民主党を応援し続けていた。たとえば、一九九九年一月には、党の指導部の会合で講演をした。

一月一四日　ニューオータニにて民主党の臨時幹部会に招かれ、現在の政治状況についてレクチャー。菅、羽田、鳩山以下お歴々集まる。以前は小沢と行動を共にしていた人々も、今回の自自連立に大いに憤慨していた。所詮、利権共同体の焼き直しにすぎず、対抗する政権構想の必要性を説く。いささか意気消沈気味であった民主党も、自自連立の確定により少し奮起の兆し現れるか。

しかし、小渕自民党が小沢自由党に続けて、公明党を取り込んだことで、民主党には孤立感が広がった。また、自自公連立に対抗する政策の柱についても、明確に打ち出すことができていなかった。日米防衛協力のための指針(新ガイドライン)などの安全保障分野の政策については、党内のリベラル派と保守派の対立があり、対決姿勢を取ることができなかった。また、経済政策についても、バラマキと自己責任路線の両面を追求する小渕政権に対して、対立軸を立てられなかった。民主党の中には、官僚批判に基づいて小さな政府を志向する政治家も多く存在した。また、小渕政権のバラマキを批判する時には、無駄を批判するという観点から、大きな政府を叩くという議論になりやすかった。全体として、小渕から小泉政権までの時代の民主党は、自民党を攻めあぐねているという印象であった。

私自身も政権交代への道筋を描けないという、手詰まり状態にあった。九九年一一月一三日に、岩波書店の主催する「民主主義の危機」というシンポジウムが行われ、多くの学者、知識人が登壇した。終了後の懇親会で、珍しく坂本義和に学者の心構えを諭されたことが、日記に記してある。

一一月一四日　坂本さんの話の中に、我々は minority であるという自覚を持つべしとの指摘あり。九〇年代の私の最大の誤りは、我々の側が majority になれるかもしれないと錯覚したことなり。所詮、西欧流の政権交代は幻なり。日本社会の草の根保守主義の強さを見る時、その感を強くす。

政治の算術を考えれば、日本において左派、リベラルだけで多数を取れるはずはない。九〇年代の政権の移動は、保守が割れたことによって起きた。それは、二〇〇〇年代も同じであった。冷静に考えれば、政権交代の機運は、保守の小沢が自民党と袂を分かって政権交代を追求しなければ不可能だった。しかし、小沢が自民党と復縁した当時は、自自公連立は巨大な権力に見えていたのである。

2　小泉ブームと「改革」の時代

二〇〇〇年四月二日未明、小渕恵三首相が突然、脳梗塞で倒れ、人事不省に陥った。意思疎通は難しい状態であった。同日夜、青木幹雄官房長官、森喜朗自民党幹事長、野中広務幹事長代理、亀井静香政調会長、村上正邦参議院議員会長の五人がホテルに集まって、小渕辞職の形を整え、後継の総理・総裁に森喜朗を据えることを決めた。現職総理の急病、職務遂行能力の喪失という未曽有の事態において、日本の危機管理の在り方が問われた。しかし、首相の職務代行者となった官房長官は、閣議を開いて全閣僚の議論を踏まえるわけでもなく、まして国会に対して説明するわけでもなかった。密室の中で一握りの与党幹部だけが情報を隠蔽し、小渕の正確な病状についての説明は行われなかった。五人組と言われた有力者の談合で後継者を決めたことは、森政権の正統性に対する強い疑問を生じさせた。

森首相は、就任直後、衆議院を解散し、六月二五日総選挙に臨んだ。選挙前に神道関係者の会合で「日本は天皇を中心とする神の国」と発言し、選挙戦終盤では「無党派層は寝ていてくれればいい」

と本音を述べた。これらの失言は野党のみならず、多くの国民に、森は首相に不適格ではないかという疑問を抱かせた。この選挙では、自民党の議席は二三三にとどまり、単独過半数には及ばなかった。しかし、公明、保守(小渕死去の直前、自由党は分裂し、反小沢派は保守党を結成した)の二党と連立を継続し、安定多数は維持した。

森は、七月の沖縄サミットを乗り切ったが、政権の支持率は低迷したままであった。一一月、野党が内閣不信任案を提出する際に、加藤紘一がこれに同調する動きを見せた。いわゆる加藤の乱である。自社さ政権の時代に、加藤は自民党政調会長で、さきがけの政調会長だった菅直人とは親しかった。自自公連立政権の成立以後、森政権に至る流れは、自民党における保守の巻き返しであった。自社さ連立のリベラル路線を高く評価する政治家は、自自公に対抗する新しい流れを起こす機会をうかがっていた。加藤と盟友の山崎拓は、森政権のあまりの低迷ぶりを見て、党をこえた政変を思い立った。

しかし、加藤の動きは野中幹事長をはじめとする自民党執行部によって鎮圧された。仮に内閣不信任案が可決され、解散総選挙が行われるならば、加藤派の議員は自民党の公認は得られず、新党、あるいは民主党に集まって自民党を相手に戦うことになる。野中はそのあたりの事情を踏まえて、加藤派の中堅、若手の政治家を威嚇した。ゆえに、加藤について行く議員はいなくなるという結果になった。名門派閥宏池会の領袖として総理の座を目指した加藤は、この事件により失脚した。そのことは、自民党内のリベラル派の凋落に直結した。

九〇年代前半の中選挙区制の時代であれば、派閥がまとまって新党を結成し、政変を起こすという冒険の敷居は低かった。実際、小沢一郎も武村正義もそのような賭けに出た。自民党に反旗を翻しても、その大義名分が国民に理解されれば、次の選挙を自力で勝ち抜くこともできる。しかし、小選挙区制の選挙を二回戦った後、政治家がそのような冒険をする意思を持つことは難しかった。小選挙区制がもつ小政党の淘汰の効果は、すでにこのころから明らかになっていた。

森は、加藤の乱を凌いだものの、政権は低空飛行を続けた。二〇〇一年二月には、日本の宇和島水産高校の実習船えひめ丸がハワイ付近で米海軍の潜水艦に衝突され沈没、多数の死者が出た事故の最中にゴルフをしていたことが国民の怒りを買い、支持率は一桁に低下した。森政権の下では、同年夏に予定されていた参議院選挙を戦えないという自民党内の声も高まり、三月に森は退陣を表明し、自民党総裁選挙が行われることとなった。森政権の成立過程から崩壊に至る様々な問題は、自民党政治の古さの現れと理解された。それは、小泉純一郎政権の成立の重要な前提となった。

四月に、森の後継を決める自民党総裁選挙が行われた。この時は、党員による予備選挙を行ったうえで、国会議員と地方票（一県三票、予備選で一位となった候補がその県の票をすべて獲得する）で決選投票を行うという方式が採用された。この選挙には、小泉純一郎、橋本龍太郎、麻生太郎、亀井静香の四人が立候補し、小泉は予備選挙において、四一都道府県で一位となり、地方票一四一票のうち八七％の一二三票を獲得した。この怒濤のような「民意」の前に、国会議員も圧倒され、決選でも小泉が圧勝した。国政選挙ではなく、有権者がごく少数の自民党員だけという自民党総裁選挙ではあったが、小泉は全国を遊説し、古い自民党をぶっ壊すと演説して、一般大衆の拍手喝采を浴びていた。田中真紀子という人気者が小泉を応援したことも、ブームを大きくした。小泉は、テレビのワイドショーやスポーツ新聞を最大限に利用すべく、そうしたメディアが好む話題やパフォーマンスを繰り返した。こうした手法は劇場型政治と呼ばれた。小泉自身、カリスマ性を持つとともに、そうしたメディアの利用についても本能的な感覚を持っていた。

総裁選挙の中で、小泉は「構造改革」を繰り返し唱えた。彼は、郵政民営化を政治家人生の最大のテーマにしていた。ただ、彼は政策通とか、理論家というタイプではなかった。彼の所属した派閥、清和会(福田赳夫、安倍晋太郎の系列)は、経世会(田中派、竹下派)と対立してきた。郵政族は経世会の牙城であった。小泉の郵政民営化論は、市場主義という経済的理念のみならず、竹下派を打倒するという政治的動機にも基づくものであった。

彼は、当初は実現不可能と思われていた郵政民営化を唱え続け、経世会と喧嘩したことで、政界の変人と言われてきたが、したたかな政治的計略の持ち主であった。権力を果断に行使するという点では、中曽根康弘以来の強力なリーダーであった。小泉の特徴は、九〇年代後半の橋本行革によって整備された官邸・内閣機能の強化の制度を実際に活用した点にあった。

橋本行革では首相のリーダーシップを補佐する仕組みとして、内閣府という総合調整官庁が設置され、その下に経済財政諮問会議、規制改革会議などの諮問機関が置かれた。小泉改革で最も重要な役割を果たしたのは、経済財政諮問会議であった。この会議は、首相を議長に、関係閣僚、日銀総裁、四人の民間委員から成り、民間委員には経済界から二名、学者から二名が任命された。学者は、新自由主義を信奉する経済学者が選ばれた。この会議で中心的役割を演じる経済財政担当大臣に、小泉は経済学者の竹中平蔵を起用した。この人事も、旧来の族議員、官僚中心の政策形成システムの打破というイメージを高めることに貢献した。

経済財政諮問会議は、毎年度、予算編成に向けて「骨太の方針」を打ち出し、分野ごとの予算の上限を設定した。予算編成はこれに沿って行われ、各省や族議員が予算分捕りを行う余地を封じた。このように、手続きを変えることによって中身を変えるという戦略は有効に作用した。社会保障費の抑制、地方交付税の削減、公共事業費の削減などが大した抵抗もなく実行された。

小泉は、私にとって付き合いのある数少ない自民党政治家の一人であった。彼は、就任直後、「首相公選制を考える懇談会」という私的諮問機関を設け、私も委員に呼ばれた。座長は佐々木毅が務め、学者からは、私以外に、大石眞(憲法学)、久保文明(アメリカ政治)、猪口邦子(国際政治)が委員となった。その狙いは、首相が与党政治家の顔色をうかがうことなく、国民の支持をあてにして政権運営ができるような制度を検討する点にあった。この懇談会の答申は、佐々木、久保、大石、私の四名が分担して執筆した。メンバーは、かつての自民党政権の下で与党の反主流派や族議員が政権の政策推進を邪魔したことを批判し、首相のリーダーシップの下で政策を強力に推進することができるようにするという共通のビジョンを持っていた。その点では、座長の佐々木の持論を共有していた。ただし、憲法改正は実際には難しいので、民意を反映した首相による統治というアイディアを具体化する提言を出した。シナリオとして、憲法改正を伴うもの、現在の制度の中で首相公選に近い効果を得るための運用などいくつかのアイディアを示した(『首相公選を考える』)。

私が報告した会議には小泉も出席していた。私は小泉に、首相公選などと大仰な制度改革をしなくても、首相が最重要課題を争点に解散権を行使し、自民党の議員に小泉改革に賛成することを条件に公認証を渡せば、きわめて強い指導力を得ることができると述べた。これは私の独創ではなく、イギリスにおける議院内閣制の運用の一つのパターンである。この手法は実際に、二〇〇五年の郵政民営化をめぐる解散総選挙で使われた。

小泉は、本来の議院内閣制が予定している政府と与党の両方を動かす強いリーダーであった。九〇年代の選挙制度改革や、行政改革が想定していたリーダーだったということもできる。私は、九七年のイギリスにおける政権交代を見て、小選挙区制による与党の勢力強化と首相によるリーダーシップの発揮による改革の実現というモデルを日本でも実現したいと考えていたので、小泉の手法に共感を覚えたことは事実である。小泉は竹下派、経世会と戦ってきた。私は自民党内の派閥の喧嘩に興味はなかったが、経世会が長年培養してきた利益誘導政治を終わらせることが政治改革の最大のテーマだと考えていたので、小泉に期待していた。しかし、小選挙区制や内閣機能の強化という鋭い包丁のような制度を、料理のために使うのか、人を傷つけるために使うのかという問題が存在した。小泉政権ができてしばらくの間、私はお手並み拝見という感覚で政治の展開を眺めていただけで、その点についての危機感は希薄であった。

実際、小泉政権は日本の政治や経済の形をかなり変えたということができる。経済と行政の分野では、第一に第二次臨調以来の路線、つまり政府が提供する財・サービスを市場に移すこと(民営化)と市場に対する政府の規制を削減すること、第二に政府・公共セクターの活動に営利企業の手法を導入すること、第三にどうしても政府が提供すべき財・サービスについても人員、予算を削減することで効率化を推進することを柱としていた。小泉首相は、国債発行額を毎年度三〇兆円以下に抑えることを公約していたので、全体として緊縮財政が続いた。

民営化については、高速道路を建設、運営していた日本道路公団が分割民営化されたのをはじめ、財政投融資による政策融資を行ってきた政府系金融機関が民営化された。特殊法人の中には採算性を無視した事業を行い、官僚の天下りの受け皿を提供することに存在意義があったものもあり、改革は歓迎された。

規制緩和については、小泉政権下で実現したものが一五〇〇項目以上あるとされる。その多くは、需給調整規制を廃止し、新規参入を自由化するもので、身近な例では、酒類販売免許の拡大、タクシーの増車などがあった。また、重大な影響を持ったのは、雇用の規制緩和の拡大であった。派遣労働を当ててはならない業種(ネガティヴ・リスト)から物の製造業務を外したことと、一年だった派遣期間を三年に延長したことである(山家悠紀夫『日本経済30年史』)。

規制には、需給調整を目的とする経済的規制と、人権や環境などの価値を守るための社会的規制があるとされる。しかし、その境目は曖昧である。タクシーの増車は需給のバランスを壊し、街には空車が溢れ、タクシー運転手の収入は減少した。派遣労働の職種の拡大と期間の延長は、雇う側の利益を増やす半面、働く者の労働条件を悪化させた。これらは、働く者の権利を奪うという意味で、社会的規制の破壊という面も持っている。

政府に対する営利企業的手法の導入としては、公共サービスの実施を民間企業等に外注する指定管理者制度が様々な分野で導入された。図書館や文化ホールの管理・運営がその代表である。また、学校や試験研究機関は独立法人化された。設置官庁からの干渉を排し、基金や交付金によって自律的に運営し、創意工夫で成果を挙げられるようにするというのがうたい文句であった。

公共サービスの運営が指定管理者制度によって柔軟化されたことは、利用時間の延長や利用者からのリクエストへの対応など、住民サービスの向上をもたらした面もある。しかし、受注した会社に対する監督が不十分であれば、公共サービスを利益追求の道具にするという悪質な事例も発生した。その代表例が、公立図書館の運営を受託したCCC(蔦屋書店などを運営するカルチュア・コンビニエンス・クラブ)である。同社は、佐賀県の公立図書館に、過去の資格試験の参考書や埼玉県のラーメン店のガイドブックなど公立図書館に不向きな本を購入し、しかも、それらの本を系列の古本販売のネット書店から購入していた。また、地域の公立図書館が収蔵すべき地域史の史料が廃棄されるという事例も起きた。このように、民間手法の導入が必ずしも適切な税金の使い方や地域社会に対する貢献を保証するものではない。

予算や人員の削減は、社会保障と教育の分野で大きな弊害をもたらした。社会保障分野では、高齢者の増加により、年金、医療、介護に必要な支出は自動的に増加する。これを自然増という。小泉政権は、社会保障費の自然増を二〇〇二年度から五年間にわたって、毎年二二〇〇億円削減した。これは、医療機関を疲弊させた。また、生活保護制度では、老齢加算、母子加算が廃止された。

教育分野では、緊縮財政が教員定数の削減をもたらした。義務教育レベルでは、小泉政権は地方分権の一環として、義務教育費国庫負担金を廃止し、自治体への一般財源に振り替えた。同時に、全体的な緊縮財政の中で、小中学校を運営する地方自治体は教育予算も削減せざるを得ず、教員の中で非正規への依存が次第に高まった。また、特別支援教育の拡充などで教員の必要数が増えるにもかかわらず定員増は措置されず、教員の労働が強化された。その結果、教員の成り手が減り、教師不足が起きた。また、国立大学は二〇〇四年に法人化され、運営費交付金という大学の財源が削減された。大学は、外部資金に頼らざるを得なくなり、正規雇用のポストが削減され、時限付きのポストが増えた。こうして、若い人々にとって、研究者という職業を目指すことはきわめて大きなリスクを伴うものとなった。それは、日本の大学の研究能力の低下という結果をもたらしている。

このように、小泉が推進した改革は、社会保障と教育を弱体化させ、様々な面で国民の負担を増やした。私は、小泉をドイツ民話のハーメルンの笛吹きにたとえたことがある。国民は小泉の吹く改革の笛の音に引かれて、集団として川に飛び込むという自殺的行為をしたという意味である。小泉が高い人気を保持したからこそ、こうした政策転換が可能になったということができる。

小泉は、外交、安全保障の面でも重要な政策転換を進めた。それは、対米関係の緊密化と、アメリカに対する軍事面での協力の拡大である。小泉政権が発足した直後、二〇〇一年九月一一日にアメリカで同時多発テロが起きた。これは、イスラム過激派のアル・カイーダの犯行であることが明らかになった。アメリカのジョージ・W・ブッシュ政権はアル・カイーダの指導者をかくまっているとして、タリバンが支配するアフガニスタンを攻撃し、タリバン政権を打倒した。小泉政権はアメリカによるアフガニスタンに対する軍事行動を支持した。そして、一〇月末にテロ対策特別措置法を成立させ、アフガニスタンで戦う米軍に対して自衛隊が後方支援を行うこととなった。

さらに、二〇〇三年三月、ブッシュ政権は、イラクのフセイン政権が大量破壊兵器を開発していると主張して、イギリス、スペインなどとともにイラクに対する軍事侵攻を開始し、フセイン政権を打倒した。この戦争の根拠とされた大量破壊兵器の保持が事実かどうか、当時から論争があり、ドイツ、フランスは戦争に反対した。また、スペインでもその後政権交代が起こり、戦争協力をやめた。小泉政権はアメリカの軍事行動を支持した。そして、大量破壊兵器が存在しないことが明らかになった後も、日本政府は開戦支持が正しかったという主張を変えていない。

戦争が終結したのち、イラクにおける復興支援に自衛隊が参加することを可能にするために、七月にイラク復興支援特別措置法を成立させた。この法律に基づいて、二〇〇四年一月から、陸上自衛隊がイラク、サマワに派遣され、給水、医療、建設などの人道支援活動を行った。

憲法九条の制約の下で、自衛隊はあくまで非戦闘地域で活動するというのが、法律の建て付けであった。しかし、国会質疑でどこが非戦闘地域かと問われた小泉は、自衛隊のいる所が非戦闘地域だと、人をバカにしたような答弁をした。後に集団的自衛権行使を可能にする安保法制に反対する論陣を張った元防衛官僚の柳澤協二は、この時内閣官房副長官補として法案作成の実務に当たっていた。彼によれば、憲法九条の範囲内でぎりぎり自衛隊が復興支援活動を行える法的枠組みをつくったとされる。派遣中、サマワの自衛隊の宿営地にロケット砲が撃ち込まれる事件が起きた。自衛隊は戦闘に巻き込まれることはなく、犠牲者は出なかったが、それは僥倖だったと柳澤は言う(『検証 官邸のイラク戦争』)。

湾岸戦争の際、日本は金だけ出して血と汗を流さないとアメリカから批判されてから一〇年たち、同時多発テロとイラク戦争という大きな出来事を経て、日本は自衛隊を米軍の支援のために積極的に使うようになった。専守防衛は風前の灯火となったということができる。

二〇〇四年四月には、イラクで報道や援助などの活動をしていた日本人三人が拉致される事件が起きた。犯人は自衛隊の撤退を要求したが、小泉はこれを拒否した。この時、被害者及びその家族の方を非難する声がネットや一部のメディアで吹き荒れた。自分の判断で危険な目にあったことを意味する自己責任という言葉が、世の中に一気に広まった。アメリカのパウエル国務長官がこの事件に関し、「より良い目的のため、自ら危険を冒した日本人たちがいたことを私はうれしく思う」と人質を擁護したのとは対照的に、小泉をはじめとする日本政府の指導者は人質に対して冷淡であった。

対米関係の緊密化とは対照的に、小泉は中国や韓国との関係が冷え込むことには無頓着であった。彼は自民党総裁選挙の際に靖国参拝を公約にしていたので、首相として靖国神社に参拝した。中国、韓国はこれに対して強く反発した。しかし、小泉は意に介さない態度を続けた。

小泉の外交に関して、北朝鮮との国交正常化に向けた交渉再開も重要な変化であった。二〇〇二年九月、小泉は電撃的に平壌を訪問し、金正日総書記と会談した。そして、国交正常化交渉の再開、植民地支配に関する謝罪と補償、ミサイル発射の凍結などを盛り込んだ日朝平壌宣言に合意した。しかし、北朝鮮が拉致事件の全貌を明らかにし、被害者一三人のうち五人生存、八人死亡と発表したことに、日本の世論は激高、硬化した。世論の反発の中、国交正常化交渉は進まず、小泉訪朝は成果を生むことはなかった。

拉致事件と核・ミサイル開発は、北朝鮮が日本にとって重大な脅威であることの証拠であった。小泉のイニシアティヴは、日朝関係改善によってアジアの平和をつくりだすのではなく、北朝鮮の危険性を国民に印象づける結果をもたらした。戦後、日本は戦争や植民地支配の責任を負う国として、国際社会、特にアジアでは低姿勢でふるまうことを続けてきた。もちろん、自民党の右派にはそうした低姿勢を嫌う政治家もいたが、政府の公式見解としては、過去を反省することが日本の出発点であった。また、国民も戦争の経験に基づき、日本が他国にとっての脅威にならないようにするという平和国家の精神を支持する声が多かった。憲法九条を支持する態度の基礎には、過去の戦争で日本がアジア諸国に迷惑をかけたという記憶、あるいは戦後世代にとってのタテマエが存在したのである。しかし、北朝鮮による拉致と核・ミサイル開発は、戦後初めて日本を他国との関係で被害者の立場に置いた。そのことは、日本の外交、安全保障に関する世論を大きく変えた。そして、北朝鮮ファクターは日本政治にしばしば大きな影響を及ぼすこととなった。

3　民主党の成長と混迷

ここで話を野党に移そう。村山政権の終了後、社会党とさきがけを糾合したリベラル政党をつくるというプロジェクトは失敗した。社会党(九六年一月から社民党)とさきがけの合併に対して、さきがけの若手、特に鳩山由紀夫が難色を示した。鳩山は『文藝春秋』九六年新年号での新聞記者アンケートで首相候補の第一位にあげられ、新党の盟主として大きな期待を集めていた。鳩山の資金力も新党結成の際の彼の求心力の源泉の一つであった。旧体質の社民党を丸ごと引き受けては、新党の魅力が薄れると鳩山は警戒していた。また、鳩山と武村の個人的な関係が良好ではなかったとも言われていた。

鳩山は個人参加による新党結成を唱え、菅直人もこれに参加した。菅は、橋本政権の厚生大臣として、薬害エイズ事件の解決、被害者救済と真相解明に大臣としてリーダーシップを発揮して、国民的人気を得ていた。鳩山とともにリベラル・フォーラムの運動をしていた横路孝弘もこれに参加した。他方、鳩山は武村や村山などの上の世代の政治家の参加は拒み、「排除の論理」と言われた。こうして、九六年一〇月の衆議院選挙の直前に、さきがけの大半と社民党の一部が集まって、民主党が結成され、鳩山と菅が共同代表となった。社民党は分裂し、特に地方組織は社民党に残る地域も多かった。労働組合では、自治労が民主党を全面的に支援した。

社民党とさきがけの全体的な合併による社民リベラル新党を追求していた私にとっては、この展開は理想形ではなかった。しかし、新党に向けた社会党の動きの混迷を見ると、丸ごと引き受けることを嫌う鳩山の気持ちも想像できた。社民党の割れ方は、九〇年代初めの左右対立をそのまま引き継いだものといえた。社民党に留まった左派の中には、護憲の孤塁を守るという信念を持った人々もいた。また、民主党に合流することを望んでいたが、党内の軋轢の中で排除された人々もいた。

私は九〇年代初めから社会党右派と付き合ってきて、横路とも近かったので、必然的に民主党を応援することになった。民主党の主要な政治家は、鳩山、菅、仙谷など、いわゆる団塊世代の政治家であった。鳩山、横路は北海道の政治家であり、民主党にとって北海道は本拠地であった。その縁からも、私は民主党の結党の過程から提言をすることになった。彼らが目指したのは、官僚支配からの脱却と市民社会の強化、公共事業に象徴される開発主義から環境を重視した持続可能な経済への移行、脱物質主義的価値観であった。私は、発足する民主党が追求すべき理念として、「未来への責任」という言葉を考えた。目の前の経済的利益の追求ではなく、次世代、さらにその次の世代のために財政と社会保障、環境、人口の再生産など、様々な分野で持続可能性を回復するという政策を、「未来への責任」という言葉で包括したつもりであった。鳩山、菅もこれを気に入ったようで、民主党のスローガンとして採用された。民主党結党の半年ほど前から、私はこれらの政治家の勉強会で話をする機会もあったので、考え方は共有できていた。

今から思えば、このころは、バブル経済が終わったとはいえ、まだ日本の世の中には余裕があった。格差、貧困という問題は深刻に受け止められていなかった。そのような環境の下だからこそ、都市の中間層に対して、未来への責任といういささか高踏的なスローガンを唱える余裕があった。二〇〇〇年代に入ると、食べることに苦労する人が増えて、脱物質主義などという利他的なスローガンを唱えることはできなくなる。

九六年の総選挙では、新進党が一五六議席と伸び悩んだ。民主党は、比例代表で八九五万票を獲得、現有の五二議席を維持し、野党第二党となった。九三年総選挙で落選した仙谷由人も小選挙区で勝利し、国会に復帰した。自民党と新進党の二大政党のはざまで埋もれた感もあったが、連立政権の時代は当分続くであろうし、民主党がこの規模を保って生き残れば、天下三分の計も可能になると、私は考えていた。

九七年末の新進党の分裂をうけて、野党の状況は大きく変化した。旧新進党のうち、小沢グループにも公明党にも加わらない政治家、すなわち旧民社党、鹿野道彦などの自民党出身の改革派、新生党に参加しながら後に小沢を離れた羽田孜を中心とするグループが、民主党と合体し、九八年四月に新しい民主党が結成された。代表には菅直人が就いた。誕生間もない民主党は、七月の参院選において自民党に飽き足らない無党派層の受け皿になり、比例で一二二一万票、選挙区と合わせて二七議席を獲得した。この成果が、民主党が二大政党の一翼にのし上がる跳躍台となった。

民主党の結成は、連合にとっても朗報であった。自社さ連立と新進党が対決したことは、旧総評系と旧同盟系の労組の支援を受けた政治家の対立を意味し、労働組合を代表する大きな政党を目指す連合にとっては、政治的な困惑の原因となった。旧社会党系と旧民社党系の政治家が民主党にまとまることで、連合は安心して民主党を応援することができるようになった。

私自身も、九七年のイギリスでの政権交代を見て、小選挙区で勝ち抜く大きな野党を立ち上げ、二大政党制を作る必要を感じていたので、民主党の躍進は自民党に代わる大きな野党の成立を感じさせる希望となった。参院選の後、今後の展望について話し合った。一九九八年の日記を引用する。

八月一九日　夕方、菅直人、仙谷と飯を食う。民主党の政権構想、とくに政権運営について早急にワーキング・グループを作ろうということになる。しかし、俊敏に動く若手、中堅の層の薄いこと、いかんともしがたし。

私は、イギリスにおける労働党の改革と政権交代以後の政策展開について、菅と仙谷にレクチャーした。民主党は、第一次民主党と比べると大きな塊にはなったが、理念は曖昧になった。また、出身母体ごとの縄張り意識も残っていた。「日本版第三の道」という路線を党の政治家が共有することは、容易ではなかった。

実際、民主党は政治路線、政策路線の両面で難問に直面していた。政治路線については、いかにして二大政党制、あるいは二極的政党システムを強化するかという課題であった。九八年の参院選、二〇〇〇年の衆院選で民主党は野党第一党として認知されたとはいえ、自民党との勢力の差は依然として大きかった。二極的システムをつくるためには、公明党と小沢グループという中間的な勢力をどう取り込むかが課題であった。小沢については、新進党時代に対立した記憶を持つ政治家も多く、すぐに実現するという話ではなかった。非自民連立をつくるためには、公明党と協力することが必要であった。

公明党側も、九八年の参院選直後の段階では、今後の政治路線について、自民側に行くか、野党として踏みとどまるか、考えていたようである。公明党やその周辺の政治家から私のところにもアプローチがあった。九八年の日記から引用する。

八月二五日　浜田卓二郎氏〔九八年参院選で公明党の支援を得て埼玉選挙区で当選〕と会う。『潮』編集部、同席。氏は公明グループを軸とした野党再結集を図っている由。公明グループにも親自民は根強く、一筋縄ではいかないと思われる。ともかく政策面では話が分かる人と思う。

九月九日　公明・平和グループ、若手議員と懇談。浜四津〔敏子〕とも会う。

この時期、菅に対する一定の期待、あるいは関心が公明党にもあったと思われる。しかし、民主党側が公明党にどの程度働きかけをしていたか、私は全く知らない。党内をまとめるだけで精一杯で、公明党との調整を進める余裕がなかったのかもしれない。また、ねじれ状態に苦しむ自民党が、公明党との協力関係の構築に向けて水面下で働きかけをしていたことも十分にあり得る。

九八年秋の臨時国会では、既に述べたように民主党が金融機関の不良債権処理と再生に関する法制度の整備について、主導権を握った。これは民主党にとって大きな成果であった。しかし、経済、金融の混乱に乗じて小渕政権を倒閣、あるいは解散に追い込むという政治的な動きを避けたことは、小沢の失望を買い、小沢は自民党との連立を目指すこととなった。そして、公明党もその後を追って、自民党と連立を組むことを選択した。こうして、民主党は巨大与党の前に孤立する形となった。

菅は政権交代の道筋を描けず焦っていた。九九年六月に菅を囲むアドバイザーの会があった。私はその前に仙谷と会い、菅との会合に参加した。日記を引用する。


六月二三日　夕方、仙谷由人に会う。

民主党の現状について聞く。結局、旧勢力の羽田孜、中野寛成、横路らが執行部ポストをシェアして機動的に動けないところに最大の問題あり。

民主党が清新なイメージを取り戻すためには思い切った人事こそ必要なれ。

夜、菅を囲む会。民主党の今後につき、仙谷と話した内容の提言を行う。しかし、菅の反応は思いのほか鈍し。

日本の政治、特に官僚支配を変えたければ、まず隗より始めよであるが、党内のリーダーシップ、今一つなり。小渕が景気小康で支持率上昇中であることへの焦りか、ともかくすぐに何かをやろうとする。

小生、政権交代は五年くらいのタイムスパンで考えるべきという。小渕の何でもありで何とかなる間は民主党の出番なしということを肝に銘ずべし。現在の小渕路線が破綻したときにすぐに動けるような準備こそ必要なれ。

自自公などという馬鹿げた体制の成立はむしろ民主党にとっての大きなチャンスなり。そのことがわからずして何で首相候補などと言えるのか。


野党の立場でできることには限度がある。力をためて、好機の到来を待つという我慢強さ、長期的視野も政権交代を目指す政治家には必要だが、菅にはそれがなかったと当時私も仙谷も不満を持っていた。この話を、夭折した政治思想史研究者、福田有広にした時、彼から、「山口さん、トゥキディデスを読みなさい。政治家の多動症というのは古代ギリシア以来常にあるものです」と言われ、いたく感心したことがある。

政策路線の難問とは、第一に利権政治の解体のための公共事業削減や行政整理と社会民主主義路線の社会保障、公共サービスへの投資拡大との整合性をどうつけるかという問題であった。先ほど紹介した菅の焦りの一例は、彼が小渕の積極財政に対抗して、大規模な財政出動を主張したことである。菅は、ケインズ派経済学者の小野善康を信頼しており、ケインズ主義的発想を持っていた。これについて、六月二三日の会談で仙谷とも議論した。

六月二三日　政策面では、小渕のその日暮らし、何でもありに対抗して、中期的視野で経済構造改革を打ち出す外なし。菅は今日、明日のことばかり考えてバタバタ動きすぎる。政策面でも小渕の後を追うようにケインズ主義的財政出動を言う。愚の骨頂なり。

私は新自由主義を批判してきたつもりだが、九〇年代後半は、安易な財政出動が利権政治を温存させるという問題の方を重視していた。九九年の日記を引用する。

六月一日　生活経済政策研究所の理事会の後、井上定彦(連合総研)、浜谷惇(元社会党スタッフ)と飲みに行く。井上さんはネオケインジアンの結集こそ急務という見解なり。そこのところがまことに痛しかゆしの話なり。いまの日本で需要喚起をすれば、結果的には利権の温存につながる他なし。この際は耐乏生活でもして利権構造を壊すべきなりと思う。

前にも述べたが、この時期にはまだ格差、貧困の問題は意識されていなかった。私は、政治、行政の構造を変えることが最優先課題と考えていたわけである。これは、仙谷など民主党の有力政治家も同じであった。

政策路線での第二の難問は、安全保障とナショナリズムに関連する争点であった。自衛隊違憲、安保廃棄という旧社会党的な感覚は民主党に引き継がれてはいなかった。しかし、小渕政権以降日米安保体制の強化、米軍に対する自衛隊の協力の拡大という政策の流れに対して、明確な対案はなかった。

民主党の安全保障政策の基本は、日米安保体制の中における専守防衛の自衛隊という現状を維持するというものであった。自民党政権が憲法を変えずに実態として自衛隊の役割を拡大していくとき、現状維持の主張は変わっていく現状を追認することを意味した。この問題で本格的な論争をすれば、党内の亀裂を深めるという恐れもあり、指導部は議論を避けてきた。

歴史認識に関しては、民主党は概ね村山談話の精神を引き継いでいた。靖国神社参拝を行う議員もいたが、そのような政治家は少数派であった。しかし、権力によって愛国心を押し付けることに反対するという自由主義を共有するほどではなかった。この点は、国旗国歌法の国会審議の際に露呈された。民主党は党としての方針をまとめることができず、党議拘束をかけず、議員の判断に任せるという結論に至った。

この点は民主党の弱点とされた。だが、この問題は自民党も似たようなもので、改憲派から護憲派までいろいろな政治家がいることを誰も怪しまなかった。日本の政党、特に共産党や公明党のような世界観政党以外の政党はそのようなものと割り切ればよいのだが、自民党を批判する野党にはある種の潔癖さ、純粋さを求めるという「常識」が存在した。

それでも、二〇〇〇年代に入って、民主党は自民党に対抗する野党第一党として、国政選挙において勢力拡大を続けた。二〇〇〇年六月の衆議院選挙では、森首相の不人気のため、自民党に不満な無党派層の受け皿となり、民主党は小選挙区で八〇議席、比例代表で四七議席、合計一二七議席を獲得して、野党第一党としての地歩を固めた。比例代表の一五〇七万票は、自民党の一六九四万票に迫る成績であった。特に、非大都市圏でも、県庁所在地を含む各県の一区で勝利するところが多かった。

これは、「一区現象」と呼ばれた。二〇〇一年七月の参院選は、小泉政権誕生の直後というタイミングだったために、自民党に追い風が吹いた。自民党六四議席に対して、民主党は二六議席にとどまった。

二〇〇三年夏、前年に代表に返り咲いていた菅は、小沢一郎が率いる自由党との合併を決断し、一〇月に正式に自由党は解党し、民主党に合流した。そして、一一月の衆院選で民主党は、マニフェスト選挙を仕掛け、小選挙区で一〇五議席、比例代表で七二議席、合計一七七議席を獲得した。この数字は、戦後の政党政治で野党が獲得した最大の数である。比例代表では二二一〇万票を獲得し、二〇六六万票の自民党を凌駕した。

マニフェストとは、イギリスの選挙の際に各党が打ち出す政権構想で、数値や財源をともなう具体的な政策集のことである。私も、一九九八年に出版したブレア労働党に関する新書(『イギリスの政治日本の政治』)の中で、マニフェストによる選挙の実態を紹介し、日本の野党にマニフェストをつくるよう勧めた。その後、21世紀臨調もマニフェストに注目し、総選挙に際して各党にマニフェストをつくるよう求めた。民主党はこれに呼応して本格的なマニフェストをつくり、各地域、各団体に対する利益配分を盛り込んだ従来の自民党の選挙公約との差異化を図った。この手法は国民の関心を集め、ある程度成功したと言える。

二〇〇四年七月の参院選の直前には、与野党の有力政治家が公的年金の保険料を納めていなかったことが明らかになり、福田康夫官房長官が辞任し、菅代表も未納が発覚して代表を退き、代表就任を求められた小沢にも未納があり、代表選立候補を辞退するという混乱が起きた。民主党は急遽、岡田克也を代表に選び、参院選に臨んだ。この選挙で、民主党は五〇議席を獲得し、自民党の四九議席を上回った。また、比例代表では民主党は二一一四万票を獲得し、自民党の一六八〇万票を大きく上回った。

このように、結党から五年余りで、民主党は二大政党の一翼を占めるまで成長したのである。小泉政権の下では、先に述べたように、社会保障支出の抑制、公共事業費の削減、規制緩和などで政策転換を実現した。しかし、それらは国民に具体的な恩恵を実感させるものではなかった。構造改革は抽象的なシンボルであり、小泉政権時代に小泉人気が安定的に続いたわけではなかった。政治の世界で、自民党以外のもう一つの選択肢を求める民意は確実に存在した。

4 二〇〇五年郵政民営化総選挙

二〇〇〇年代前半の国政選挙で民主党に迫られ、小泉も安閑としてはいられなかった。最大の売り物である構造改革、郵政民営化を政治的支持の再点火につなぐために、小泉は郵政民営化法案を使って大きな政治的賭けに出た。

二〇〇五年の通常国会後半の最大の争点は、郵政民営化法案であった。自民党内には、郵政民営化に反対する議員も存在した。小泉は、郵政民営化に向けて準備を着々と進めてきた。二〇〇二年九月の内閣改造の際には、次のような基本方針を発表した。

二、行財政改革　肥大化した公的部門の抜本的縮小に引き続き取り組み、「官から民へ」「国から地方へ」の流れを一層加速することにより、活力ある民間と個性ある地方が中心となった経済社会を実現する。道路公団改革については、道路関係四公団民営化推進委員会の最終意見を尊重する。郵政公社を郵政民営化の第一歩として位置付け、その準備を進める。

この時の改造では派閥からの要望を無視して、小泉ペースの人事を進めた。それに合わせて、この政策方針を打ち出した。後藤謙次は、小泉のこの人事と政策について、「自民党内の族議員に対する「戦闘開始宣言」と言えたし、同時に新たに入閣する閣僚に対する「踏み絵」でもあった」と解説している（『ドキュメント平成政治史2』、二七〇頁）。また、二〇〇四年七月の参院選で民主党に後れを取った直後には、九月に大幅な内閣改造を行うことを予告し、改造内閣の最優先課題に郵政民営化法案の策定をあげた。後藤はこれについて、「事実上の「国政選挙二連敗」に対するリベンジへの思いと、郵政民営化実現への執念がこの頃から小泉の気持ちの中で一体化していく」と分析している（同上書、三四八頁）。

二〇〇五年の通常国会で予算が成立すると、焦点は郵政民営化法案の処理となった。法案の閣議決定の前段階の手続きであり、国会採決の際の党議拘束に不可欠な自民党総務会の了承については、異例の展開となった。四月二七日の総務会では、賛否両論が激突した。議論の末、慣習である全会一致は実現されなかった。異論を残した形で総務会の了承を得たこととされ、小泉内閣は郵政民営化法案を国会に提出した。

小泉は、自民党内の反対派に対して戦闘態勢を取り、法案の不成立は内閣不信任と同じと述べていた。七月五日の衆議院本会議の採決では、自民党から三七人の反対、一四人の棄権、欠席が出て、賛成二三三、反対二二八の僅差で可決された。参院の採決を前に、小泉や飯島勲秘書官は否決の場合衆議院を解散することを明らかにしていた。そして、八月八日の参議院本会議の採決では、自民党の二二人が反対、八人が欠席、棄権し、賛成一〇八、反対一二五で法案は否決された。これを受けて、小泉は直ちに臨時閣議を開き、衆議院の解散を決定した。

自民党の内紛が原因で衆議院が解散されるのは、一九九三年の宮澤内閣不信任以来のことであった。九三年の場合、衆議院の選挙制度という具体的な争点があり、選挙の争点は国民にすぐに理解された。しかし、二〇〇五年の場合、郵政民営化という政策の意味は、解散の段階では理解されていなかった。経済学者の野口悠紀雄は、財政投融資は小泉政権発足前の二〇〇一年に改革されており、郵便貯金などの資金を郵政公社が自主的に運用することが始まったことから、郵政公社を民間会社に変えることとは本質的に重要なことではないと指摘している。そして、小泉改革について次のように述べている。

小泉内閣による「郵政民営化」が政治的に大きなインパクトを持っていたことは確かです。とりわけ、強大な票田である特定郵便局を田中派が支配していた状況を切り崩したことです。しかし、それは、日本全体の改革ではないと思います。

このように、小泉改革とは政治的なものであり、経済的なものではなかったことに注意が必要です。(『平成はなぜ失敗したのか』、一三六頁)

まさに、郵政民営化を争点とする総選挙は、政府のリストラという改革を武器として政治闘争を進める小泉的手法の本質を明らかにした。私自身は、この時期から仲の良い野党政治家の選挙応援を積極的にするようになった。国立大学の法人化は大学人にとって災難としか言いようがなかったが、唯一の恩恵は、教員が公務員ではなくなったので、政治活動を自由にできるようになったことであった。辻元清美の応援に行ったとき、こんな演説をした。

小泉構造改革はお化け屋敷のようなものだ。郵政民営化という派手な看板があるが、中に入ったら格差、貧困、医療や教育の崩壊という化け物が待っている。アメリカのハリケーン・カトリーナがもたらした惨状を見よ。政府をどんどん小さくしたら、金持ちが生き残り、弱い者は放置されることになる。

選挙直前の八月末、アメリカ南部をハリケーン・カトリーナが襲い、多くの死者が出た。警報を聞いて多くの人は避難したが、移動手段を持たない、低地に住んでいる弱者が犠牲になった。この災害は、ブッシュ政権への支持を低下させる大きな要因となった。私はこの災害を引き合いに出して、小さな政府は人間の生命、生活にとっての危険を増加させると言いたかったわけである。こうした問題は、実際、二〇〇〇年代後半に顕在化したが、郵政選挙の烈風のなかでは、全く無力であった。私は二〇〇〇年代初めまで、小泉が戦った経世会支配について小泉同様に批判的で、利益配分政治を一度は解体すべきだと考えていた。この点は既に述べた通りである。しかし、二〇〇〇年代中頃になると、次第に小さな政府が格差や分断をもたらすことが感じられるようになっていた。特に、公共事業や補助金に依存する度合いの大きい北海道に住んでいたために、小さな政府が弱者切り捨てになることをいち早く実感できたということはあるだろう。北海道で農業や建設業に従事する人々は決して税金にたかるフリー・ライダーではなかった。それぞれ地域経済、地域社会を支える主役であった。まじめに努力するそうした人々を苦境に追いやる政策は、やはり間違っているという感覚を持ったことで、私は小泉批判を明確にした。

参議院の否決を受けて衆議院を解散するのは筋違いという批判もあったが、小泉は無視した。自民党というか経世会をぶっ壊すという彼の政治闘争の最終決戦に突入したのである。小泉は自民党総裁として、民営化法案に反対した衆議院議員を公認せず、それらの議員の選挙区に民営化を推進する新人候補、いわゆる刺客を送り込んだ。この選挙は、自民党対民主党の戦いではなくなり、自民党改革派と守旧派の戦いになった。民主党は当初、自民党の内紛で漁夫の利を得られると期待したが、選挙戦が進むにつれてその存在は霞んでいった。小泉の戦いはテレビのワイドショーの格好の話題となり、小泉の捨て身の賭けに国民も呼応した。殺されても民営化をやり遂げると言い、解散決定の記者会見の際に自分をガリレオにたとえたような、小泉の自己陶酔的ともいえる英雄気取りは、有権者の共感を集めた。九月一一日に投票が行われ、自民党は二九六議席、比例代表で二五八九万票を獲得し、地滑り的な勝利をおさめた。

この選挙は、日本政治、国民の政治意識の変化を表す画期的なものとなった。まじめな政策論議などというタテマエ論は吹き飛んだ。敵と味方の構図を作り、敵を叩く言葉とパフォーマンスを、テレビを通して国民に見せつけ、それが理解されれば圧勝できるという意味で、政治が巨大なスペクタクルとなった。

小泉の政治手法については、政治学ではなくメディア研究のツールが必要であった。その点で、選挙直後に情報記号論を専門とする石田英敬が書いた分析は興味深い。石田は小泉劇場における小泉の動きを次のように特徴づける。

①**「改革」プロット**　政権のすべての政治アクションは「改革をめぐる物語」に書き換えられる。「改革」をおこなう政治主体(「コイズミ政権」という主人公)と、それを妨げにくる「敵対者」(「守旧派」や「抵抗勢力」)という図式が、個々の政策課題・政治争点を貫いて機能する。〔中略〕

②**肖像とポーズ**　〔小泉は〕テレビの向こう側の視聴者に対してのみ語りかけている。〔中略〕大統領型の「肖像とポーズ」のアイコンが、テレビを通して、人びとの意識のなかに作り出されるのだ。

③**ワンフレーズ・ポリティクス**　〔中略〕テレビ的発話においては、スローガンやことわざのような、短くて記憶されやすく、メディアによって反復されやすい「決めせりふ」や「決まり文句」が頻用され、ＣＭのようなメッセージのつくりが必要とされる。〔中略〕

④**引用と演説**　〔中略〕ここでは、「引用」は、政治的正統の名における権威づけなのではなく、メディアを通したさらなる引用やコピーの反復を生み出すための、都合のよい文脈へのパラサイ

トなのである。〔中略〕

⑤バラエティ的パーソナリティ　〔中略〕牽強付会な揚げ足取りや、とぼけ、話題の強引な転換など、トピック・コントロールの即興能力を身につけていることが望ましい。〔中略〕コイズミは、この点で、「バラエティ的パーソナリティ」である。（「コイズミの新しい衣裳」『世界』二〇〇五年一一月号）

石田があえて「コイズミ」とカタカナで表記しているのは、小泉政治が一回きりで終わるのではなく、小泉のようにメディアをハイジャックして善悪二元論で権力闘争を戦う政治家が以後登場してくることを予想してのことだったのだろう。確かに、大阪府、大阪市の政治を支配する維新という政治集団を作り出した橋下徹は、そのようなタイプの政治家であった。しかし、大阪都構想は郵政民営化よりも住民に身近なテーマであり、中身はわからないが変えてしまえと割り切れるほど抽象的な記号ではなかった。

私たち政治学者も、郵政選挙を見て、これからはテレビの使い方が上手な政治家によるワンフレーズ政治が続くのかと思った。しかし、その後の十数年の日本政治を見ると、小泉のような政治家は国政では現れていない。小泉よりも長期政権を記録した安倍晋三は、小泉とは明らかに違う種類の政治家であった。彼は伝統的保守層、右翼的な人々から熱狂的な支持を得たが、無党派層を熱狂させることはなかった。彼も重要な政策転換を実現したが、スペクタクルを作り出して国民的支持を集めるという手法ではなく、あえて国民を分断して多数決で押し切るという手法であった。非自民の側にも、小泉に匹敵するような役者はいない。

そのように考えてみると、小泉政治は属人的なもので、模倣不能といえる。小泉は、敵に恵まれた。衰えたとはいえ、まだ「抵抗」する力を持っていた伝統的な利益誘導型政治家、及びそうした政治家と官僚が差配した利益政治のネットワークが崩壊寸前のところで、小泉が郵政民営化という戦闘を仕掛け、とどめを刺したということができる。旧来の利益政治が崩壊すれば、改革と抵抗という二元的図式は描けなくなる。

また、二〇〇〇年代中頃は、まだソーシャル・メディアが十分普及しておらず、テレビの影響力は大きかった。テレビという伝統的なメディアだからこそ、小泉や演出家の飯島秘書官がコントロールできた。テレビ、新聞という伝統的なメディアが衰弱した時代に、小泉風のスペクタクルが成り立つかどうかは疑問である。

話を自民党のその後に戻す。選挙後、首班指名を行う特別国会に郵政民営化法案は再び提出され、小泉圧勝の結果を受けて、大した議論もなく成立した。小泉は、自分のやりたい政策を実現するという、戦後日本政治における稀有な首相となった。二〇〇六年八月一五日に小泉は首相就任中最後の靖国神社参拝を決行した。当然、中国、韓国は反発したが、小泉はアジア諸国の声を無視した。小泉の政治姿勢には、「わが亡き後に洪水よ来たれ」という言葉が当てはまる。

小泉は自民党総裁の任期が切れる二〇〇六年に首相を辞めることを公言しており、郵政民営化が実現した後、政治家とメディアの関心は、ポスト小泉の首相選びに移った。次の総裁選挙においては、麻生太郎、谷垣禎一、福田康夫、安倍晋三の四人(まとめて麻垣康三《あさがきこうぞう》と言われた)が有力候補とされた。

小泉は陰に陽に安倍を引き立て、安倍総裁の流れができていった。この過程の分析としては、共同通信の政治記者だった柿﨑明二の『「次の総理」はこうして決まる』がある。そして、二〇〇六年九月の総裁選挙では、安倍が麻生、谷垣を押さえて勝利し、首相に就任した。

第八章　政権交代の実現

1　小沢一郎の登場

二〇〇五年九月の郵政選挙における大敗は、民主党に衝撃を与えた。岡田克也は代表を退き、九月に代表選挙が行われた。この選挙は、菅直人と前原誠司の一騎打ちとなり、二票差で前原が勝利した。前原はこの時、四三歳であった。民主党のすべての代表選挙に立候補してきた菅よりも、若くて清新なイメージのある前原をトップに押し立てることで、小泉自民党の向こうを張るという思いが、このような結果をもたらした。

衆議院での議席数では前回の一七七から一一三へと激減したが、比例代表では二一〇四万票を獲得した。これは前回よりも約一〇〇万票の減少に過ぎなかった。自民党の大勝は、小選挙区制度がもつ第一党へのボーナス効果によるものであった。自民党に代わる選択肢を求める人々は一定数存在した。民主党がそのような有権者の期待に応えて、どのような路線を打ち出すかが問われた。前原は、民主党の中では安全保障に関しては対米協調、経済に関しては新自由主義の保守派であった。彼は、小泉自民党に対抗する時に、異なったベクトルを追求するのではなく、同じ方向の政策を自分の方がより徹底的に追求するという形で、競争の構図を作ろうとした。

小泉側近の中川秀直政調会長は、総選挙の大勝を受けて、二〇〇五年体制の成立という議論をしていた。朝日新聞のインタビューに答えて、次のように発言している。

五五年体制下では、保守か革新か、日米安保か非武装中立か、とベクトルが正反対だった。これからは与野党のベクトルは内政では小さな政府、外交では日米同盟基軸という一定の方向で一致せざるを得ないと思う。

そのうえで、与野党が「改革競争」を政策論争の中で行うというのが〇五年体制だ。その競争を拒み、後ろ向きに歩き出したら民意の支持を失う。（朝日新聞、二〇〇五年一〇月一二日）

前原は、中川が示した枠の中に民主党を位置づけようとしたのである。当時、私の北大時代の教え子が北海道新聞の東京支社で記者をしていて、野党担当になった。彼にぜひ前原に会ってくれと言われて、一度党本部で話をしたことがある。その時私は、民主党が自民党と同じことを言っていては存在意義がない、小泉構造改革のひずみは次第に明らかになっていくので、民主党は適度な規模の政府とセーフティ・ネットの整備を打ち出して、自民党と対立すべきだと言った。全国的に大敗した中、北海道では、鈴木宗男が小泉構造改革に反対して新党大地を立ち上げてそれなりに善戦し、民主党と鈴木の事実上の協力によって、民主党は一二小選挙区のうち八選挙区を獲得したことを紹介した。鈴木はかつて野中広務の側近として権勢をふるったが、小泉時代には利益誘導政治の象徴のようになり、収賄事件で逮捕、起訴された。彼は、地元支持者の間では、地方切り捨てを図る小泉流構造改革の犠牲者と見られていた。地域経済に対して手厚い政策を取ることにを通して、構造改革によって切り捨てられる人々を取り込むことこそ民主党が勝つための政策であることを私は力説した。前原からは具体的な反応はなかった。私から見れば、前原は改革のイデオロギーに呪縛されていた。

選挙直後は、私も小泉自民党の圧勝に驚き、政権交代が遠のいたと思った。しかし、長年、右手で経済界と握って成長を後押しし、左手で地方や弱者への再分配を行ってきた、鵺のような自民党が、小泉の剛力によって新自由主義に純化したことは、野党にとって戦いやすい環境が生まれたことを意味していることがわかると、この選挙結果を好機到来と考えるようになった。民主党には、旧社会党系の社会民主主義勢力もいたが、高学歴の官僚や大企業サラリーマン経験者(その多くはアメリカ留学の経験もあった)には、新自由主義者もいた。それゆえ、政策的基軸を立てることがむずかしかった。民主党の基軸を社会民主主義の側で立てることが可能になったことを、私は歓迎した。すなわち、市場万能、小さな政府ではなく、すべての人や地域の生存を確保するために政府が積極的な支出を行い、生活や雇用の土台をつくるという路線を民主党が採用する好機が来たと思ったのである。

私が選挙直後に『世界』に寄稿した「民主党はいま、何をすべきか」という文章は、私自身の立ち直りを示すものであった。いま読み返しても、我ながら面白い指摘が並んでいる。たとえば、郵政民営化について、次のように書いている。

小さな政府路線のもとでは、人々はより大きなリスクにさらされるようになる。たとえば、郵政民営化は、リスクゼロの貯蓄機会の消滅を意味する。民営化された郵貯銀行が利益を追求すれば、投資信託が大々的に販売され、経済の動向に関心や知識のない高齢者を含め、「リスクを取る」ように仕向けられるに決まっている。高齢者医療費の自己負担分の引き上げは、個人個人で民間の医療保険を購入するという動きに拍車をかけるに違いない。(『世界』二〇〇五年一二月号)

そして、先に引用した中川発言を紹介したうえで、「民主党はこうした罠にはまってはならない。自民党と同じ新自由主義のレールに乗って、どちらがより過激な数値目標を示すかという競争、改革のせり上げを行うことは、野党としての役割の放棄である」と書いている。この時、私には新自由主義は人間を不幸にするという確信があった。

実際、郵政民営化法案が成立したあと、自由競争至上主義がもたらす弊害が露呈し、世の中の雰囲気は変わり始めた。二〇〇五年一一月には、建物が耐震基準を満たしていることを証明する構造計算書が偽造され、耐震基準を満たさないマンションやビジネスホテルが建てられてきたことが暴露された。耐震基準を満たさない建物は解体、建て直された。この偽装は、建築確認、検査の業務を民間の検査機関で行えるようにしたことに起因していた。行政ではなく、民間会社がビジネスとして検査を行えば、コスト削減を志向する発注会社に迎合して、ずさんな検査で承認を出すことが起きるのを防げない。「官から民へ」を実践すると、大きな問題を作り出す分野もあるのである。

また、二〇〇六年一月には、前年の衆議院選挙で郵政民営化反対の旗頭だった亀井静香の選挙区に立候補したホリエモンことライブドアの堀江貴文社長が証券取引法違反で逮捕された(のちに有罪が確定)。会社の悪業績を偽って出資を集めたことが罪に問われた。これを契機に、小泉改革の応援団だった若手経済人が違法な手段で金もうけをしていたという疑念が広がった。民間企業が金もうけをするのは当然だが、金もうけを神聖視すると別の問題を生むという常識を人々は取り戻しつつあった。また、二〇〇六年あたりから、格差や貧困に対する関心が高まり、「勝ち組、負け組」という言葉が普通に使われるようになった。

こうした風向きの中で「改革競争」を唱えるのは、八月末に秋風が吹き始めても盆踊りを踊るようなものであった。前原体制は、意外な理由であっけなく崩壊した。二〇〇六年二月の衆議院予算委員会において、民主党の永田寿康議員が、自民党の武部勤幹事長に堀江貴文が三〇〇〇万円を送ったと、社内メールとされる文書を基に追及した。堀江が逮捕された直後だけに、この質問は衝撃的であった。しかし、これは怪文書の類であり、この事件は「偽メール事件」と呼ばれるようになった。事実無根の追及をした責任を取って永田は議員を辞職し、前原も代表を辞任した。永田はのちに自殺し、不幸な結末となった。

後継を決める四月の国会議員による代表選挙では、小沢一郎と菅直人が争い、小沢が一一九票を獲得し、菅に四七票差を付けて勝利した。二〇〇三年の民主党と自由党の合併からわずか三年足らずで、小沢は民主党の代表に就任した。前原辞任で、若手の政治家に安定感が欠けることへの反動で、民主党の多数は、自民党の要職を経験した百戦錬磨の小沢を代表に据えた。偽メール事件は実に不幸な出来事だったが、この事件を契機に前原が失脚し、民主党の中の新自由主義派が傍流に追いやられることを私は歓迎した。

私は、小沢について、『日本改造計画』で示された政策主張の体系性には感心していたものの、政治家としての行動は評価できないと思っていた。とくに、細川政権時代に、連立与党の融和を壊して、この政権を短命に終わらせた責任は小沢にあると私は考えていた。一九九四年秋、新進党の結党直前にTBSの報道番組で対談したことがあったが、それ以外では全く疎遠であった。

小沢自由党が自民党との連立を解消したのち、二〇〇二年の終わりくらいから小沢の側近である平野貞夫(当時参議院議員)との連絡が始まった。自由党の勉強会で講演をしたら、平野とは意気投合という感じであった。平野いわく、これから自由党はアンソニー・ギデンズの「第三の道」を追求していくとのことであった。新自由主義のひずみを察知して、路線転換を図ったのかと感心した。

このころから私は、日本の社会経済システムを「リスクの個人化—社会化」、「ルール志向—裁量」という二つの軸の組み合わせによって説明するようになった。自分ではこの図式が気に入っており、いろいろな本でも使っているので、私の本の読者にはおなじみだろう。この図式は、このころ、民主党の進むべき路線を考える中で思いついたものである。これを使って、当時の政党の布置状況を説明してみたい。

経世会を中心とする伝統的な自民党と官僚の連合体は、裁量的政策によってリスクの社会化を追求してきた。公共事業補助金のバラマキ、業界に対する護送船団型の保護の二つが代表的な政策ツールであった。これらによって、競争力の弱いセクター、非大都市圏の地域で雇用が維持され、所得の下支えがなされてきた。「成功した社会主義」と呼ばれる社会経済システムの本質はこれである。このシステムは、地方や弱者に寛大であった半面、その不透明さゆえに、腐敗、非効率という問題を起こしやすい。だからこそ、九〇年代に政治、行政の改革が叫ばれるようになった。

小泉改革は、全体として公共部門を縮小し、財政支出を抑制することで、リスクの個人化への転換を進めた。改革に伴う痛みとは、リスクを個人で引き受ける時に生じる負担、犠牲である。社会保障支出の抑制、地方交付税削減による公共サービスの縮小など、実際に痛みは生じていた。

ただし、小泉改革が明朗、公平な市場経済を作り出したとは言えない。民営化やアウトソーシングは、特定の企業にとって新たな利権の源を作り出した。つまり、権力者との距離が近いほど利益追求の機会が大きいという縁故資本主義が現れた部分もある。たとえば、簡易保険の運用のために全国に作られたかんぽの宿が、民営化にともなってオリックス不動産に安値で、事実上、競争入札を経ずに売却されることが明らかになり、当時の総務大臣がそれを白紙に戻したという一件があった。このような事例は、枚挙にいとまがない。つまり、社会全体にはリスクの個人化を広げ、特定の集団や個人に対しては政治の力でビジネス・チャンスを与えるという、悪いところの組み合わせが小泉改革の結果であった。私は、リスクの個人化の方向での政策転換を改革と呼ぶのはやめよう、リスクの社会化を維持しながらそれを公明正大な制度によって行うことが本当の改革だと叫んだが、世の中には受け入れられなかった。

九六年に最初の民主党を立ち上げて以来、裁量的政策によるリスクの社会化路線を批判することは民主党の基本であった。小泉改革が始まったときには、小泉による経世会の利権への攻撃を好意的に静観するという姿勢を取ることは、自然であった。私自身も、民主党の議員にも、族議員と官僚の利権共同体にメスを入れない限り、財政出動すべきではないという逡巡もあった。しかし、構造改革のひずみが明らかになってくると、野党は、透明・公平な手段でリスクを社会化するという対抗策を打ち出して、小泉と対峙するのがリベラル左派の役割であり、それしかない。郵政選挙の結果を見て、私もふんぎりがついたという思いであった。民主党の中にはまだ意見の混乱があったが、小沢は一足早くその路線転換の必要性を察知したと私は理解した。

小沢が代表に就任する前、二〇〇五年九月の総選挙をはさんで、私は当時副代表の小沢と二度対談し、それが民主党の機関紙に掲載された。その中で、郵政選挙の結果について、小沢は次のように語った。

小沢　良くも悪くも、小選挙区制度の特徴が遺憾なく発揮された選挙結果だったとは思います。その点では、僕が小選挙区制度の導入を無理やりに推進した意味はあったと思います。小選挙区制度は本来得票差以上に議席差が顕著に現れるので、中選挙制度や比例代表制度よりも政権交代がしやすい制度です。だから、次の総選挙では逆の結果になる可能性は大きい。(『民主』二〇〇五年一二月九日号)

小沢の選挙結果に対する評価は、あながち強がりではなかった。民主党は、比例では二一〇〇万票も得票しており、激減したとはいえ一二〇ほどの議席を得た。これがボトムラインだと思われた。党の土台さえ残っていれば、民意の風向きが変われば、次にはこちらが勝てるかもしれないというのが小選挙区制での選挙であった。政権交代可能な二大政党制を掲げて選挙制度改革を推進した張本人である小沢としては、小泉旋風も二大政党システムの振れ幅のうちで、次は自分たちの番になるように努力するしかないという思いだったのだろう。

小泉構造改革への対抗方針について、私は小沢に問うた。

山口　一方は、アメリカ型で政府の役割を小さくし、プラス・マイナス含めて市場メカニズムを中心に世の中を運営する路線、他方は西ヨーロッパの多くの国々のように、セーフティーネットを用意し、最低限の国民の生活を確保して、その上で競争していく考え方。その形の二大政党制が世界的には一般的ですよね。

小沢　ただ、日本では、アメリカのように、強い者が勝てばいいという考え方はなじまない。通用しない。だからこそ、小泉自民党は長く持たないと思います。（同上）

また、憲法九条と安全保障について、小沢の見解を尋ねた。彼は次のように答えた。

小沢　九条は、正当防衛以外の自衛権の発動を禁止していると解釈できます。〔中略〕別な言い方をすると、急迫不正の侵害、もしくは本当にこのままでは日本の侵略につながることが明らかな場合も含んで、日本が攻撃を受けた場合にのみ自衛権の発動が許される、ということです。

それ以外の、日本に直接危害が及んでいない事件について、日米が共同してどこにでも軍事力を展開できるというのは、完全に九条に抵触する行為だと解釈しています。〔中略〕二一世紀の平和の哲学、共生の哲学を日本から発信するという志を持ちたい。〔中略〕アジアの戦争の後始末と同時に、未来への構想、ビジョンを先導的に打ち出すことが、日本の二一世紀の役割ではないかと考えています。（同上）

九〇年代の小沢のイメージとは全く変わっていた。安全保障に関しては、ブッシュ政権によるイラク戦争が、国内政策に関しては小泉構造改革が、「普通の国」を目指す政策路線を再考する要因となった。機会主義と言われようとも、現実の展開を見ながら自説を修正することは、政治家にとって必要な能力である。その点で、私は小沢の変身を歓迎した。

小沢は民主党代表に選ばれた直後、インタビューで小泉構造改革に対する対決姿勢を明確にした。

――格差社会の問題をどう考えるか。

終身雇用と年功序列は、日本社会が考えたセーフティーネットの最たるものだ。非正規社員ばかり採用すると、忠誠心がなくなる。自分の会社に骨を埋める層を確保する方が、会社にとっても良い。一方で、総合職やキャリアをめざす人は身分保障をなくす。日本社会はキャリア層まで年功序列や終身雇用になっているのが問題で、そこに自由競争の原理を採り入れればいい。（朝日新聞、二〇〇六年四月一一日）

終身雇用制をセーフティ・ネットの最たるものと言うのは、いささか時代遅れの発想だが、新しいセーフティ・ネットの在り方についてはこれから議論していけばよいと私は考えた。ともかく、民主党の再建と、政権交代に向けた党勢復活は小沢に託すしかないと考えた。

小沢にとっての最初の試練は、四月に行われた衆議院千葉七区の補欠選挙であった。自民党は、経産官僚出身の斎藤健(現衆議院議員)を候補者に立て、武部幹事長が精力的に応援した。民主党は、千葉県議会議員であった二六歳の太田和美を公認して、小沢が全面的に応援した。この時のスローガンは、「負け組ゼロ」で、格差、貧困社会を意識したものであった。

この時小沢は、「川上戦術」を取った。選挙区内の農村部から運動を始め、次第に都市部に下りていくという手法である。人口の少ない地域をあえて重視する姿勢を取ることで、発展から取り残されたところを支援するというメッセージを伝えた。また、小沢は街頭でビール箱の上に立って演説を繰り返した。「エリート対庶民」という構図と「負け組ゼロ」というスローガンがかみ合い、太田が予想外の勝利をおさめた。これによって、選挙に強い小沢という威信は一気に高まった。まさに、民主党にとって、禍福はあざなえる縄の如しであった。

2　第一次安倍晋三政権と参議院選挙

小泉首相の勇退を受けて、二〇〇六年九月に、第一次安倍政権が誕生した。安倍は、一九九三年の衆議院選挙で父、晋太郎の後を継いで初当選し、議員歴わずか一三年で首相の座に駆け上った。九〇年代後半から、自民党保守派にとっての若きスターであった。

保守的というイメージとは裏腹に、彼は就任早々、中国と韓国を相次いで訪問し、小泉首相の靖国参拝によって悪化したこれらの国との関係を修復した。しかし、現実的感覚を示したのは対アジア外交だけであった。安倍は、二〇〇六年秋の臨時国会で、年来の持論であった教育基本法改正を実現し、教育の目標に「我が国と郷土を愛する態度」を養うことが盛り込んだ。また、一二月には、郵政民営化に反対して自民党を除名された議員の復党を認めた。これは、小泉改革路線からの離反と受け取られ、党内の対立を生むとともに、支持率の低下を起こす原因の一つとなった。さらに、二〇〇七年の通常国会では、憲法改正のための国民投票のルールを規定した国民投票法を成立させた。安倍は、参院選に向けて、憲法改正に取り組む姿勢を明確にした。これに関連して、集団的自衛権の行使を可能にするための法整備について、私的な懇談会として安保法制懇を立ち上げた。ここでの議論は、当時は注目されなかったが、第二次安倍政権に引き継がれることとなった。

安倍の狙いは、「軽武装+経済成長」という保守本流路線を脱却し、海外で自衛隊が実力行使する、昔の小沢の言葉を使えば、「普通の国」を目指すことであった。私自身は、平和基本法の議論のころから、専守防衛と国際社会における非軍事的貢献の路線を守るべきという意見を持ってきたので、安倍の企ては脅威であった。当時安倍について書いた文章をいくつか紹介したい。

安倍氏個人のみならず、同世代のナショナリスト、タカ派の政治家を見るとき、私は詩人、石原吉郎がシベリア抑留中の経験をつづった次の文章を思い出す。

「作業現場への行き帰り、囚人はかならず五列に隊伍を組まされ、その前後と左右を自動小銃を水平に構えた警備兵が行進する。行進中、もし一歩でも隊伍を離れる囚人があれば、逃亡とみなしてその場で射殺していい規則になっている」「〔行進中つまずくか、足を滑らせて、列外へよろめいた者が何人も射殺された。〕なかでも、実戦の経験がすくないことにつよい劣等感をもっている十七、八歳の少年兵にうしろにまわられるくらい、囚人にとっていやなものはない。彼らはきっかけさえあれば、ほとんど犬を射つ程度の衝動で発砲する」(『望郷と海』、ちくま文庫版、一九九〇年、三六—三七ページ)。

石原が描く「劣等感をもった少年兵」に安倍氏が重なって見えるのである。(『週刊東洋経済』二〇〇六年九月二日号)

安倍のナショナリズムは、彼が最初に唱えた「美しい国」というスローガンに現れているように、情緒過剰であり、憲法改正の動機は岸信介の野望を成就するという以外に具体的なものは見えなかった。その点で、彼が「実戦の経験がすくないことにつよい劣等感をもつ少年兵」に重なって見えたのである。

また、安倍が繰り返し唱えた「戦後レジームからの脱却」については、伝統的な護憲論ではなく、保守本流のパラダイムから批判を試みた。

時代は異なるが、安倍と岸には、ある種の急進主義が共通しているように思える。安倍には、戦後レジームへの不満が鬱積するあまり、一気に現状を変革しようという冒険主義を感じる。かつて言及した核武装や敵基地先制攻撃の検討、集団的自衛権の行使などはいずれも戦後レジームの根幹を自ら破壊したいという欲求の表れであろう。それは、戦後においてなお日本帝国の栄光を追い求めた岸の野望と重なる。昔は左翼小児病という左派の心情主義、冒険主義を揶揄する言葉があったが、左派が凋落した今、冒険主義は右派の売り物になった感がある。〔中略〕
安倍が新時代を切り開く政治家になりたいのであれば、滅びつつある左派を相手にシャドーボクシングをするのではなく、ここで私が述べたような保守〔池田路線を継承する大平正芳や前尾繁三郎〕と対決するのが筋である。その意味で、安倍が新保守の中身を肉付けするには、戦後という時代についての認識を確立することが不可欠である。（『週刊東洋経済』二〇〇六年一〇月七日号）

後に安倍自身がポツダム宣言をつまびらかに読んでいないと言ったことで明らかなように、彼には歴史観というものが感じられなかった。そのような軽薄な改憲論が、郵政選挙で得た多数の力で推進されることを、私は恐れていた。

しかし、二〇〇七年に入って、安倍政権は急激に失速し、自民党にとっては参院選の戦いに暗雲が垂れ込めるようになった。前年末から二〇〇七年の初めにかけて、閣僚の政治資金の処理をめぐる不明朗な処理が問題となった。前年末には、佐田玄一郎行革担当大臣が虚偽の政治資金収支報告書を提出していたことが明らかになり、辞任した。二〇〇七年に入ってから、松岡利勝農水大臣についても同様の虚偽が発覚し、松岡は五月に議員宿舎で自殺した。その後任に起用された赤城徳彦も同様の資金問題が発覚し、参院選直後に大臣を辞任した。このように、政治とカネをめぐる不明朗な動きは、安倍政権への支持を大きく下げた。

また、閣僚の失言も相次いで、世論の怒りや反発を買った。一月に、柳沢伯夫厚労大臣が、女性を「産む機械」にたとえる発言をしたことは、与野党を問わず女性議員から、そして国民から厳しい批判を浴びた。また、久間章生防衛大臣が、六月、講演の中で、原爆投下は戦争を終わらせるためにやむを得なかったという発言をして、広島、長崎の被爆者団体を始め、世論の厳しい批判を受け、辞任に追い込まれた。

このように、政治とカネをめぐる疑惑と、閣僚の相次ぐ失言によって、安倍政権は満身創痍の状態で参院選を迎えることとなった。野党側は対決姿勢を強め、国会審議はしばしば空転した。通常国会の会期末では、自民党は強行採決を連発した。

これに加えて、民主党自身が争点を作ったことも指摘しておかなければならない。それが、消えた年金記録の問題である。二〇〇七年の通常国会で、民主党の長妻昭議員が、年金記録の保存に不備があり、本来もらえる年金をもらえていない人がいることを指摘した。日本の公的年金制度は、国民年金、厚生年金に分かれており、転職、結婚などで加入する制度が変わったり、名前が変わったりした場合、従来の保険料の支払いが次の保険に引き継がれないケースが多数存在した。一人ひとつの統一的番号が存在せず、紙の台帳による管理が長年続いたことが原因であった。民主党はこの問題に注目し、厚生労働省の責任を追及し、参院選の争点にした。安倍首相も、国会答弁で持ち主不明の年金記録の追跡をすべて行うことを約束した。年金問題は国民の関心も高く、長年納めてきた保険料が極めてずさんなやり方で管理されたことへの怒りは、自民党政権に向いた。

この参院選で、小沢は、組織と政策の両面で、従来の民主党に欠けていた戦略を打ち出して、大きな成功をおさめた。まず、組織の面では、人口の少ない一人区をなるべく多く制することを目標に掲げ、非大都市部の県連合会(連合の県レベルの組織)を行脚して、選挙支援の態勢を整備していった。一人区の選挙で勝つためには、組織基盤がなければならず、民主党の場合それは労働組合しかなかった。非大都市圏の連合では、民間大企業が少ないので、自治労、日教組、情報労連など旧総評系の組合が主力であるケースが多い。小沢については、旧新生党以来剛腕、新保守主義というイメージがあったが、小沢は地方を回って連合幹部と酒を飲み、カラオケを歌い、信頼関係を築いた。もともと左派の労組の活動家には小沢に対する不信感があった。しかし、この行脚のおかげで、左右を含め、地方の労組には小沢ファンが増えた。

政策面では、新自由主義的構造改革と正面から対決し、「国民の生活が第一」というスローガンを唱えた。このスローガンについては、私もかかわった。先に紹介した『民主』の対談の際に、新自由主義に対抗する政策理念として社会民主主義を掲げる必要があるが、日本では社会民主主義という言葉は護憲を看板とする社会民主党のせいで誤解を招くので、生活本位とか生活重視とか、生活という言葉を使えば広く受け入れられると思うと、私は小沢に言った。「政治とは生活だ」というのは、小沢の師匠、田中角栄のモットーだったそうで、小沢もすぐに共鳴した。かくして、参院選のマニフェストでは、生活第一のスローガンの下、年金記録の追跡と年金の確保、月額二万六〇〇〇円の子ども手当、農家への戸別補償が重要政策として掲げられた。

選挙戦が始まると、小沢は岡山で第一声を上げたのを皮切りに、一人区を重点的に回った。小沢が重視した岡山の姫井由美子候補は、私の高校の同級生で、私も応援に駆け付けた。公示の時には、相手候補、片山虎之助の背中がようやく見えたと選対幹部が言っていたが、選挙戦の中で追い上げ、最終的には四万七〇〇〇票余りの差をつけて姫井が勝利した。このようなパターンは全国で見られ、二九の一人区のうち、二三で民主党または野党系無所属の候補が勝利した。また、全体では、自民党三七議席に対して、民主党は六〇議席を獲得し、民主党が参議院の第一党となった。民主党は、比例で二三二六万票を獲得した。これにより、自民、公明の与党は参議院の過半数を失った。いわゆるねじれ国会の再来であった。

この参院選の特徴は、「亥年現象」が起こらなかったことである。亥年現象とは、統一地方選挙と重なる年の参院選では投票率が下がり、自民党が苦戦するというパターンである。朝日新聞の政治記者だった石川真澄が発見し、地方選と参院選が重なるのが一二年に一度の亥年であることから、この名前を付けた。石川はその原因として、自民党候補の選挙を現場で支える地方議員が統一地方選挙を戦ったばかりで疲れており、十分動かないことをあげている。選挙区選出の参議院議員の場合、衆議院議員ほどには地域の後援会を持っていないことが多く、地方議員のみこしに乗るパターンが多かった。石川のこの説の前提には、参院選は衆院選ほど盛り上がらず、地域の地方議員からの働きかけによって投票に行く有権者が、特に保守陣営に多いという構図があった。

この参院選の投票率は、五八・六％と、前回よりも二・一ポイント増加した。投票率の増加は民主党の得票を増やした。私は、亥年現象が起こらなかった理由として、地方議員に勧誘されて投票に行くのではなく、自ら考え、自発的に投票する有権者が増えたからだと考えた。

参院選の大敗を受けて、自民党内では安倍首相の責任を問う声もあったが、安倍は続投を表明した。しかし、九月の臨時国会の冒頭で所信表明演説を行った直後に、体調悪化を理由に退陣を表明した。ここから、自民党の漂流が始まった。

自民党の歴史をふりかえれば、長期政権のあとには短命政権の入れ替わりによる混乱が起こるというパターンがあった。佐藤栄作政権が七年半続いた後には、いわゆる三角大福の権力抗争が続き、七二年の佐藤退陣から八二年の中曽根政権成立までの間は、二年ごとに政権が代わった。中曽根は五年間の安定した政権を持続したが、その後は、竹下、海部、宮澤と短命政権が続き、自民党は政権そのものを一度、失った。

このパターンは偶然ではなかった。特定の権力者が長期間君臨すれば、必ず権力者は傲り、権力者にとって耳障りな、しかし重要な情報は入りにくくなる。また、周りの政治家や官僚も自分の栄達のために権力者に取り入ることを考え、次にとって代わるべき政治家が育ちにくくなる。そして、腐敗が広がり、政権党は国民の常識から離れていく。小泉政権のあとにも同じパターンが繰り返される予感があった。私は、安倍退陣直後に、自民党の脆弱化を分析する文章を読売新聞に寄稿した。その一部を引用する。


小泉前首相は日本の首相としては珍しく権力を有効に行使して、政策を実現した。しかし、それと並行して自民党内では、小泉という例外的な人気者にぶら下がることで選挙に勝てるという便法の味をみんなが覚えてしまった。活発な議論を通して政治家が政策を共有することで政党の統合が強まるという本来の道ではなく、楽をして確実に選挙に勝つために人気者を探すという事大主義が強まることで政党の求心力が強まるという、不健全な現象が自民党内で進んだのである。

〔中略〕

ここから、よい首相を作り出すにはどうすればよいのか。よいリーダーには、正しい意味での権力欲が不可欠である。権力の保持ではなく、権力をどう使うかに関心を向けなければならない。次期首相が確実視されている福田氏が、立候補表明の際に自分の政策さえ原稿を見なければ語れなかった様子をみると、心もとない。

政治家は敗北によって鍛えられ、反対勢力の側から権力を奪取しようとするときこそ、明確な権力欲を持つ。小泉氏はその点で、自民党内の異端児であり続けたからこそ、権力をどう使うかについて具体的な意欲を持ちえたのである。

いつも与党でなければ生きていけないと権力にしがみつくことを権力中毒症と呼べば、今回の混迷は自民党の権力中毒症の末期症状ということができる。新総裁の誕生でこれを立て直せるのかどうか。この上は早期の解散総選挙で国民が政治家を鍛えるしかない。（読売新聞、二〇〇七年九月一八日）

安倍が惨めな退陣に追い込まれたことで、彼の掲げた憲法や安全保障関係の政策転換も立ち消えになった。私は、これで一安心と油断した。安倍が民主党政権のあとに復活するとは、まったく予想していなかった。

3　大連立構想の挫折から政権交代へ

実は、参院選で衆参のねじれが起こることが決まってから、自民党と民主党の大連立に向けた交渉が舞台裏で行われていた。この件には、細川政権時代に大蔵事務次官として小沢と親しい関係にあった齋藤次郎が知恵袋としてかかわっていたことを、倉重篤郎は明らかにしている(以下の記述は、『秘録齋藤次郎』による)。参院選直後の八月上旬から、齋藤と小沢は会談を重ね、大連立の可能性について話し合っていた。齋藤は、ドイツでキリスト教民主同盟・キリスト教社会同盟と社会民主党の第一党と第二党による大連立によりメルケル政権を樹立し、財政健全化などで成果を挙げたことを参考に、日本でも同様のシナリオを考えた。読売新聞の渡辺恒雄も連立協議の仲介と世論づくりに加わった。安倍退陣、福田後継という流れができると、小沢は自民党の森喜朗や渡辺と会談し、連立政権樹立の手順について協議し、大枠の合意に達した。しかし、最後になって、福田が党内をまとめられないとして、連立を拒否した。

その後、一〇月に入って、今度は福田の側から、渡辺を通して大連立を進めたいという意向が伝えられた。二回の党首会談を経て、税と社会保障の改革、自衛隊による国際貢献は国連決議に基づく場合のみに限定することなどを政策合意の柱にすることで、一一月二日に一旦協議はまとまった。しかし、小沢は民主党を説得することができなかった。参院選で勝利して、自民党を窮地に追い込んでいる時に、大連立を組めば政権交代のチャンスを自ら潰すようなものだというのが、小沢以外の民主党の幹部の考えであった。私自身もそのように感じた。

小沢は民主党をまとめられなかったことの責任を取って、一度は、代表を退任すると表明した。しかし、執行部の慰留によって翻意し、代表を続けた。その後、小沢は自民党政権に対する対決姿勢をかえって強めた。重要法案や国会同意人事を参院で否決することが相次いだ。これにより、日本銀行総裁の選任も難航を極め、政府提案の総裁候補が二度否決され、日銀出身の白川方明副総裁が総裁に選ばれるという異例の展開となった。また、二〇〇八年四月には、揮発油税の暫定税率の根拠となる時限立法が期限切れとなり、民主党がその延長に応じなかったため、一時的に揮発油税の暫定税率部分が減税されるという事態も起きた。事の良し悪しは別として、国会で多数派が入れ替わることの効果を国民に実感させる出来事ではあった。憲法上、参議院が否決した法案を衆議院が三分の二以上の多数で可決すれば、その法案は成立する。しかし、参議院が採決をしない状態を続ければ、法案送付後六〇日たたないかぎり衆議院は参議院が否決したとみなすことはできない。民主党はこの制度を利用して、暫定税率の延長を阻止したわけである。

参院選で躍進を遂げたあとも、小沢とは時々議論していた。当時、小沢と横路(当時衆議院副議長)は近い関係で、横路が調整役になって、私と小沢の議論の場が設定されたこともあった。私は、総合雑誌に書いた文書などを持って行き、生活第一路線で政権交代に向けて準備を進めるべきことを説いた。また、小沢グループの勉強会でも講演する機会もあった。二〇〇八年の日記から引用する。

七月一一日　午後、小沢一郎政治塾で講義。小沢グループの議員も集まる。生活第一で結集できるというのは、大変便利なり。

小沢派と市民派のブリッジというアクロバット成功すれば、政権交代も夢でなし。

福田は困難な政権運営に疲れ果て、二〇〇八年九月に突然退陣を表明した。福田の退陣は、無責任という批判を浴びた。そして、後継首相には、麻生太郎が選ばれた。麻生は政権発足直後の支持率が高いうちに、解散総選挙を行う意向だったが、同じ九月に発生したリーマン・ショックへの対応で、大規模な経済対策を早急に決定、実施する必要に迫られた。リーマン・ショックとは、アメリカで住宅バブルがはじけ、住宅ローンが返済不能に陥り、住宅ローン債権を基盤とする金融商品が次々と無価値になって起きた、金融パニックであった。大手証券会社のリーマン・ブラザーズが破綻した。日本の金融機関はその種の金融商品を大量に持っているわけではなかったが、リーマン・ショックによって欧米が深刻な不景気に陥り、日本の産業も一気に不況になった。この経済危機によって麻生は解散のタイミングを失い、総選挙は二〇〇九年の通常国会で予算が成立した後、任期満了に近い時期に行われることが確実となった。

小泉退陣以後、一年ごとに三人の首相が入れ替わるという事態は、自民党の歴史の中でも最も深刻な危機であった。麻生は、吉田茂の孫という毛並みの良さで有名であったが、格差、貧困に関心が集まる風潮の中では、それはむしろマイナスの要素となった。麻生は、政策面でも見識を持っていなかった。二月の予算委員会で、「郵政民営化には賛成ではなかった」と発言したのである。これは、当時の自民党が持つ衆議院の多数議席の根拠を否定する暴言であった。また、Ｇ７財務大臣会議に出席した中川昭一財務大臣が泥酔して記者会見に臨むという事件もあり、辞任に追い込まれた。麻生政権下の自民党は、算を乱すという言葉が当てはまった。

他方、二〇〇九年一月、小沢と民主党にとって衝撃的な事件が起きた。小沢の政治資金管理団体の収支報告書に虚偽記載があるとして、小沢の公設秘書が政治資金規正法違反で逮捕されたのである。小沢が政権交代を起こすことを恐れた検察が、この事件を仕組んだという説もあったが、それは陰謀論の類であろう。準大手ゼネコンの西松建設の裏金の捜査を行う中で、小沢への金の流れが見つかり、検察が立件したと見られている。

資金疑惑を抱えたままで選挙を戦うことは無理だと判断した小沢は、五月一一日に代表辞任を表明した。直ちに、両院議員総会で代表選挙が行われ、鳩山由紀夫と岡田克也が争った結果、鳩山が代表に選ばれた。鳩山は小沢の支持を得たことで、代表選挙に勝利した。

ここで、偽メール事件のどん底から、政権交代寸前まで民主党を立て直した小沢の功罪について、考えてみたい。小沢は、九〇年代初めから二〇年の間、日本政治における最大のプレーヤーの一人であった。小沢には熱烈な支持者と、敵がいた。また、小沢の行動の予測不能性が政治の混乱を引き起こしたこともある。さらに言えば、小沢に対する好き嫌いが、政治の再編の原因になったこともある。

私自身は、細川政権時代に小沢が包容力を持っていれば、連立は長持ちし、その後の政治の展開は全く違ったものになっただろうと、小沢の役割を否定的に見ていた。また、小渕政権時代の自自連立も、自民党と公明党との本格的な連立への道を開いただけで、自民党によって使い捨てにされたと、冷ややかに眺めていた。しかし、先に述べたように、小泉政権時代の世の中や国民意識の変化を読み取って、新自由主義から生活第一路線に転換した点については、良い意味で、機を見るに敏だと、評価を逆転させた。私も、いろいろな野党政治家と付き合ったが、小沢代表の時ほど、自分の提言が党の方針に反映されたことはなかったので、いささか舞い上がった。

ここで問われるのは、小沢の信念とは何だったのかという疑問である。大連立を組んで税制と社会保障制度の改革をすることに小沢が意欲的だったという齋藤次郎の回想については、民主党政権下の小沢の行動と対比して、不思議な感じをもつ。歴史にifはないが、この時の大連立が実現して、税制改革が早期に決着していれば、民主党が消費税の問題で分裂することはなかったかもしれない。小沢が、細川政権崩壊以後も長年齋藤と付き合い続け、財政健全化に関心をもっていたのならば、後の話だが、民主党、野田政権時代に消費税率引き上げに反対して党を分裂させたことは、説明がつかない。生活第一のための政策を整備し、しかる後に、安定財源確保のために国民の税負担を徐々に上げていくというのが筋の通った政策論である。野田の増税論が財政赤字削減に偏重したものだという批判はあっても当然だが、だからといって民主党を割るというのは、政権復帰を待望していた自民党に塩を送るようなものである。

時代状況に応じて政策主張を変えることは、一概に変節と非難すべきではないと思う。しかし、政策を変える場合、政治が追求する最優先の目的や価値を明示し、変える理由を説明することが必要である。九〇年代初頭の小沢は、自民党と官僚の連合体がつくった利権共同体を壊すために小さな政府が必要だと考えたのだろう。当時、改革を進める新党の党首に北岡伸一を担ぎ出そうとしたことがあったと、北岡自身が書いている（『中央公論』二〇二三年五月号）。その課題は、小泉によってある程度実現され、今度は小さな政府路線が社会経済にひずみを作り出した。そこで、生活第一を掲げ、社会民主主義的政策を推進した。今度は北岡から私にアドバイザーを代えたわけである。それは、政治家として的確な判断だったと私は今でも評価している。しかし、政策理念に忠実に行動したとは言えないとも考えざるを得ない。

小沢の行動を見ていると、政策主張と政局判断は異なるという結論に至る。政局判断における小沢の行動原理は、自民党による一党支配を終わらせ、政権交代可能な二大政党制を作るという大目標を追求してきたと、政権交代前の時点までは言えただろう。小渕政権時代に自民党と連立を組んだのも、実現可能性は別として、内側から自民党を揺さぶり、大きな再編を仕掛けるという意図があってのことと推察される。総選挙直前に代表の座を退いたことは、そうした判断の現れであった。

4　政権交代選挙

二〇〇九年度予算が成立してからは、いつ解散が行われても不思議ではない状況が続いた。しかし、麻生は解散のタイミングを決めかね、自民党政権は任期満了に向けて追い込まれる形になった。鳩山は政権交代に向けた政策準備を急いだ。鳩山が代表に就任してからは、私は民主党の政策形成に関わる機会を持たなかった。鳩山が小沢の政策路線を継承していることに、私は安心感を持っていた。五月以降は、後は総選挙で勝って、政権交代を実現するだけという空気が民主党の周辺には満ちていた。

内閣支持率、政党支持率にも民主党への期待は現れていた。NHKの毎月の世論調査を見てみよう。麻生内閣の支持率は、一月から三月まで同じ傾向で、支持がおよそ二〇％、不支持がおよそ七〇％であった。小沢が政治とカネの問題で代表を退いた四月から五月にかけては、その反動で支持率が上がったが、それでも三〇％台であった。六月以降はまた下がり、支持率は二〇％台、不支持率は六〇％台であった。自民党支持率は、二〇〇九年に入ってほぼ一貫して二〇％台後半、民主党支持率は、二〇％台前半であった。五月に入ると、自民党内で麻生退陣論が出てくるなど、選挙に向けた戦闘態勢は整わなかった。

ここで、戦後政治史上初めて訪れた選挙による二大政党間の政権交代のチャンスに、人々は何を託したか、振り返っておきたい。二〇〇八年秋から冬にかけて、日本の民意に大きな影響を与える出来事があった。

第一は、二〇〇八年一一月のアメリカ大統領選挙におけるバラク・オバマの当選であった。チェンジを掲げて、アメリカ史上初のアフリカ系大統領が誕生したことは、世界の人々に感動を与えた。オバマ政権の誕生によって、日本でも、政治のチェンジを唱えやすくなった。

オバマの勝利は、アメリカ国民の多くがブッシュ政権の内政、外交に愛想をつかしたことの現れであった。ブッシュ政権が残したものは、イラク戦争にともなう大きな犠牲と、利益追求至上主義にともなう金融危機、経済危機であった。いわば、ブッシュ政権は、戦争と貪欲資本主義を推進した。これに対して、オバマは、平和の回復と国内経済に関する平等の実現を掲げて当選した。外交安全保障面では、二〇〇九年のプラハ演説で「核なき世界」を目指すという理念を訴え、理想を追求する姿勢を明らかにした。また、国内政策では、リーマン・ショックから立ち直るための積極的な財政支出を中心とするグリーン・ニューディール、医療に関する国民皆保険、オバマ・ケアを目指すことを訴えた。オバマの国内政策は、アメリカ版の生活第一路線である。その点で、オバマ政権が日本の総選挙の前年に誕生したことは、民主党にとっての追い風となった。

第二は、二〇〇八年末の「年越し派遣村」であった。リーマン・ショックに伴う不況の中で、日本の製造業は、期限が来た派遣労働者の雇用を止めた。企業のこうした行動は、雇い止め、派遣切りと呼ばれる。こうした労働者の中には、会社の寮に住んでいて、解雇と共に住居を失い、文字通り路頭に迷う人々も多数発生した。ＮＰＯ自立生活サポートセンターもやいの事務局長である湯浅誠や全国コミュニティ・ユニオン連合会などが実行委員会を設置し、生活に困窮する失業者が年末年始を過ごせるよう、日比谷公園にテントを張って、炊き出しや生活相談を行った。東京の真ん中、厚生労働省庁舎の目の前にある日比谷公園で、失業者が炊き出しの列に並んだことは、世の中に貧困問題の深刻さを強く印象づけた。派遣村には与野党の政治家が視察に訪れ、スピーチを行った。また、厚労省は、二〇〇九年一月二日に庁舎の講堂を開放し、仕事始めまでの間、宿泊所として提供した。

雇用の不安定化が社会問題を生み、貧困を深刻にしているという認識は二〇〇〇年代後半に徐々に広がっていった。二〇〇六年にＮＨＫが放送した「ＮＨＫスペシャル　ワーキングプア」は、そうした世論を作り出すきっかけとなった。また、二〇〇八年六月八日に東京・秋葉原で起きた無差別殺傷事件の犯人が、過去に、派遣労働を転々とした経験があったことから、不安定な雇用によって社会的なつながりができなかったことが事件の背景にあったという分析が広く受け入れられた。

その直後にリーマン・ショックが起こり、大量の派遣切りが続いた。従来の日本では、生活保護には負の刻印がつきまとい、生活保護基準以下の所得しかない者の中で実際に保護を受けるのは二割程度にとどまっていた。派遣村に来た失業者も同様の認識を持っていた。しかし、このような事件と、世界的な金融危機が重なり、貧困は自己責任ではないという受け止め方が、二〇〇八年末には広がった。派遣村では、生活保護の申請、求職、住居の斡旋などを一度に総合的に行うワンストップサービスを提供するよう行政に要請し、多くの失業者が住居と仕事を得た。こうした支援について、甘えといった批判は出なかった。

小泉構造改革以来の小さな政府路線の弊害は明らかであり、「国民の生活が第一」という民主党のスローガンを、国民は実感を持って受け止めるようになった。このころには、人々の正義感、公正意識の中身が変化したと私は感じていた。小泉改革を支持したのも、ある種の正義感、公正意識であった。先に紹介した、二〇〇五年の郵政選挙の直後に書いた論考から引用したい。

巨視的に見れば、一握りの勝ち組以外は、皆同じようなリスクにさらされている。しかし、その中に微妙な差異が存在することも否定できない。従来の自民党政治による利益配分システムの中では、農村、建設業者、過疎地の自治体などが特に優先的にリスクから守られてきた。補助金、公共事業、地方交付税などがリスクに対するシェルターとなった。そうしたシェルターを作るための費用をもっぱら負担してきた都市住民から見れば、彼らのリスクだけが不当に高い政治的関心を集めてきたという不公平、不平等が存在する。また、公務員は〔中略〕雇用のリスクがゼロの人種である。〔中略〕住宅面での衒示的消費の象徴である六本木ヒルズを見てもうらやましいとは感じないが、近所の公務員宿舎には腹が立つというわけである。プチ不平等に対する反感が、グローバル経済にともなう大きな不平等を覆い隠しているという現状である。（「民主党はいま、何をすべきか」『世界』二〇〇五年一二月号）

自民党と官僚の連合体が進めてきた裁量的なリスクの社会化が不公平を生んだという批判は、田中直毅など新自由主義側のエコノミストも繰り返してきた。問題は、凸凹のあるリスクの社会化装置を解体してすべての人を同じリスクにさらすのか、リスクの社会化装置の凸凹をなくし、すべての人に公平で普遍的な支援を与えるかという政策選択であった。リーマン・ショックという経済危機、日本国内における格差、貧困への関心の広がりの中で、民主党は、公平で普遍的なリスクの社会化という路線で、政権交代選挙を戦うこととなった。

小泉路線から生活第一路線への転換は、総選挙における最大の争点の一つとなった。これに関連して、私は『中央公論』誌上で、竹中平蔵と二度にわたって対談する機会を得た（二〇〇八年一一月号、二〇〇九年九月号）。それ以前に、私は竹中と何度か話をしたことがある。官僚支配と族議員政治を攻撃する際には、ある意味で協力したと思っている。対談でも、次のように語っている。

山口　九〇年代には竹中さんと同じ課題に仲間として取り組んだという意識が私にはある。すなわち、官僚支配と自民党の族議員政治こそが日本をおかしくしている悪の元凶であると。そこに竹中さんは経済学の立場から、私は政治学の立場から批判の矢を放ち、一定の世論形成に成功した。

竹中　そうですね。

山口　私はデモクラシーによって既存のタテ割り行政にメスを入れ、資源の配分を変えるべきだと訴え、竹中さんは官と民の境界線を引き直し、市場原理も大胆に取り入れることで官僚制の病理を是正しようと目論んだ。（「対談　新自由主義か社会民主主義か」『中央公論』二〇〇八年一一月号）

私は、竹中にルールとミニマム保障のない規制緩和が社会を崩壊させていることを説いた。

山口　〔欧州でも雇用の〕「柔軟化」という考え方が出てくるわけですが、そのためにはボトム、すなわち失業給付だとか職業訓練だとかの政策的な支えを整備する必要があるというのが、共通認識になっています。ひるがえって日本はどうか。結局、企業の人件費抑制のために規制緩和がいいように利用されて、メチャクチャな低賃金労働が急速に増えたというのが現実です。

竹中　法律の問題もあるのですが、労働監督が現場で機能していないというのも大きいんですよね。ここがしっかりしていれば、サービス残業なんて許されないはずなのに。

山口　監督署が人手不足に陥ってるという実態もあります。レフェリーが絶対的に足りない。

（同上）

市場における公正な競争を実現するためには、公的なレフェリーが必要であることを竹中が認めたことは収穫であった。他方で、竹中の次のような指摘にも同意しなければならないこともあった。

竹中　私はできるだけ小さな政府にして、任せるべき部分は民間、市場に開放すべしという立場で、具体的な方策も「骨太の方針」などで提示しました。もちろん批判は覚悟の上だったし、あえて「対抗するビジョンを示してください」とアピールもした。しかし、対立軸たりうるものはいまだに出てこないんですよ。話を分かりやすくすると、米国型かスウェーデン型か。「骨太」が前者に近いものだとしたら、「スウェーデンのように消費税を二五％にしても、誰もが満足できる福祉を国が提供する」といった方向性を掲げた政党が日本にはない。（同上）

生活第一路線は、後でふれるように、財源確保のための負担増までは明記していなかった。とりあえず政権交代で民主党が与党になれば、無駄を省き、埋蔵金を掘り出すということで、議論を先送りしたのは事実である。私も、当面は国債で財源をつなぎ、充実した公共サービスに対する国民の理解を得られたら、「お代は見てのお帰りに」ということで、負担増を議論するしかないと考えていた。

二〇〇九年夏、総選挙直前の対談では、民主党政権の課題についても議論した。今から振り返ると、竹中の予言は示唆的であった。

竹中　政治にこそバブルがあると思うんです。〔中略〕大した実力がないのに評価が高すぎる。そして分かっているけれども止められない。この二つの現象がバブルなんですね。今、同じことが民主党に起こっています。

山口 消費税について言うと、今度の選挙で政権交代を起こして、新政権でいきなり税制改革というのは、現実には難しいでしょう。だから、実際に政権を取った後に、「国の財政がどうしようもない。やりたいこともできない」と正直に言って、来年の参院選あたりで第二次のマニフェストを出し直して、もう一回国民の選択を仰ぐということになるでしょうか。(「徹底討論 市場か、政府か、今こそ選択の時」『中央公論』二〇〇九年九月号)

確かに、政権交代への期待は、バブルであった。

総選挙に向けた民主党のマニフェストの目玉は、中学卒業までの子ども一人への月額二万六〇〇〇円の子ども手当、高校授業料の無償化、農家戸別補償、高速道路無料化、ガソリン税の暫定税率廃止であった。最後の二つは、自家用車が日常生活に不可欠な地方住民のための政策であった。最初の三つは、政府が客観的な基準に則って政策の対象に直接現金を給付する政策であった。普遍的な政策によるリスクの社会化で生活第一を実現するという小沢代表の時代以来の民主党の政策の到達点であった。

他方、財源については、増税を封印し、いわゆる予算の無駄遣いを排し、特別会計の積立金などのいわゆる埋蔵金を転用し、総額一六・八兆円を確保するとうたわれた。生活第一の背後に、無駄を省くという従来の改革言説が貼りついていたわけである。また、行政刷新会議を設置して、様々な政策を精査し、無駄を省くことも、民主党の新機軸とされた。ただ、野党として政策を立案する際には、情報の制約があり、一六・八兆円の財源確保についても、それが可能かどうかは実際に政権を取ってみなければわからなかった。

また、政権運営の仕組みについても、政治主導をキーワードに、自民党政権との違いをアピールしていた。官僚支配の打破は、九六年に旧民主党が結党されて以来、民主党のモットーであった。小沢も菅も、それぞれの経験から、政治主導に強い思いを持っていた。また、両者ともイギリスの内閣システムをモデルと考えていた。従来の官僚支配を打破するための仕組みとして、国家戦略局と行政刷新会議という二つの機関を設置することが、マニフェストに掲げられていた。また、脱官僚支配の象徴として、閣議の前に閣議決定案件を整理するために開かれてきた事務次官会議を廃止することもうたわれた。国家戦略局とは、マクロ的な政策立案の司令塔のようなイメージで、小泉時代の経済財政諮問会議に代わって、政治主導で政策の大枠を決めるという役割が期待されていた。さらに、地方分権を徹底的に推進するという趣旨で、地域主権という言葉が使われた。

ただ、民主党内で大臣経験のある政治家は、小沢、菅、藤井裕久など少数で、官僚との関係の持ち方についても、実際に政権を取ってみなければわからないという状態であった。マニフェストにある政治主導は、畳の上の水練という面が否定できなかった。

財源確保にしても、政治主導にしても、政権を取った後にどのように実現するかについて、未知の課題があることは予想できた。その意味で、試行錯誤の余地は残しておく必要があった。しかし、政権交代に向けて勢い込んだ民主党は、マニフェストを国民との契約と位置づけ、選挙で勝利した暁には国民の信任を動力に、その実現に邁進することを訴えていた。マニフェストを金科玉条にすることの危うさについて、この時はほとんどの政治家は気にしていなかった。

七月一二日に、衆院選の前哨戦となる東京都議会選挙が行われた。衆院選の直前に都議選が行われるのは、九三年六月以来のことであった。この都議選で、民主党は二〇議席増の五四議席を獲得し、第一党となった。自民党は一〇議席減の三八議席にとどまった。麻生は一三日に、二一日衆議院解散、八月一八日衆議院総選挙公示、三〇日投開票という日程を明らかにした。この日の日記を引用する。

七月一三日　麻生首相、当初は都議選直後の解散を志向したれど、昨日の選挙結果を受け、来週解散、八月三〇日選挙という日程を明らかにす。
いよいよ政権交代に向けたカウントダウンなり。民主党には鳩山資金問題など、いろいろあり。前向きの具体的な政権構想なし。されど自民の自滅、迷走ゆえに政権転がり込む形勢なり。
思えばこの一〇年、民主党を軸とした政権の樹立を訴え続ける。ようやくここまで漕ぎつけたりとの感懐あり。その意味ではめでたき誕生日なり。

私も、子ども手当や高校無償化は評価していた。もともと代表時代の小沢に、高校レベルの教育で授業料を取るような先進国は日本だけだと私も進言したことがある。しかし、財源の面には不安があった。また、政治主導は形の議論ばかりで、官僚の力を使った政策立案の具体的なイメージもなかった。その点で、不安も抱いていた。小沢が代表を辞めた後は、民主党内でどのように政策立案が進んでいるのかよくわからないという不満もあった。鳩山の資金問題とは、鳩山の自己資金を政治資金に繰り入れる時に、架空の個人献金という形で政治資金収支報告書に記載したという問題である。この件は、政権交代後、自民党からの攻撃材料として批判されることになる。小沢、鳩山の資金問題は、民主党政権の勢いをそぐ要因となった。

四年前とほぼ同じ時期の、真夏の総選挙となったが、攻守所を変えた構図となった。私もあちこち、民主党の候補の応援に走ったが、これほど盛り上がる選挙は後にも先にもなかった。街頭演説をすると、動員をかけなくても人がどんどん集まってくる。マニフェストはすぐにはけてしまう。二〇〇七年参院選から〇九年衆院選までの二年間は、理論と実践の両面で、私の政治学者人生で最も楽しい時間であった。

選挙直前の竹中との対談では次のような応答があった。

山口　選挙で勝って政権を取ると、政治的な正統性が明確ですから、官僚や野党が何か文句を言ってきても多少のことは乗り越えることができる。しかし、政権交代という政治的資源を最大限に活用するという問題意識が、今の民主党からうかがえてこない。それが一番の不満です。

竹中　山口先生、頑張ってください。

山口　竹中さんに激励されるなんておかしな気分ですね。（同上）

マニフェストに掲げた重要政策の中で、どのような順番で改革を進めるのか。イギリスのブレア政権の場合には、地方分権や情報公開法など、予算の要らない制度改革を最初に行い、医療や教育など、カネのかかる政策は二年目以降という進行管理表があった。七月一九日、鳩山は遊説先の沖縄市で、米海兵隊普天間基地の移設問題について、「最低でも県外」と発言した。民主党の場合、政策転換の進行管理を誰が担うのか、その点が不安であった。ともあれ、竹中に激励され、私も政権交代が成就したら、野党時代以上に政策立案に関わりたいと思っていた。

第九章　民主党政権の誕生と迷走

1　政権交代の高揚と鳩山政権

民主党政権については、機能不全、失敗という評価が人々の記憶の中で固定化している。私自身は、野党時代の民主党の政策形成や路線構築にある程度関わったが、政権交代の後は、政権運営や政策に関わることはなかった。そもそも鳩山政権の幹部には政策立案に学者の助力を仰ぐという発想はなかったようである。リベラルな学者の登用は、財政学者の神野直彦を政府税制調査会の専門家委員会委員長に起用したなど、少数の例にとどまっていた。正直なところ、政権幹部の華々しい演説やパフォーマンスを見ながら、髀肉《ひにく》の嘆をかこっていた。そのために、距離を置いて、客観的に民主党の政権運営や政策を評価することができたとも言える。民主党が何を目指し、何が実現でき、どこで、なぜ失敗したかを公平に評価することは、政治を論じる者にとって、依然として課題である。政治の展開に関する事実経過は他の書物に譲るとして、政権運営や政策決定における成功や失敗について、政治学者の視点から見て重要と思える要素を取り出して、考察を加えることとしたい。以下、民主党の政治家のインタビューを引用する。これは、二〇一二年から一三年にかけて、私の研究チームが行ったもので、山口二郎・中北浩爾編『民主党政権とは何だったのか』の基礎となったものである。

総選挙の際に提示したマニフェストでは、子ども手当、農家戸別補償など給付の拡大が目玉政策とされる一方、財源については既存の歳出の見直しによって一六・八兆円を生み出すことがうたわれていた。これは根拠のない希望的観測ではなかった。二〇〇〇年代の民主党が政権交代の準備をする過程においては、野党としての政策能力を身に着け、実践したという面を評価する必要がある。

民主党政権で外務副大臣や官房副長官を務めた福山哲郎参議院議員は、財源の見積もり作業について、九七年の国会法改正、衆議院規則の改正によって規定された予備的調査を活用したと述べている。これは、四〇名以上の議員の要求によって国会の委員会が行政官庁に対して立法準備のために資料の提出を要求できるという制度である。福山は私のインタビューに対して、次のように答えた。

予算の区分けというものは、実に巧妙にできています。社会保障振興費とか、文教科学振興費とか、各省庁の予算をテーマ別に区分して予算計上していたのですね。それを予備的調査によって、各省庁別に、補助金、人件費、庁費、委託費、施設費といった区分に仕分けし直させたのです。〔中略〕元の数字を見ると、〔中略〕それぞれの団体にどれぐらい行っているかとか、出張経費はいくらだとか全部出ているのですね。例えば、庁費ってなんだと聞いたら、くだらない事業なのですよ。人材活用費とか、システム再構築費用とか。見積もりがむちゃくちゃに高かったり、随意契約でやっていたり、ひどいものがたくさん出てきた。これを全部洗い出せば、一割や二割はすぐに切れると。（『民主党政権とは何だったのか』、三三二頁）

野党が政策をつくる際、官僚の支援は受けられない。その意味で、政府与党の政策と同じレベルの政策を作って競うことは無理である。野党が作るべき政策は、一方において理念レベルの大枠の政策と、他方で政府が隠したりごまかしたりしている問題の細部に切り込んでつくった具体的レベルの改革案の二種類であろう。その点で、民主党は消えた年金記録問題の追及や、予備的調査による無駄の解明という具体論である程度の成果を挙げていた。それがマニフェストの基礎となったことは、野党にどこまで政策立案ができるかを考えるうえで、教訓的である。現在の野党もこうした手法を継承しなければならない。

他方で、マニフェストでは様々な政策が山盛りにされ、それを詳しくかみ砕いた政策インデックスはより多数の政策が網羅されていた。初めての政権交代に向けて意気込むのは当然であったが、民主党の指導部が政策実現の現実的なシナリオをどこまで描いていたかは疑問である。民主党の政策調査会長を務め、マニフェスト作成にかかわった直嶋正行はマニフェストの項目を実現するスケジュールとして工程表を作った。そして、大きな予算を伴う新政策については、子ども手当の半額実施、新政策の調査費計上などで、ある程度時間をかけて政策を実現するよう工夫したと述べている。そして、「私も本音で言うと、これだけ項目は並んでいるけれど、半分できれば御の字ではないかという気持ちがありました」と述べている（同上書、三三二頁）。

しかし、政権をかけた総選挙に向けて、どうしても国民の期待を喚起するために、大盤振る舞いのマニフェストになったことは、多くの政治家が認めている点である。特に、小沢代表の時代に、選挙に勝つために、税制の論議を封印し、給付政策を前面に出したことが、鳩山政権にも引き継がれた。後に民主党政権崩壊の最大原因となった消費税率引き上げについても、総選挙前には政権交代後の最初の衆議院の任期、四年間の間は消費税率を上げないと訴えた一方で、マニフェスト作成の段階では、実務者の中にはある種の了解が存在した。直嶋は、次のように説明している。

〔年金制度改革について〕マニフェストでは〔平成〕二五〔二〇一三〕年度に新制度の決定となっているように、「四年目ぐらいでなんとか法案が出せればいい」と議論していました。社会保障の制度改革と合わせて消費税をお願いしようという腹づもりだったのです。税金の使い方も含めてムダをなくしていかないと国民の理解も得られないでしょうし、消費税は社会保障の財源に充てるとして、社会保障と税の一体改革をセットでお願いすることは、われわれは早くから言ってきたことでした。（同上書、三〇頁）

この種の問題について、タテマエとホンネを使い分けながら、必要な政策に向けて国民的合意を形成することは、政治家の技量の一つである。そのあたりの現実感覚が政権発足に当たって、政権の中枢部で共有されていなかったことは、禍根を残した。

八月三〇日に総選挙の投開票が行われ、民主党は三〇八議席を取り、圧勝し、政権交代が確定した。

自民党は一一九議席に激減した。選挙直後に朝日新聞の求めに応じて、政権交代の意義を論じる長い論評を書いて、寄稿した。これは、選挙直後の九月三日朝刊に掲載された。私はもちろん、「与党系」の学者になったのだが、能天気に新政権をはやすだけでは学者の見識が疑われる。民主党政権が陥る落とし穴を予見することが、民主党に近い学者の任務と考えていた。新政権の発足に当たって、私が何を危惧していたかを確認しておく。

冒頭で、政権交代の意義について、次のように書いた。

民主主義とはそもそも革命の制度化であり、昨日の少数派が今日の多数派になるというダイナミズムこそ、民主政治の本質である。政策選択以前に、国民の手によって権力の担い手を入れ替えることは、それ自体が民主政治にとって不可欠である。自民党が時には権力から離れる普通の政党になれば、メディアも国民ももっと自由にものが言えるようになり、社会の風通しはよくなるに違いない。（朝日新聞、二〇〇九年九月三日）

政権交代が常態化すれば、自民党が国家権力とイコールではなくなる。そうなると、自民党を批判することが国家に反逆することではなくなり、自由に議論ができるようになる。私が政権交代の最大の意義だと考えたのは、その点であった。残念ながら、民主党政権崩壊後に、また自民党が国家権力とイコールで結ばれる時代になり、自由な議論は困難となった。

政権交代がもたらす政策変化について、私は、弱い者の立場に立って「生活第一」の実現こそが課題だと考え、次のように書いた。

親の経済的事情で学業を断念した若者の無念。介護に疲れて親を殺すことまで考える人の絶望。まじめに働いてきたにもかかわらず職を奪われた人の怒りと不安。自民党政権時代に人間の尊厳を無視して顧みない社会が現れたことへの怒りが、責任などという言葉を平気で使う恥知らずの自民党を完膚無きまでに打ちのめしたのである。民主党の議員は、自分が誰を代表するのか、政治活動を始めるに当たって深く胸に刻むべきである。（同上）

そして、社会モデルの転換を説いた。

今の閉塞感を打破するためには、大きな社会ビジョンを提起することこそ、政治家の使命である。たとえば、従来の日本の社会保障制度や税制は、自民党政治家の保守的な家族観を反映し、父親が一定水準の給与を得て、母親は専業主婦として家族の世話をするというモデルを前提としてきた。経済の現実はこのようなモデルから離れて動いており、たとえば保育所不足という形で、実態と政策の乖離に多くの人々が苦しんでいる。

政治家の仕事は、政策の前提となる家族像を転換し、多少賃金は下がっても夫も妻も働いて、家族の生活を支えるというモデルを示し、それを具体的に支えるような税制、社会保障制度、さらに介護、保育などの社会サービスの整備を構想するという点にある。（同上）

私はフェミニズムを勉強したわけではなかったが、男女が平等に働き、家庭の仕事もするというモデルを実現する点こそ、自民党との最大の対立点だと考えていた。ジェンダー問題と生活第一を結びつけるという視点は、今でも有効性を失っていないと考えている。

次に、政治主導について懸念を表明している。

民主党は、政治主導を唱え、政治家を一〇〇人以上、行政府に送り込むと言っている。その点に関して、私は形から入る政治主導の危うさを感じる。初めての与党経験に舞い上がった民主党の政治家が各省の指導的地位に就き、これ見よがしのパフォーマンスを行って大きな混乱を生む情景が目に浮かぶようである。機構や手続きをつくれば、ひとりでに政治主導が実現するわけではない。

政治主導を実現するために何よりも必要なのは、政治家の意思である。更に、その意思の根底には、これから自分が取り組もうとする社会の不条理に対する怒りと憤りが存在しなければならない。（同上）

組織や制度を作るよりも、政治家自身が明確な目標と意志を持つことが政治主導に不可欠であった。この点で、民主党はマニフェストを実現することには熱心だったが、それらの政策を実現することが自らの理想に照らしてどのような意義を持つかは、明確ではないように思えた。民主党の政治家の多くは、政権交代の高揚感から、さらに全能感に浸るようになり、官僚組織とのあるべき関係について思い至らないという印象であった。政治主導の空転は、その結果であった。残念ながら、私が持っていた危惧は、現実のものとなった。

選挙から九月一六日の鳩山政権の誕生まで、半月の空白があった。野党時代の政権準備と、実際の新政権発足との間には、断層が存在することは否定できない。その最大の理由は、野党時代のネクスト・キャビネットのメンバーが、本物の内閣にはほとんど入らなかった点にある。菅直人は、その理由について、ネクスト・キャビネットの人事は野党の人事の一環として交代でやってきたに過ぎず、政権を取ったらそのまま横滑りさせるという合意がなかったことをあげている(『民主党政権とは何だったのか』、五八頁)。

総選挙の後、鳩山は更地から内閣の構築を始めた。まず、幹事長に小沢、内閣官房長官に平野博文、副長官に松野頼久と松井孝治を据えることを決めた。組閣人事は、官房長官、副長官の三人と相談しながら進めた。そして、当選回数が多い政治家、グループを率いている有力政治家を中心とした閣僚人事が固まり、年金問題で活躍した長妻昭が厚生労働大臣に起用された。マニフェストでは政策実現の工程表が作られたが、本物の内閣を作るに当たって、重要政策をどのようなスケジュールで実現するか、予算や法案をどのように準備するかについて、政権発足に当たって十分練られてはいなかった。選挙から政権発足までの半月は、空白期間であった。

ここで問題となるのは、内閣が有能な政治家を網羅した権力中枢となったかどうか、そして内閣と与党が融合して機能する体制ができたかどうかであった。まず、マニフェストで示した政権運営の基本である「五原則・五策」の要約を示しておく。

五原則

一　官僚丸投げの政治から、政権党が責任を持つ政治家主導の政治へ
二　政府と与党を使い分ける二元体制から、内閣の下の政策決定に一元化へ
三　各省の縦割りの省益から、官邸主導の国益へ
四　タテ型の利権社会から、ヨコ型の絆の社会へ
五　中央集権から、地域主権へ

五策

一　政府に国会議員約一〇〇人を配置し、政務三役を中心に政治主導で政策を立案、調整、決定する
二　大臣は内閣の一員として活動し、閣僚委員会の活用で重要課題について調整する
三　国家戦略局を設置し、新時代の国家ビジョンを創り、政治主導で予算の骨格を策定する
四　官庁の幹部人事について、政治主導で行う
五　天下りの禁止と、行政刷新会議による行政活動全般の見直しを進める

これは、鳩山代表の下で、松井孝治が中心になってまとめた政府機構のデザインに関する基本ルールである。政治主導が新政権の政策や人事の大原則である。しかし、主導するだけの力を持った内閣

をつくるためには、野党時代からの継続性が必要であった。組閣に向けた鳩山の動向を民主党の有力政治家が固唾をのんで見守るという状態からスタートした内閣であれば、各大臣ポストに必要な政策能力を持った政治家が適切に配置されたとは言い難い。

何より大きな問題は、政府と与党の一元化が実現できる体制になったかという点である。野党時代には、小沢も菅もイギリスをモデルとして、政府与党関係や政官関係を構築するという意欲を持っていた。当初は、イギリスに倣って、与党の指導部の政治家も国務大臣として閣内に入るという議論が行われていた。当初は、幹事長も閣僚になるべきという声もあったが、そうなると幹事長が予算委員会などで閣僚として野党の追及を受けるという事態が出来する。そうなると、党運営に十分なエネルギーを割けなくなるという弊害も出てくる。何より、資金問題を抱えた小沢が閣僚として国会で追及を受けるという図は避けたいというのが小沢や鳩山の考えであった。そこで、幹事長入閣という話はなくなった。

幹事長の人選自体についても、軋轢があった。鳩山代表の下で幹事長を務めた岡田克也は次のように述べている。

私としては幹事長を引き続きやりたいと思っていたのですが、鳩山さんから小沢さんを幹事長にするという話がありました。幹事長を代わることが決まった際に、外務大臣の内示を受けましたので、その段階で党の意思決定から外れました。鳩山内閣が成立する一週間ほど前のことです。
(同上書、五九頁)

新体制発足の原点において、十分な調整が行われていないことがうかがえる。国家戦略担当大臣が党の政調会長を兼ねるというのは、当初の党内合意であった。しかし、政権発足の直前に、政調会を廃止することが決まった。その間のいきさつについて、岡田は次のように述べている。

菅さんも政調会長兼任のつもりで国家戦略担当大臣を受けたと思います。それが直前にひっくり返されて、政調会そのものが廃止されてしまいました。小沢さんや鳩山さんが、党は政策にかかわらないようにすべきだと主張し、この方針はマニフェストの目玉であったにもかかわらず、直前につぶされてしまったのです。当時、代表の鳩山さん、代表代行の小沢さん、菅さん、輿石〔東〕さん、幹事長の私の五人で重要な決定を行っていましたが、そこで二対三で負けてしまったのです。私と菅さんが二の方です。（同上書、六〇頁）

政府と与党の一元化という改革は、当初から挫折した。小沢が党にこもり、二重権力構造が新たにつくられることにつながった。小沢が自民党時代に支配したシステムを民主党政権に持ち込んだという批判も当然出てきたのである。後に民主党政権を崩壊に導いた小沢と反小沢の対立の芽は、政権発足時に既に存在していた。

国民の大きな期待を背景に誕生したという点で、オバマ政権と鳩山政権は似ていた。オバマ大統領の誕生に刺激されて、日本人も政権交代をより強く望んだということも言えるだろう。しかし、政権の滑り出しの段階において、二人の指導者の戦略は対照的であった。

オバマは、アメリカ史上初のアフリカ系大統領という歴史的な快挙をむしろ後景に退けて、国民の期待水準をコントロールしようとした。二〇〇九年一月二〇日の就任演説の一節を紹介する。

今私たちに求められているのは、新たな責任の時代です。米国人一人ひとりが、自分自身、国、そして世界に対して義務を負っていると認識することです。そして、全力を尽くして困難な仕事に取り組むことほど心を満たし、米国人らしさを示すものはないと確信して、この義務をいやいやではなく、喜んで引き受けることです。

これが市民であることの代償であり、約束です。

オバマは自らをヒーローとして描くことを避けた。リーマン・ショックによる経済の混乱という困難な状況の中で、政府に過度の期待を持たないよう、政権発足時に人々の感情を鎮めることを図った。過大な期待が幻滅に転化すれば、たちまち政権が窮地に追い込まれることをオバマは予想していたのであろう。国民に自らの責任を果たすよう訴えたのは、そのようなメッセージであった。

それとは対照的に、鳩山は政権の滑り出しの段階で、戦後初めて選挙によって政権交代を成し遂げたという高揚感を隠さなかった。国民の大きな支持と期待を背景に、重要な政策転換を実現するという政治戦略があったと解釈できる。

鳩山の思いは、二〇〇九年一〇月二六日、臨時国会冒頭に行われた所信表明演説で披瀝された。鳩山の演説の作成には、松井孝治官房副長官と、アドバイザーとして迎えられた劇作家の平田オリザが参加した。演説の初めで、鳩山は次のような決意を述べた。

「今の日本の政治をなんとかしてくれないと困る」という国民の声が、この政権交代をもたらしたのだと私は認識しております。その意味において、あの夏の総選挙の勝利者は国民一人ひとりです。その、一人ひとりの強い意思と熱い期待に応えるべく、私たちは「今こそ日本の歴史を変える」との意気込みで、国政の変革に取り組んでまいります。

そして、政治主導による行政体制の変革、弱者に寄り添った命を大切にする政治、居場所と出番のある社会の実現、地球温暖化などのグローバルな課題への積極的な取り組み、東アジアにおける平和の創出など、自らの政権が挑戦する重要な課題を列挙し、変革の構想を国民に示した。

結びに、政権交代の意義について、改めて次のように強調した。

日本は、一四〇年前、明治維新という一大変革を成し遂げた国であります。現在、鳩山内閣が取り組んでいることは、言わば、「無血の平成維新」です。今日の維新は、官僚依存から、国民への大政奉還であり、中央集権から地域・現場主権へ、島国から開かれた海洋国家への、国のかたちの変革の試みです。〔中略〕

後世の歴史家から「二一世紀の最初の一〇年が過ぎようとしていたあの時期に、三〇年後、五〇年後の日本を見据えた改革が断行された」と評価されるような、強く大きな志を持った政権を目指したいと思っています。

政権交代をテコに、政治、経済、社会の大きなシステム転換を実現したいという思いは、民主党に集まった政治家やこれを支持した学者、経済人に共通していた。しかし、それを国民に向けて訴えて、実際に政策転換を進めるに当たっては、熱狂、陶酔の危険性について、もっと冷静に注意すべきであった。

とくに、その慎重さは、外交と経済・財政運営に必要だった。鳩山の理想主義は、沖縄の普天間基地移設問題に関する「最低でも県外」という発言に表現された。政権交代というモメンタムを利用して、方針転換を図るという可能性を追求することも一つの政治的判断であった。しかし、日米安保の運用については、いくつかのアクターが強固な枠組みを構築していた。政治主導でその枠組みを作り変えるには、周到な準備が必要だった。

また、政権交代の時期はリーマン・ショックに起因する不況と重なり、税収が落ち込んでいた。そのため、マニフェストで想定した財源確保策の実現はいっそう困難となった。不景気自体は二〇〇九年初めの段階で明らかになっており、税収減に対応したプランBを用意しておく必要もあった。二〇〇九年秋の段階では、鳩山政権の行く手を遮る困難な現実を直視する政治家はあまりいなかったと思える。

2　民主党らしさをめぐって

たびたび繰り返してきたように、責任ある政治主導を実現するために、政府と与党の一元化を図ることは、「民主党らしさ」が発揮される最大のテーマであった。そこにおける一元化の議論では、内閣に一〇〇人の議員を入れ、行政府を政治家が制御、運営する点だけに焦点が当てられていた。その構想を実現するに当たって、行政府の中に入る政治家にどのような役割を割り当て、官僚とどのような分担関係を構築するかという問題と、行政府に入らない大勢の与党議員（一〇〇人構想が実現しても、三〇〇人の与党議員が残る）にどのような役割を与えるかという問題が残されていた。

前者の問題から見ていく。行政府における政治任用のポストを増やすことは、小泉政権時代に始まった。しかし、副大臣や大臣政務官が具体的にどのような仕事をしているか、明らかではなかった。一〇〇人構想を実現する前に、現存する副大臣や政務官のチームがどのようにして官僚組織を動かして政策形成を進めるか、民主党は手探り状態であった。鳩山政権は、自民党政権がつくった補正予算を全面的に組み替えて、改めて補正予算を提出することを公言し、発足早々作業に取り組んだ。その際、官僚の関与を排除すると称して、副大臣や政務官が自ら電卓をたたいて補正予算の編成に取り組む様子がニュースで紹介された。これは、政権経験を持たない政治家が省庁の要職に就いたために起きた喜劇であった。

官僚組織の内部でさえ、政策形成は、政策立案自体のコストを考慮に入れて、政策立案者の能力を有効に活用するために漸増主義(incrementalism)という手法で行われる。ルーティン的な経費は前例踏襲で認め、新規政策、重点政策について精査するという方式である。まして、人数が限られる政務三役が自ら細部の計数作業までやると、全体として行き届いた政策論議ができなくなる。政治主導は官僚排斥と同じではない。自分流の補正予算を組むにしても、民主党が売り物にしたい重点政策の規模と中身を示し、官僚の持つ情報を利用しながら、予算をまとめるのが政治主導のやり方である。

政府与党一元化の目玉である国家戦略局の設置と一〇〇人構想の制度化は、混迷を続けた。先に紹介したように、国家戦略担当大臣は政調会長を兼ねるという合意があったのだが、小沢の判断でそれが覆された。のみならず、政調会自体が廃止されることとなった。これによって、国家戦略局の位置づけ自体もあいまいとなった。当初は、イギリスのポリシー・ユニットに倣って、外部の有識者や経済人を集めた首相直属の助言機関とし、内閣の重点政策について提言するというイメージもあった。また、先に紹介した「五原則・五策」を起草した松井孝治は、予算編成と幹部公務員の人事を統括する巨大な中枢という構想を持っていた。しかし、財務省主計局から予算編成機能を移管するというのは日本の政治にとって巨大な制度変更であり、一度の政権交代ですぐに実現できるものではない。

また、担当大臣が政調会長を兼務するという当初のイメージに沿うならば、国家戦略局のもとに入閣しなかった与党の政策通の政治家を集めた会議体を設け、広い視野から政権の重要政策の方向づけを行うというイメージであったと想像される。その後、無役の与党議員の不満を受けて、各省政策会議という議論の場が設けられた。しかし、政策決定への参加の仕組みにはならなかった。

内閣中枢に人事と予算の権限を集約するという構想が取り消され、国家戦略局の位置づけは宙に浮いた感があった。私は、政権発足直後、担当大臣となった菅直人にインタビューして、戦略担当大臣の抱負を訊いたのだが、本人からは自分が何をしてよいかわからないという反応で、拍子抜けしたことをよく覚えている。菅によれば、国家戦略担当大臣が重要政策や予算の優先順位を指揮すると、首相が二人並立することになるという心配があった。そのような事態は、逆に内閣の政治的指導力を損なう。イギリスのポリシー・ユニットも首相のリーダーシップを支えるための直属の助言機関である。従来の総合調整機関と異なった能動的な戦略立案を担うという意気込みはわかるが、具体的な制度設計は詰めを欠いていたと言わざるを得ない。あるベテランの政治記者は、鳩山が菅を封じ込めるために国家戦略担当に追いやったという解釈をしていた。

そして、政治家一〇〇人構想を実現するために、政治主導確立法案が二〇一〇年の通常国会に提出された。しかし、国会では新政権の重要政策を実現するための法案が輻輳しており、この法案は継続審議となり、撤回された。当時、民主党は衆参両院で多数を持っており、政府与党がその気になれば法律を成立させることはできたはずである。成立を断念させたのは、党側の事情、具体的に言えば小沢幹事長の消極姿勢があった。松井孝治はこの間の事情を次のように説明している。

そもそも最初の閣議で各大臣から副大臣、政務官は希望の人材を寄こせという要望が相次ぎ、平野官房長官が拒みきれなかったのです。これが失敗だったのです。閣僚が希望人材を「ドラフト指名」した結果、「党の方に人がいない」という苦情をたくさん受けることになるのです。例えば、なんとか委員会の与党筆頭理事は国会対策などをやらなければならないのに、適任者がいない。そんな状況で、「ぎりぎり張り付けた人事でやっているのに、まだ人を寄こせというのか」というのが小沢さんの言い分でした。(『民主党政権とは何だったのか』、七九頁)

政治主導、政府与党一元化を、『日本改造計画』(この中で小沢は、政務審議官という役職を作って与党議員を大量に省庁に配置することを提案していた)の時代から主張してきた小沢が、肝心の政権交代を実現した後に、多数の政治家を行政府に送り込むことに立ちはだかったというのは皮肉な展開である。

省庁における政治任用の拡大は、私自身も主張してきたテーマである。しかし、小沢も私も、日本の国会における立法手続きがイギリスのモデルと異なることを十分理解していなかったことは認めざるを得ない。日本の国会は委員会審議を重視しており、法案が国会に提出されれば、政策分野に対応する委員会に付託されて、審議を行う。重要法案であれば一定の審議時間が確保されるし、参考人の意見聴取や地方公聴会が行われる。また、国会には会期があり、会期内に成立しなければ、その法案は原則として廃案となる。与党が過半数を確保していても、会期内に審議を行い、野党側から中身に賛成しないまでも、採決は受け入れるという程度の了解を得ることは、与党にとってけっこう重い仕事になる。日本の国会における立法のコストは高いのである。まして、政権交代で下野した自民党は、提案型野党などくそくらえと言わんばかりに対決姿勢を示し、政府与党に抵抗していた。

したがって、委員会で自民党と交渉しながら、法案成立を確保するために、国会にもそれなりの人材を配置する必要があった。その際に重要になるのは、委員会の筆頭理事である。委員会審議は委員長がコントロールするが、野党と交渉しながら審議日程を描き、採決のタイミングを決めるのは与党の筆頭理事である。下野した自民党は手持無沙汰であり、場数を踏んだベテランが筆頭理事に就く。与党側の筆頭理事にもある程度国会審議の経験を積んだ政治家が必要だというのが、小沢幹事長の言い分であった。つまり、政府与党一元化を主張した政治家や学者は、行政権力に政治家が参画することを重視するあまり、国会にも人材が必要だという現実を見落としていた。

行政府の政治任用を増やすこともなく、政調会を廃止したことは、民主党内に大きな軋轢を生む火種となった。まず、政調会というシステムについて説明しておきたい。自民党政権時代には、自民党政調会は実質的な政策決定機関として大きな力を持っていた。それは、法案の事前審査という仕組みがもたらした帰結であった。政府が法案を国会提出の前提として閣議決定する前に、自民党政調会にかけて了承を得る慣行が一九六〇年代から定着していた。政調会と総務会で了承されれば、国会提出後は自民党が党議拘束をかけて法案に賛成するので、法案は成立したも同然となる。そこで、法案を所管する官僚は、政調会の対応する部会に出掛けて法案を説明し、与党議員の意見を聞いて、調整した。

自民党政権時代、行政府における政治任用のポストは、各省では大臣と一、二名の政務次官だけであり、きわめて少なかった。行政府の役職につかない普通の与党議員にとって、政調会は政策形成に影響力を及ぼす絶好の機会となった。このシステムは立法の円滑化をもたらすとともに、与党の秩序を保つことに役立った。自民党議員は政調会の議論に参加することで官僚との関係を築き、ある意味での政策能力を磨いていった。

他方で、政調会は公式の国会審議ではないので、不透明で、責任の所在が不明朗という問題があった。また、政治家は官僚によって手なずけられたという面もあった。政治家が利益追求をゴリ押ししたと同時に、与党政治家は官僚が構築した政策体系を防衛するための用心棒となった。政調会は、官僚主導の政策立案を前提とした仕組みでもあった。

民主党、特に小沢は、不透明な政官のもたれ合いを批判してきたので、政調会の廃止にも理由はあった。しかし、それならば透明性が高い与党議員による政策審議や調整の仕組みをつくらなければならなかったはずである。与党の事前審査なしに法案を国会に提出するならば、国会の委員会において与党議員が野党議員と同じ資格で法案審議に参加し、委員会での議論を通して修正や調整を行うという方法を取るのが王道であった。しかし、迅速な政策実現を図る民主党政権がそうした国会改革に取り組むことはなかった。政務三役にも、国会の委員長にもなれない普通の与党議員は居場所と出番を失うこととなった。その結果、多くの与党議員は不満を貯め込み、党内秩序を揺さぶる不安定要因を作り出す結果につながった。

次に、具体的な政策形成における「民主党らしさ」が発揮された事例を紹介しておきたい。その代表例は、寄付税制の拡充であろう。政権交代以前から要件を満たしたＮＰＯに対する寄付金を所得から控除する優遇制度は存在した。しかし、所得控除では恩恵が小さいうえに、優遇対象となるＮＰＯはごくわずかであった。鳩山首相は、「新しい公共」という理念を掲げ、市民活動による公益実現を促進することを重要テーマとして掲げていた。そして、二〇一一年の通常国会では、寄付金の半額を所得税・住民税の税額から控除する優遇策を盛り込んだ法改正が実現した。寄付金を所得税から控除するということは、納税者自身がその範囲で税金の使途を決めることができるという画期的な意味を持っていた。市民が主役というスローガンを掲げた民主党らしさが発揮された政策として評価できる。

寄付税制が成功した理由は、次のようなものであった。まず、利害関係者、特に政策に反対する社会集団がいなかった。民主党は野党時代からＮＰＯ支援の議員立法の法案づくりを進めてきて、当事者とのネットワークを持っていた。それを生かして、賛成する社会集団を動員することができた。他方、反対するのは財務省主税局の官僚であった。官僚が抵抗の主体であれば、政権の指導者が強い決意をもって指導力を発揮すれば、抵抗を乗り越えることはできる。首相が明確な意志を持ち、内閣のもとに「新しい公共」円卓会議という諮問機関を設置して世論を喚起したことが成功の理由であった。

また、社会保障、社会福祉の分野でも、生活保護の母子加算の復活は政治主導で即決された。母子加算の廃止は小泉構造改革の冷酷さの象徴であり、野党時代の民主党は他の野党と共同で母子加算復活の議員立法を提出した。それが政権交代によって実現した。所要財源は一八〇億円と少額で、二〇〇九年度の予備費によって対応した。

障害者基本法の改正も短期間で実現した。小泉政権がつくった障害者自立支援法は、障害者が施設などを利用する際の受益者負担を強化したため、障害者の社会参画を阻害したという批判が障害者団体から出されていた。民主党政権は、障害者団体の代表者を障がい者制度改革推進会議の委員に加え、新たな法律制定を進めた。そして、当事者の声を反映させて障害者基本法の改正が実現された。その中で、障害者の権利の確立と政府の責務が明記された。

生活保護や障害者政策の改革も、それを要求する社会集団や運動体と、緊縮的な政策を維持しようとする官僚組織の対立という構図の中で、政権交代を契機に官僚の抵抗を乗り越えるという形で政策転換が実現された。そのような構図の中では、政治主導は有効であった。

また、再生可能エネルギーに関する固定価格買取制度も政権交代によって実現した。これも、野党時代から再生可能エネルギーの普及に熱心な議員が議員立法を用意していたことで、福島第一原発事故の後に再生可能エネルギー拡大を望む世論が広がる中で、実現した政策であった。

次に、民主党らしさが掛け声倒れに終わった事例を見ておこう。環境政策と税制がその代表例であった。鳩山首相は、就任直後、国連総会で演説し、二〇二〇年までに温室効果ガスの排出を一九九〇年比二五％削減することを国際公約とした。それを実現するためには、化石燃料に課税する炭素税、あるいは環境税が不可欠となった。一方で、揮発油税の暫定税率の廃止や高速道路の無料化も民主党の公約であり、これらは自動車の使用を促進する効果を持つと予想された。税制の問題は、利害関係を有する社会集団が多数存在する。自民党政権時代は、自民党税制調査会の幹部がこの種の利害対立を捌《さば》いていた。民主党政権では、業界団体に加えて、労働組合の産別組織がこの税制をめぐる議論に参加し、調整はいっそう難しくなった。

たとえば、鉄鋼や機械産業の労組の産別組織である基幹労連は、既存のエネルギー関連の税金に加えて環境税を上乗せすることには反対し、運輸労連や交通労連は運輸関係業界と共に軽油引取税の減税を求める運動を展開した。結局、包括的な環境税は実現しなかった。民主党のいう政治主導は、利害関係者が輻輳する状況においてこそ、真価が問われる。指導力とは官僚組織に対してだけではなく、官僚組織が抱えている利益集団に対しても発揮されなければ、政策決定ができない。その点では、民主党は政治主導を貫くことができなかった。

また、財務副大臣として税制改正を担当した峰崎直樹は、租税特別措置の廃止をめぐる議論について面白いエピソードを教えてくれたことがある。かつて、自民党税調の実力者と言われた山中貞則が地元、鹿児島県の畜産農家を保護するために、肉牛の売却利益について一〇〇〇万円まで非課税とするという特別措置を設けた。民主党政権がこれを廃止しようとすると、農水省の政務三役や農業関係の議員が反対運動を展開した。族議員は民主党にも現れたのであった。業界団体の意を体した政治家が既得権を擁護する政策を推進するのは、政治主導ではない。

二〇一〇年度予算の編成に当たって、民主党では自民党もしなかったような利益誘導システムを構築する動きが起こった。小沢幹事長が予算や税制に関する陳情を幹事長室に一元化し、地方の陳情は民主党の県連を通してあげるという仕組みを作ると発表した。以下は、二〇〇九年一一月三日付朝日新聞の記事である。

民主党は二日、所属議員らが受ける陳情を党本部で一括管理して政府に伝える仕組みを党役員会で決めた。議員が陳情処理を官僚に頼むことで生まれる「政官癒着」をなくし、議員らが地元で積極的に陳情に対応するように党本部が促すことで、党の弱点の地方組織を強化していく考えだ。自民党政権下では族議員が各省の予算獲得や法案成立に協力し、引き換えに陳情を反映させるなど、政策決定の不透明さが問題視されていた。このため、小沢一郎幹事長が二日の記者会見で新しい仕組みを導入する目的について「族議員的な癒着の構造をなくし、オープンですっきりした形にする」と説明した。

民主党は国会議員に政府との接触を認めない一方、自治体や各業界団体からの陳情の受付窓口を党本部の幹事長室に一本化する。

党幹事長室では陳情を絞り込み、一四人の副幹事長がそれぞれ担当する府省の政務三役に伝える。

（朝日新聞、二〇〇九年一一月三日）

この点について、後に小沢自身は、ジャーナリスト、佐藤章のインタビューに答えて、次のように説明している。

陳情は党（総支部長）と県連に一本化しました。それは、地方は喜びました。市町村長の方々や県連のみんなも、クリアになったと喜んでましたね。〔中略〕

それで、そのことはぼくが何かの他意があって一本化したと言われているけど、ぼくは陳情をまとめて、党に対して、こういう陳情や要望がありますよ、と政府に伝えただけです。〔中略〕

これをやれば党の組織もできてくるし、強化できるんです。だから本当にいい話なんだけど、やはり古い五五年体制の頭が民主党にも染みついてるところがありました。〔中略〕

今までは、陳情と言っても役人が全部やらせていたわけですから。（『職業政治家 小沢一郎』、八四頁）

与党議員が政府と接触しないというルールは、イギリスのしきたりをまねたものである。密室での利益誘導を否定すると小沢は主張したが、陳情を幹事長室に一元化することは利益誘導を全党レベルで行うことを意味していた。この動きを見て、彼が政権発足時に政調会を廃止する決断をしたのは、政策調整の機能を幹事長のもとに吸収することを目指してのことだったと理解できた。この点について、当時野党として民主党を批判していた江田憲司は次のように述べている。

昨年末、業界、地方からの予算要望を、党幹事長室に一元化し、表舞台の華やかな事業仕分けとは裏腹に、密室で不明朗な基準で「重点項目」を選定し、居並ぶ閣僚にそれを「全国民の要望」と称して突き付けた。そして、その結果は、今回明らかになったように、党幹事長室を通じて各民主党県連に内示し、そこから各知事、市町村長等に通知するという形で結実したのだ。(江田憲司ホームページ　二〇一〇年二月八日)

小沢は、前記、佐藤章のインタビューの中で、「個別の陳情はありません」「キリがありませんからね」と述べている。しかし、地方から上がってくる、「個別ではない」陳情がどんなものか、私には想像がつかない。小沢は、陳情と予算の箇所づけを党が管理するというシステムを通して、自民党に大きく遅れていた地方の支持基盤を強化することを狙ったと思われる。それは、幹事長として、翌年に予定されていた参議院選挙に勝つために打ち出した政治戦術だったのだろう。本来、民主党は利権政治の撤廃を主張し、予算配分はなるべく地方自治体で行うことを構想していた。私は、小沢代表時代の議論で、民主党が政権を取ったら「陳情」と「利権」という言葉を死語にすることを公約すべきと説いたことがある。その一部は事業別補助金に代わる一括交付金という形で実現した。地域主権改革を言うなら、自治体の首長に民主党組織に頭を下げさせるようなシステムをつくるのではなく、大胆な地方分権を進めるのが筋であった。野党時代には小沢の指導力を評価した私だったが、陳情システムの話を聞いて、何のための政権交代だったのかと失望した。

筋論とは別に、鳩山政権が予算編成の重要課題について調整能力の不足を露呈したとき、陳情をまとめた小沢幹事長は威力を発揮した。松井孝治は次のように振り返っている。

小沢さんが一二月一六日でしたか、自分の配下の陳情担当をしている幹事長部局の議員を連れて官邸にどっと来られたのです。地方交付税をどれぐらいの規模にするか、ガソリンの暫定税率は廃止するのか温存するのか、といったいくつかの大玉を最後に調整するプロセスは、結局、政府の方は古川〔元久〕さんと私、党は筆頭副幹事長だった高嶋良充さんと細野〔豪志〕さん。〔中略〕例えば、暫定税率の廃止を実質的にやめるといくら浮いて、あとは子ども手当の地方負担はどういう制度設計にするのかといったことを、A4の紙二枚ぐらいで詰めていく作業を四人でするのです。〔中略〕党側の二人は小沢さんの決裁を仰ぎ、私らは総理に報告をして、予算編成はスーッと収束していくのです。〔中略〕その際わかったのは、小沢さんには極めて明確な財務省の計算がバックについているということでした。というのは、小沢さんが言っていることを予算化して落としてみると、ほとんどコンマ一兆円という単位まで当時の財政フレームのなかにピシッと入るのです。

(『民主党政権とは何だったのか』、七八頁)

小沢は齋藤次郎元大蔵事務次官と親密な関係を維持しており、幹事長による調整を背後で財務省が支えたという松井の推測は当たっていたのであろう。そのような意味での調整能力を持っていたのは、当時の政府与党の中で小沢しかいなかったということであった。

しかし、民主党の新機軸となる政策について、理念のレベルで世論を説得することに指導力を発揮した政治家はいなかった。野党自民党は、民主党の看板政策である子ども手当、高校授業料無償化、農家戸別補償を「バラマキ3K」と呼んで攻撃した。今や、子ども政策の拡充は各党の合意事項で、子ども(児童)手当や高校教育の無償化に反対する政治家は少ないだろう。民主党の政策は時代を先取りしていたのだから、確信をもって政策の正当性を主張すべきであった。しかし、そうした論理は聞こえなかった。国の政策の恩恵は巨大な数の人々に及ぶのであり、すべての政策はバラマキである。自民党政権のもとでは、与党政治家や官僚にコネを持つ集団に恩恵がばらまかれていたのに対して、民主党政権は公平な基準に基づいて国民全体に恩恵を配分しているのだから、より良質なバラマキだと言えばよいだけの話であった。

たとえば基礎年金財源の半分は国庫負担、つまり税金であり、高齢者が受け取っている年金の全部は自分で積み立てた保険料を取り戻しているわけではない。税金を原資とした現金給付がバラマキだというなら子ども手当よりも年金こそがバラマキである。年金は高齢者を、子ども手当は子どもを社会全体で扶養するという理念でつくられた制度であり、子ども手当だけを敵視するのはおかしい。こうした社会保障のイロハを民主党政権は十分理解していないと、私は国会審議を見ながら切歯扼腕の思いであった。

民主党は、マニフェストの実現を金科玉条にしていた。英語には、manifestとmanifestという二つの単語がある。前者は、マルクス、エンゲルスの『共産党宣言』の宣言に当たる言葉であり、自らが信じるより良い社会の像を描いた宣言文である。後者は積荷目録という意味である。結局、民主党のマニフェストは、後者の意味、より良い社会に関する理念を欠いた、政策のカタログでしかなかったのである。

3　鳩山政権の崩壊

二〇一〇年に入ると、鳩山政権と国民の蜜月期間は終わり、政権は失速していった。その理由は、政治とカネをめぐる問題への世論の批判が高まったことと、普天間基地移設問題で鳩山首相の県外移設を実現できなかったことである。

政治資金については、鳩山と小沢の政治資金収支報告書に瑕疵があったことが、世論の非難を浴びた。小沢の件では、報告書の作成に当たった三人の元秘書が逮捕された。その中には現職の衆議院議員であった石川知裕もいた。鳩山の元政策秘書二人も略式起訴された。また、鳩山は母親からもらった政治資金について贈与税の申告をしていなかったことも明らかになり、修正申告を行った。政治資金をめぐるこれらの疑惑は、民主党の清新なイメージを損ない、鳩山政権に対する支持率は低下し始めた。

普天間基地移設の頓挫は、鳩山退陣の直接的な理由となった。県外移設という大きな転換を打ち出した経緯について、鳩山は次のように説明している。

民主党が政権をとる前の二〇〇八年に、「沖縄ビジョン」をつくりました。そのなかでも「県外への機能分散をまず模索し、国外への移転を目指す」という文言がありますね。それが党としてのビジョンですから、代表としての私は、選挙の時にこれを端的に「最低でも県外」という言い方で申し上げた。〔中略〕当然、責任を持って発言したことですから、それが実現できるように努力をしたつもりですが、戦略的であったかと言われれば、成算があって言ったということではありません。（『民主党政権とは何だったのか』、一〇二―一〇三頁）

しかし、移設の具体案をまとめる作業は、まったく進まなかった。鳩山は二〇〇九年中に結論をまとめることができず、二〇一〇年五月末までに決着をつけると公言した。そして、四月になって、防衛省、外務省、内閣官房の担当者二名ずつと首相、官房長官の八人による検討会をつくって、他県の候補地を挙げるなどして対策の検討を進めたが、成案は得られなかった。

万策尽きた鳩山は、県外移設を断念し、五月二三日、「当初の計画通り辺野古に移設する」ことを仲井真弘多《ひろかず》知事に伝えた。これに反発した社民党の福島瑞穂消費者相は閣議了解に反対し、大臣罷免の道を選んだ。そして、社民党は連立を離脱した。社民党は参院選に向けて、平和の党をアピールするために、辺野古移設反対を貫いた。そして、鳩山は六月二日に首相を辞任することを表明し、小沢も幹事長を辞任することとなった。
この問題について、私の経験を紹介しておきたい。鳩山政権が迷走していた二月三日、アメリカ総領事館の依頼で私は札幌を訪問中のジョン・ルース駐日アメリカ大使と会談する機会を得た。その時、ルースは私に次のような趣旨の発言をした。

民主党政権が発足したときに我々は、どの政党が政権を取っても、日本政府がアメリカと合意したことを実行すべきだと、言おうと思えば言えた。しかしそうはしなかった。日本は民主主義の国であるし、新しく選ばれた民主党政権が何を提案するか待っている。ボールは日本の側にある。

この時の、"we could have said"(言おうと思えば言えた。しかしそうはしなかった)という言い回しが耳に残っている。実際、普天間基地移設問題は、日本とアメリカの間の問題ではなく、日本の国内問題だったのである。日本政府の提案をアメリカが拒否したのではなく、日本側の新しい案をつくるに当たって、外務省をはじめとする官僚とメディアがそれを阻止した。鳩山はこの間の事情を次のように振り返っている。

アメリカの直接的な圧力がどこまであったかということよりも、普天間の話に関してはアメリカの意向を忖度した日本の官僚がうごめいて、アメリカの意向に沿うように政治を仕向けていったように思えてならないのです。それは過去の経験則で「アメリカの意向に従っていれば良いのだ、逆らうと大変だ」ということから、そのように動いているのか、そこはわかりませんが、たぶん、そうなのだろうと思うのです。だから「忖度政治」だと思うのです。（同上書、一〇七頁）

鳩山の感想が当たっているかどうかを確かめる術はない。ただ、総理大臣経験者がこのような疑念を持つこと自体が、日本政治の構造の一端を明らかにしたとは言えるのだろう。普天間基地移設問題の処理を誤って、大きな期待とともに出発した鳩山政権は、わずか九か月で崩壊した。

4　菅政権の成立と参議院選挙

鳩山の退陣を受けて、六月四日に、民主党の国会議員による代表選挙が行われ、菅直人が樽床伸二を大差で破って、代表に就任した。同日午後、国会で首班指名選挙が行われ、菅は民主党政権二人目の首相に就任した。

政治家は結果に対して責任を負わなければならない以上、菅政権は、参院選で大敗してねじれ国会をもたらし、小沢との対立を決定的に深めて後の党分裂の起点を作り出し、東日本大震災と原発事故への対応について不手際を重ねて国民の信頼を失うなど、民主党政権が短命で終わった原因を作ったという否定的な評価を受けざるをえない。しかし、歴史の検証として、菅がどのような意図をもって政策を進め、なぜ失敗したかを明らかにしておくことは、必要である。二〇一二年の民主党政権の末期から崩壊後にかけて行ったインタビューなどを基に、菅政権の軌跡を振り返りたい。

鳩山政権が普天間基地移設問題をめぐる行き詰まりと、鳩山や小沢の政治資金問題によって国民の支持を失って退陣に追い込まれたが、菅政権の発足とともに内閣支持率はV字回復した。しかし、参院選の選挙戦の中で、菅が消費税率の引き上げを訴えたことで、民主党は参院選で大敗し、社民党の連立離脱も相まって、参議院の過半数を失った。選挙戦でわざわざ消費税率の引き上げを訴えたことは、民主党内では自殺行為と受け止められた。とくに、小沢グループは菅の政治責任を問題にし、党内亀裂は決定的となった。

消費税問題を参院選の争点に据えたことは、唐突であり、二〇〇九年のマニフェストに違反する、政治主導とは裏腹に財務官僚によって操られた、といった批判があった。その後のいわゆるアベノミクスによる国債の大量発行を踏まえれば、二〇一〇年に消費税率引き上げや財政健全化を訴える必要があったのかは疑問であろう。これらの点について、菅の説明を紹介しておく。

まず、マニフェストと財政再建・増税の関係について。二〇〇〇年代前半、菅、岡田が代表を務めていた時代には、民主党は財政健全化を重視していた。しかし、小沢が代表になると、財源問題は封印された。政権を取れば財源を捻出できるというのが小沢の考えであり、菅や岡田は二〇〇七年参院選や二〇〇九年衆院選のマニフェスト策定に際して消費増税に触れることを主張したが、小沢がこれを拒否したという経緯があった。長年民主党の指導者として政策論議を主導してきた菅から見れば、消費税率引き上げと社会保障の充実は、民主党にとっての年来の課題であった。

鳩山政権は、前年に勃発したリーマン・ショックにともなう景気の落ち込み、税収減少の中で発足した。二〇一〇年度予算ではマニフェストの重要政策が具体化され、歳出を押し上げ、税収不足に対応して国債が増発された。その予算の国会審議が始まる直前に、藤井裕久財務大臣が健康上の理由で二〇一〇年一月六日に辞任し、菅が財務大臣に就任した。そして、就任直後にカナダのイカルイトで開かれたＧ７財務相会合に出席した。その場では、ギリシアの財政危機が主要なテーマとされた。菅は、その種の国際会議について、次のように説明している。

就任直後にＧ７の財務大臣会合がカナダのイカルイトでありました。ギリシア危機は、その直前に発生したのです。これは二〇〇九年の政権交代時のマニフェストとは関係なく発生しました。確かギリシアがＧＤＰの一三〇％ぐらいの国債残高、日本はその時点でも一七〇―一八〇％でしたから、このまま行ったら日本もギリシアのようになりかねない、という非常に強い危機感をＧ７の議論を通じて持ちました。（『民主党政権とは何だったのか』、一四二―一四三頁）

菅にとっては、財政健全化が先進国共通の課題であり、それは日本の国内政治とは関係なかった。巨額の財政赤字は政権交代前から存在したが、ギリシア財政危機を契機に、日本の財政赤字も政権交代後に国際的に重要視されるようになったという受け止め方であった。その危機を乗り越えるためには、消費税引き上げの論議を可及的速やかに始めなければならないという危機感に基づいて、参院選での消費税論議を始めたと言いたいのだろう。

参院選で消費税論議を始めた動機の一つとして、菅は、自民党の谷垣禎一総裁が消費税率を一〇％に引き上げる公約を発表した点も挙げている。彼は次のように振り返っている。

消費増税の必要性を考えていたところ、当時の谷垣総裁が参議院選挙前に消費税一〇%ということを自民党としてはかなり勇気をもって提案されたので、私としてはそれを評価して、「自民党の案もぜひ一つのたたき台として議論したい」という思いを持ったのです。私自身のなかでは「与野党で話し合いを始めましょう」という問題提起だったつもりでした。しかし総理は大きい存在なので、消費税をすぐにでも一〇%に引き上げるように受け止められてしまいました。(同上書、一四五頁)

財務官僚による操作という解釈については、疑問がある。国政選挙の際に消費税率引き上げが争点となれば、国民の強い反発を招くことは確実であった。増税に熱心な財務官僚といえども、参院選で正面突破を図って失敗することは望んでいなかったと思われる。この点については、当時財務副大臣として税制改革を担当していた峰崎直樹の次の指摘に説得力があると思われる。

菅さんはカナダのイカルイトのG7の会合から帰ってきて、二月九日だったと思いますが、私を副総理室に呼んだのです。何の話かと思えば、「来年度の予算、どうする」と聞かれたのです。菅さんは「このままでは予算は組めないだろう」と。私は「ええっ」と言ったのですが、「組めないときは所得税など他の税を上げればいいでしょう」と言ったら、「そんなもので足りないだろう」と。菅さんは「消費税だよ。消費税。その引き上げをやっぱり考えなければ駄目だろう」

と。

私はこんなに考え方が変わってどうなったのだろうかと驚いたのです。〔中略〕彼が見ていたのは自民党の方で、自民党は消費税を二〇一五年に一〇%に上げるという財政再建健全化法を出してくるわけです。それに抱きついたわけですね。こうした動きについては、私は誰かが壮大な戦略を書いたからとは思えないのです。（同上書、一四八―一四九頁）

菅は、首相就任の記者会見前に、野田佳彦財務大臣をはじめとする財務省の政務三役を総理大臣室に集め、消費税率引き上げの構想を示した。消費税の導入と税率引き上げは、いくつかの内閣の崩壊の原因となった政治的な難題である。これについて、十分な準備やシミュレーションもなく、税率引き上げを打ち出すことは無謀だった。菅は消費税の逆進性に対する緩和策として、低所得者層に対する税金の還付について言及したが、還付の対象となる所得階層についての発言がぶれて、批判を浴びた。この点からも、準備不足は明白であった。

もう一つ、「タラ、レバ」を付け加えておく。辻元清美にインタビューしたとき、社民党の連立離脱をめぐる社民党内での対立について聞いた。その際、辻元は連立への残留を主張したが、孤立した。もし社民党が連立に残っていれば、民主党も消費税率の引き上げを簡単に打ち出すことはできなかったのではないかという指摘があった。

菅が消費税を争点化したことで、民主党には逆風が強まった。神奈川選挙区の民主党候補だった千葉景子法務大臣の選対本部長を務めた齋藤勁衆議院議員は、日に日に票が減っていくのが見えたと語った。七月の参議院選挙で、民主党は比例代表で一八四五万票を獲得して第一党となったが、選挙区、特に一人区の敗北が民主党の敗北をもたらした。二九の一人区のうち、民主党は八選挙区しか取れなかった。獲得議席は四四に止まり、自民党は五一議席を獲得した。これにより参議院は再びねじれ状態となった。

敗北を受けて、菅の進退をめぐる議論が民主党内で起きた。小沢にとっては、鳩山と小沢が退くことによって内閣支持率のV字回復をもたらしたにもかかわらず、菅がすべてをぶち壊しにしたように見えた。自分たちの犠牲は無駄になったという怒りがあったことも想像に難くない。亀裂を回避するための話し合いの場を設定する動きもあったが、菅と小沢の互いに対する批判は悪循環を起こした。菅と小沢の一騎打ちという構図で、九月に代表選挙が行われることとなった。また、参院選敗北の後、鳩山も菅に対する批判を強め、小沢を支援した。その結果、国会議員票は、菅二〇六、小沢二〇〇とまさに党を二分した結果となったが、党員・サポーターの票、地方議員の票で菅は圧倒的に上回り、代表に再選された。しかし、この選挙戦は菅と小沢の対立を決定的なものにし、政権運営はいっそう困難となった。

両者の対立は、かなり感情的なものだった。同時に、政策的な対立点も明確であった。菅は、政権交代以後に発生したギリシア財政危機に対応し、日本でも財政健全化の努力を始めることが国益にかなうと考えた。これまで菅の考えを紹介してきたので、ここで、小沢の考えを紹介しておきたい。小沢は、二〇〇九年マニフェストを最大限実現することを主張していた。増税論議そのものは否定しないが、民主党政権の一期目は増税を封印し、無駄の解消に精一杯努力するというのが小沢の路線であった。

端的に言いますと、自分自身が作ったマニフェスト〔中略〕、それを掲げて政権を任されたマニフェストについて、それが間違いだった、無理だったと言うわけですから、国民の信用を失うのはやむをえないと思います。（『職業政治家 小沢一郎』、七九頁）

また、マニフェストを棚上げしてまで財政健全化を急ぐ必要はないという持論について、小沢は次のように述べている。

今の安倍政権をご覧なさい。何十兆円もむちゃくちゃ使っているではないですか。財源はいくらでもあるんです。ぼくはそのことをよく知っている。〔中略〕特別会計のこともあります。民主党政権が潰れた後の安倍政権を見れば「財源はあるんだな」ということがよくわかります。（同上書、八〇頁）

政策論自体の評価はここでのテーマではない。安倍政権による国債増発が持続可能なものかどうかは、専門家の議論に譲る。政策に関する見解に相違があることは、どこの政党でも起こる。必要なのは、政策的対立が党の分裂や政権の崩壊につながる内戦にエスカレートしないよう封じ込める政治的思慮、叡智である。この点については、菅、小沢の両者に責任があるという月並みな感想を述べることにとどめたい。

菅は、参院選敗北にともなう党内危機を乗り切り、政権を持続した。しかし、九月には、尖閣諸島近辺の海域で、日本の巡視船と中国の漁船が衝突する事故が起きた。海上保安庁が中国漁船の船長を逮捕し、この事件は一気に外交問題にエスカレートした。船長の身柄の送致を受けた那覇地検は、勾留中の船長を処分保留で釈放し、中国に帰国させた。この件は、民主党政権の外交や危機管理能力の欠如をあらわにしたと受け止められている。

過去に、尖閣諸島に中国人が上陸した事件が起きた時、沖縄県警は不法入国した中国人を逮捕したが、検察には送致せず、処分保留のまま釈放し、直ちに強制帰国させた。しかし、漁船衝突事件の際には、初動の段階でそのような政治的判断が働かなかった。当時の官房長官だった仙谷由人は、私のインタビューの中で、事件が海上で起きたため、海上保安庁が司法警察の役割を担い、犯人を逮捕し、検察に送致したことが、事件がこじれた原因だと説明した。海上保安庁の職員が刑事手続きに慣れていなかったことは、確かだろう。しかし、外交紛争に直結する尖閣問題に関する情報収集能力と初動の対応能力について、不十分だったことは否定できない。

また、小沢の政治資金規正法違反容疑による強制起訴、閣僚の失言、野党多数の参議院における問責決議の可決など、菅政権は内憂外患で漂流状態であった。参議院における野党の攻勢は、菅政権の体力を奪った。小沢については、国会への証人喚問、あるいは参考人招致を野党が求め、小沢に敵対する菅にとっては、小沢を政治的に封じ込めることは必要だと思う反面、小沢とともに民主党政権自体が揺さぶられることは嫌うという二律背反状況であった。

また、特に問題となったのは、財政運営であった。予算は憲法の規定により、衆議院だけで成立させることができる。しかし、赤字国債の根拠法となる特例公債法は、あくまで法律であり、衆参両院での可決が必要である。特例公債法が成立しなければ、政府は資金不足で仕事ができなくなる。自民党はねじれ状態を利用して、特例公債法を人質にとって政権を揺さぶる可能性があった。また、参議院での問責決議には法的拘束力はないが、閣僚が居座り続けることは政治的に困難であった。特例公債法にせよ、問責決議にせよ、政権が高い支持を得ている状態であれば、野党も無理な攻撃はかえって世論の批判を招くので、慎重になる。しかし、政権が国民の批判を浴びている状態であれば、野党はねじれ状態を最大限利用する。

二〇一〇年末ごろには、菅には弱気と強気が交錯していたようである。一二月一九日に私はＮＨＫの「日曜討論」に出演して、民主党政権の現状について、「自分は政権交代が日本を救うと主張してきたが、今となってはリフォーム詐欺の片棒を担いだようで肩身が狭い」と発言したら、菅から電話がかかってきて、反論された。その際、次のような愚痴をこぼした。日記から引用する。

一二月二〇日　小沢が挙党体制に協力すると言っても、常に自分が中心にいて力を振るわなければ挙党体制にはならないとのこと。皆が気を使って大変と愚痴を言う。小沢の国会招致はいまやらねば通常国会は空転するとのこと。

また、一二月二六日に、菅と二時間話し合った。私は、政治家、菅直人の姿、思いが伝わってこないことにみんな不満を持っていると伝えた。これに対して、菅は次のように答えた。

一二月二六日　参院選、代表戦と政治的な意味で二回死線をさまよったとのこと。しかし、総理は不信任案の可決以外にやめさせる方法はないと決意を示す。内政面での政策の方向づけについては、神野直彦、宮本太郎両氏の路線で異議はないので安心せよとのこと。

菅は消費税率引き上げを進める際に、社会保障の強化のために神野、宮本の提言を具体化していくつもりとのことで、私も納得した。

二〇一一年の通常国会では、前原誠司外務大臣が外国人から政治献金を受け取っていたことが明らかになり、辞任に追い込まれた。私は、三月三日に鳩山グループで講演した後、仙谷由人と会談した。その中で、仙谷が「自公との大連立以外に打開の道はなし」という見解を聞いて驚いた。菅自身についても外国人からの献金の問題が取りざたされ、政権は瀬戸際に追い込まれていた。そのような状況で、東日本大震災が勃発した。

第一〇章　三・一一と民主党政権の挫折

1　東日本大震災と福島第一原発事故

二〇一一年三月一一日、東日本大震災が起きた。震災と原発事故への対応については、様々な研究があり、ここでそれらを引用した歴史叙述をすることには、あまり意味がないと思われる。確かに、菅政権の対応が不十分だった面は多い。とくに、原発事故発生の際の住民に対する避難の誘導をはじめ、住民の生命、安全に配慮しないまま、無策をさらけ出したことは、政府の責任である。しかし、三・一一のような巨大災害、まして原発事故という未経験の事態に対して、他の政治家が首相であればもっと的確に対処できたかと言えば、答えはノーであろう。そもそも、数百年に一度という規模の災害を想定した避難や救援の仕組みは用意されていなかったし、原発の過酷事故も日本のエネルギー政策の中では全く想定されていなかったからである。

震災対応で最も国民の信頼、支持を得たのは、自衛隊であった。北澤俊美防衛大臣は、自衛隊に一〇万人の動員を指示した。これは、空前の規模の災害救助であった。行方不明者の捜索・救助、遺体の収容、避難所への物資の供給、被災地への物資の輸送などで自衛隊は活躍した。発災直後の被災者の支援については自衛隊が偉力を発揮したが、復旧、復興のための住宅建設、瓦礫《がれき》処理、生業支援などについては迅速な対策が実行されなかった。

ここではまず、菅政権の総務大臣だった片山善博へのインタビューをもとに、震災対応の問題点を整理しておきたい。片山は、自治官僚、鳥取県知事を経て、慶応義塾大学教授を務めていた時に、総務大臣に任命された。その経歴からしても、民間閣僚という立場からしても、事態を客観的にとらえることのできる当事者である。

発災直後の救援については、総務省所管の消防庁が、被災地以外の自治体の消防も動員して、支援体制をつくった。しかし、復旧、復興の段階になると、政策、事務は内閣府の担当になる。発災後、五、六日たった時点で、物資の不足が深刻になった問題について、片山は次のような経験を紹介した。

「燃料の油がない」という声が頻々と被災地から聞こえてくるのです。官邸の危機管理室に油の不足のことを伝えると、経産省の資源エネルギー庁がきちんとやっていると報告してくるのです。それから数日たっても、まだ油の不足の話が出るので、「しかるべく対処をしています」という経産大臣に対して、「では、具体的にどんな手を打っているのですか」と質したのですね。すると、大臣は後ろの役人の方を向いて尋ねようとし、その役人もまた後ろを振り返るという具合で、結局、誰も答えられなかったのです。(『民主党政権とは何だったのか』、一八二頁)

官僚は、実際には仕事をしていないのに、表面上仕事をしているふりをしていたわけである。片山の発案で、被災者支援チームを作って、業界団体などを動かしながら、石油の輸送の仕組みを構築した。

原発事故の地元自治体に対して、事故の現状や住民保護のための対策が直接知らされず、住民はテレビ報道を見て、事故の実態を把握するという状況であった。原発事故に関する情報提供と対策立案は、原発を所管する経産省の任務であったが、実務を担当する能力を持った職員がいないので地元自治体への対応ができないという状態であった。片山は、経産事務次官に「あなたが行けばいいでしょう」と怒鳴って、ようやく情報提供が動き出したという経験もあった。経産省は、原発事故を全く想定していなかったため、事故の際の地元対策についても、対処能力を持っていなかった。

復旧、復興の計画を作る段階では、財務省と総務省の軋轢が発生した。津波の被害は、海岸自治体の集落の入り江ごとに発生しており、復興の計画は基本的に、それぞれの市町村が作り、それを県が後押しし、国がバックアップするという体制が必要だと片山は考えた。復興の計画づくりの要点を片山は次のように説明する。

本格的な復興予算は、既存の制度にはないかたちで金を使うことを前提につくるのです。例えば、住宅の高台移転はその費用のほとんどすべてを国が支払うのでなければ、実現性はありません。防潮堤も原型復旧までは国が出すのですが、復興のためには原型復旧では足りない。本来、そのかさ上げ分は地元が出さなければならないところを国が出す、という具合ですね。それが本格的な復興予算なのです。その予算を決めなければ、自治体は手が付けられない。「高台移転しよう」と言ったところで、お金の見通しがどうなるかわからなければ、リーダーシップもとれません。

（同上書、一八六頁）

しかし、本格的な復興のための大規模な補正予算に対しては、財務省が慎重な態度を貫いた。復興構想を議論するために、政府は東日本大震災復興構想会議を設置したが、この会議では復興財源を賄うための増税の構想が決められた。財源の見通しをつける作業に時間がかかり、補正予算は一一月にようやく成立した。片山は、民主党政権の主要な政治家が財務官僚に籠絡されて、補正予算が遅れ、復興のスピードが遅れたことを厳しく批判している。

また、自治体による復興を支援するために、自由度の高い交付金を構想したが、それも実現できなかった。

実現できずに非常に忸怩たる思いがあります。予算委員会でやり取りをしていたのですが、ニューヨークの九・一一の事故の時に連邦政府が設けた補助金のような想定で、宮城県にはいくら、石巻市にはいくらと自治体に枠で示し、優先順位が高いものから使えるようにするというものでした。国はその使い方についてあれこれ言わない。ただ会計検査だけはするという自由度の高い交付金の構想でした。

しかし、野田政権に代わって官僚主導になり、ガチガチのタテ割りでほとんど平時と同じような

使い勝手の悪い交付金になってしまいました。（同上書、一八八―一八九頁）

片山が紹介した笑えない事例は、宮城県名取市図書館の再建である。この図書館は地震で倒壊したので、津波被害のための補助金は使えず、地震対策の補助金の要綱では同じ場所に再建するのでなければ補助の対象にならないとされていた。名取市は津波の被害が大きく、市街地全体の再設計を行う関係で、図書館の位置も別の場所に移すことにしたが、それでは補助金がもらえなかった。片山によれば、名取市は、カナダ東北復興プロジェクトと日本ユニセフ協会の支援で、仮設の図書館を建てた。日本の官僚制の縦割り主義の猛威を物語る事例である。

災害対策の具体的な政策立案は、官僚が行う。平時を前提とし、省益追求を最大の関心事とする日本の官僚は、危機において無能をさらけ出す。そのことは、どの党が政権を取っていようと同じである。しかし、民主党政権の場合、官僚のずる賢さや怠惰を見抜く能力や経験を持たない政治家が内閣を構成していたことで、問題を一層悪化させたことも事実である。

次に、原発事故への対応について振り返ってみたい。既に述べたように、原発事故への対応も、経産官僚が事故を全く想定していなかったことによって、混乱を極めた。菅は、原発事故の原因はすべて三・一一の前に形成されていたことを強調する。それは間違っていない。

その根拠はたくさんある。たとえば、地震学者で、二〇一二年から二年間原子力規制委員会委員長代理を務めた島崎邦彦は、『3・11 大津波の対策を邪魔した男たち』という本を著した。島崎は地震学者として、日本海溝に沿った場所で大津波をともなう地震が発生する確率が今後三〇年以内に二〇

%あるとする「長期評価」を二〇〇二年に発表した。しかし、内閣府に置かれた中央防災会議も、原子力安全・保安院も、この警告を無視、あるいは過小評価するための策謀を積み重ね、本格的な津波対策を取らなかったことを、当時の担当者の実名を挙げて、この本は明らかにしている。

また、国会では、共産党の吉井英勝衆議院議員が、二〇〇六年一二月に内閣に対する質問主意書を提出し、巨大地震の際に送電線の途絶、津波などによって外部電源の喪失、非常用電源の故障などが起こり、原子炉の冷却機能の停止という大事故が起こる危険があるのではないかという問題提起を行った。

これに対して、当時の安倍晋三内閣は、次のような答弁書を提出した。

我が国の実用発電用原子炉に係る原子炉施設(以下「原子炉施設」という。)の外部電源系は、二回線以上の送電線により電力系統に接続された設計となっている。また、重要度の特に高い安全機能を有する構築物、系統及び機器がその機能を達成するために電源を必要とする場合においては、外部電源又は非常用所内電源のいずれからも電力の供給を受けられる設計となっているため、外部電源から電力の供給を受けられなくなった場合でも、非常用所内電源からの電力により、停止した原子炉の冷却が可能である。〔中略〕

我が国において、非常用ディーゼル発電機のトラブルにより原子炉が停止した事例はなく、また、必要な電源が確保できずに冷却機能が失われた事例はない。〔中略〕

地震、津波等の自然災害への対策を含めた原子炉の安全性については、原子炉の設置又は変更の許可の申請ごとに、「発電用軽水型原子炉施設に関する安全設計審査指針」(平成二年八月三十日原子力安全委員会決定)等に基づき経済産業省が審査し、その審査の妥当性について原子力安全委員会が確認しているものであり、御指摘のような事態が生じないように安全の確保に万全を期しているところである。(内閣衆質一六五第二五六号、平成一八年一二月二二日)

島崎らの大津波に関する警告を無視したため、地震による外部電源の途絶に加え、非常用所内電源が水没して全電源を喪失するという事態が全く想定されていなかったことは、明らかである。安倍はのちに、民主党政権を悪夢と呼んだが、こと原発事故に関する限り、この非難は自らの責任を省みない、無責任な誹謗中傷である。

菅が直面した、原発事故対応をめぐるシステムの欠陥を確認しておく。三・一一の後、菅政権は原発事故への対応で奮闘、あるいは右往左往した感がある。実際に、福島第一原発のすべての原子炉のメルトダウンという事態に至らず、東日本壊滅が起こらなかったのは、偶然の結果であった。その恐怖を味わった政権指導者が原発事故にかかりきりになるのは、当然であった。菅は、事故発生直後の混乱を次のように説明している。やや長くなるが、引用したい。

厚生大臣をやっていたときには、厚生省関連の問題で何かあれば、必ず局長以下がやってきて、これはこのようにした方がいいですよと案が出てくるのです。〔中略〕しかし、原発事故については原子力安全・保安院は現状把握ができていない上に、今後の見通しも、これから何をすべきかという提案も何一つも出てこない。〔中略〕官邸はもともと原子力発電所内、つまりオンサイトのことには直接かかわることにはなっていないのです。つまり原子力発電所内の事故対応は基本的に電力会社がやることになっています。しかし、そうは言っても、住民の避難範囲を決めるにも原発の状況がわからなくては決められない。逆にベントを行う場合には住民への影響を考えて判断しなければならない。自衛隊や消防の出動も東電だけではできない。そこで原子力安全・保安院のトップと、助言機関の原子力安全委員会の班目〔春樹〕委員長に官邸に来てもらった。原子力安全・保安院は検査員を各原発には配置しているのにそこからの情報は全く入ってこない。だから東電本店から福島原発のことがわかる人として原子力の専門家である武黒〔一郎〕フェロー・元副社長に来てもらった。結局、保安院、安全委員会、東電本店の三者の責任者またはそれに準じる人に官邸に集まってもらって、不十分な情報しか伝わってこない中、できるかぎりの範囲で状況や意見を聞いて対応を進めたのです。官邸が直接かかわったことについてもマスコミや自民党の一部から批判がありましたが、原発の過酷事故という誰もが経験したことのない事故が実際に起きて、しかも従来予定していた仕組みが全く機能しない中では緊急避難的に官邸で対応に当たらざるを得なかったというのが、私の実感です。

地震・津波は発生時が最大の問題で、あとはだんだん状況がわかってきます。しかし、原発事故の方は、発生してから後、何が起きるかわからない。大爆発を起こすのか、制御出来てすぐに収まるのか予測できない。実際には事故は大きく拡大していった。〔中略〕中心となるべき原発事故担当の官僚組織が十分機能しない状況では、私自身が原発事故の動向はしっかり把握し、見ておく必要があると思ったのです。（『民主党政権とは何だったのか』、一七一―一七三頁）

菅が事故発生直後に、福島第一原発を視察に訪れたことについては、批判もある。批判するにしても、菅が自ら現場を見たいと思った動機については、以上の話から理解することができるであろう。

2　脱原発と菅首相の退陣

福島第一原発事故では、水素爆発など衝撃的な事態も起きたが、東日本壊滅という最悪事態は回避できる見通しがついた。しかし、被災者の苦難は続き、政府がそれに向き合っていないという批判は続いた。他方、三・一一の前には政権担当能力の喪失という雰囲気さえ漂わせた菅は、大震災と原発事故によって自らの使命に目覚めたかのようであった。彼は、薬害エイズ事件の時と同じく、巨大な利権を持つ権力組織に対峙する時、闘志を燃やすという性格なのであろう。事故を契機に、日本の原発政策の転換を図る動きを始めた。

その第一は、静岡県にある中部電力浜岡原子力発電所の運転停止であった。今後三〇年以内に浜岡原発の所在地周辺を震源地とするマグニチュード8程度の東海地震が発生する確率が八〇％以上であるという文科省地震調査研究推進本部の評価が根拠であった。首相に原発の運転停止を指示する権限はないので、これはあくまで行政指導であった。中部電力はこれを受け入れ、地震・津波対策を強化する方針を示した。

第二に、エネルギーにおける原発依存を低下させ、再生可能エネルギーを拡大するための政策転換を進めた。もともと菅政権が発足早々にまとめた成長戦略では、原発輸出が柱の一つとされ、エネルギー基本計画では発電量に占める原発の比率を二〇三〇年までに五〇％に引き上げる方針が示されていた。しかし、福島第一原発事故によって日本の原子力ムラの実態を見て、菅は転向した。再生可能エネルギーの割合を引き上げるために、固定価格買取制度の法案を通常国会で成立させる方針を明確にした。

しかし、菅は政治的な敵に挟み撃ちにされ、次第に窮地に追い込まれていった。第一の敵は自民党であった。三・一一の直後、菅は自民党の谷垣総裁に大連立を申し入れた。未曽有の大災害に際して、与野党が協力して対策を決定、実行する態勢をつくるという提案には正当性があった。しかし、大連立が菅政権の延命につながることを嫌った自民党は、この誘いを断った。そして、特例公債法案を人質にとって、政権を揺さぶり続けた。また、通常国会の会期末に内閣不信任案を提出する動きが始まった。

第二の敵は、民主党内の小沢グループであった。小沢は、自民党が不信任案を提出した場合、これに同調する構えを示した。小沢に近い西岡武夫参議院議長が、五月一九日付読売新聞に菅首相の退陣を求める論稿を掲載するという異常なことも起きた。また、六月一日に自民党などが不信任案を提出した直後、小沢に近い副大臣、政務官が辞表を提出した。

内閣不信任案が可決される瀬戸際の六月二日、党の代議士会で菅は、「震災復旧・復興、原発事故の収束に一定のめどがつき、やるべき役割を果たせた段階で、若い世代にいろいろな責任を引き継いでいただきたい」と述べて、時期は明示しないものの、首相退陣の意向を表明した。これにより、小沢グループの動きも止まり、不信任案は否決された。

それ以後は、具体的な退陣時期が焦点となった。小沢グループの動きが収束したのちは、不人気な菅の退陣と民主党の態勢立て直しを図る岡田幹事長、輿石参議院議員会長など党執行部と菅の間で軋轢が生じた。結局、特例公債法と固定価格買取制度の法案の成立を区切りとして菅は退陣する意思を明らかにした。

この時、菅の側近だった齋藤勁衆議院議員(当時国対委員長代理)を通して、退任に当たっての国民へのメッセージを発表したいので、その草稿を書いてほしいと頼まれた。そこで、次のような文章を書いて、送った。菅からは、自分は再生可能エネルギー拡大に道筋をつけたので、さばさばした気分であり、ここで書かれているような悲壮な気分とは違うと、却下された。菅の気持ちにはそぐわなかったようだが、この幻のメッセージは、菅首相の下で明らかになった日本政治の構造的欠陥に関する私自身の総括であり、私の言いたいことはすべて書いているので、引用したい。

「内閣総理大臣を辞するに当たって国民に訴える」

総理就任から一年あまり、東日本大震災と東京電力福島第一原子力発電所の事故という未曽有の国難の中、危機打開の道半ばで職を辞するのやむなきに至ったことについて、私自身の指導力不足を国民にお詫び申し上げたいと思います。誰が次の総理になるにせよ、日本の政府と国民はこれらの困難な問題に引き続き取り組まなければなりません。三・一一以後の私の経験をもとに、現在の政策課題と政党政治の問題点を明らかにし、後の指導者に引き継ぎたいと考えます。政治の現状に国民の皆様が深い憂慮と疑念を持っておられることについて、まず釈明したいと思います。私自身が国会の演説で申し上げたように、政治とは不条理を正す営みです。不条理との戦いといえば、フランスの小説家、アルベール・カミュの文章から多くを学びました。カミュの『ペスト』という小説の中で、ペストと戦う医者、リウーという主人公にこう語らせています。

「今度のこと(ペストの流行)は、ヒロイズムなどという問題じゃないんです。これは誠実さの問題なんです。こんな考え方はあるいは笑われるかもしれませんが、しかしペストと戦う唯一の方法は、誠実さということです。(誠実さとは何かと問われて)僕の場合には、つまり自分の職務を果たすことだと心得ています」

今回の地震、津波、原発事故に際して、多くの日本人の誠実さが発揮されたことに、私は深い敬意と感謝を表したいと思います。自らが津波に呑まれるまで防災無線で住民に避難を呼びかけた町役場の女性職員、危険を顧みず原子炉に放水した消防職員、そして数多くの自衛隊員、警察、消防職員、自治体職員、更にはボランティアで被災者の救援に駆けつけた皆さん。これらの人々が職務を果たし、さらにそれを超えて献身されたことに、どれだけ感謝しても、感謝し尽くせません。

政治家は国民の反映と申しますが、今の政治家がこのようなすばらしい日本国民の反映でありえているのかを思う時、私は慚愧に堪えません。通常国会の最中、与野党を問わず多くの政治家が職責を放棄し、国民不在の政争を繰り広げたことは、私の指導力不足に起因することであり、国政の最高責任者として深くお詫び申し上げます。政治の使命は、国民が抱える不幸を最小化することだと私は信じてきました。しかし、不幸を取り除くどころか、政治への絶望を広げたことはきわめて恥ずかしいことであり、日本国民の皆様に謝罪しなければなりません。私の退任を機に、与野党を問わず、政治家が国民の負託に応え、本来の職務を果たすよう、強く願っています。それができないならば、一つの政党の支持率の低下という問題をはるかに超え、日本の政党政治そのものが崩壊する危機に立ち至ると私は憂慮しています。私の退任によって、与野党を問わず、政治家全員がその危機を真剣に受け止めていただきたいと思います。

次に、世界的にも大きな衝撃を与えた原発事故に関する対策の基本的な課題について確認しておきたいと思います。

原発事故はいうまでもなく人災です。そして、この巨大な人災が起こった根源に、戦後日本の政治のいくつかの罪と業が凝縮されているのです。

第一は、民主主義不在の政策決定という問題です。いうまでもなく、民主主義とは幅広い話し合いによって衆知を集め、国民のために政策を決定していく仕組みです。しかし、原子力政策において民主主義は不在でした。通産省＝経産省の官僚、関連業界およびそれと結びついた学者専門家からなる閉じた共同体、いわゆる原子力ムラが原子力発電を推進してきました。日本の原子力政策の出発点においては、湯川秀樹博士など優れた科学者が原子力の平和利用への強い使命感を持って政策形成に参画し、原子力基本法では、自主、民主、公開の三原則が掲げられました。しかし、その後程なくして、原子力発電の増加はそれ自体が目的と化し、原子力政策は発電所の増設のみならず、核燃料サイクルなどへと拡大していきました。

こうした趨勢に対して、多くの科学者が疑問を投げかけました。しかし、話し合いによって衆知を集めるという民主主義的な手続きは存在しませんでした。福島第一原発の事故について、専門家が「想定外」という言い訳を弄すること自体、原子力ムラに原子力政策を主導する資格がないことを物語っています。

第二は、金と引き換えに特定の地域に矛盾を押しつけるという上から目線、東京目線の政治手法という問題です。原子力発電所を受け入れた地域には、巨額の交付金が下げ渡され、自治体はこれに依存し、やがて原発なしでは地域政策を進めることはできなくなります。事故の後、メディアでもようやく、こうした交付金の仕組みが薬物依存と同じ構造だという議論が現れてきました。戦後の日本政治は、長い時間をかけて、補助金と引き換えに原発のような巨大リスクを伴う施設を、大都市以外の地域に押しつける仕組みを作ってきたのです。

残念ながら、同じような構図は沖縄における米軍基地の存在についても当てはまります。私は鳩山前総理の志を引き継ぎ、沖縄県民の皆様の犠牲を少しでも少なくすることにも取り組みたいと念願していました。この点に手をつけることなく退任することも、大変申し訳なく思います。

福島にせよ、沖縄にせよ、国全体にとっては必要だが、誰もが進んで引き受けようとしない施設を引き受けてくれれば、地域振興という名の下に公費を注入するという手法が根を下ろしました。これは、沖縄県の仲井真知事が苦渋をこめて指摘されたように、差別を構造化する政策だったと言わなければなりません。

民主党が政権を取って、こうした日本政治の罪と業を切開し、除去するための取り組みを始めるはずでした。私の前任者である鳩山総理も、そうした志を持って、政策転換に取り組まれました。しかし、二代続けて、総理大臣が志半ばで職を辞することを余儀なくされたことは痛恨の極みであり、政権交代に期待を寄せてくださった国民の皆様を裏切ることになった点について、私の罪は万死に値すると考えます。

民主党政権があまりにだらしないと考えた多くの市民の皆さんは、ボランティアとして被災者を支えたり、エネルギー構造の転換を求める社会的なうねりを作り出そうとしたりしています。そのような市民の力こそ、三・一一以後の日本を作り出す原動力です。民主党は政権交代以来、「新しい公共」という理念の下、国民自らが公共的利益の創造に参画することを主張してきました。人々がボランティアとして被災地の復旧に貢献すること、主権者として重要な政策について積極的に意思表示を行うことは、まさにみんなで公共的な利益を発見し、実現していくという気風が広がっていることを示しています。その意味で、私は日本の未来に決して悲観はしていません。

今まさに、日本の民主主義を回復しなければなりません。民主主義を実践するとは、日本国民が自由と寛容の気風を持って議論を重ね、国の命運について国民自身で決定を下すということです。一部の官僚や専門家に政策を任せ、資源とエネルギーを大量に消費するという従来の仕組みを継続するのか、成熟した経済と質実な生活を追求するという路線に転換するのかを、政治家と国民が熟考し、選択すべき時です。
辞めゆく私にとって今できる唯一のことは、日本の政治が直面する巨大な問題の存在を指摘すること、そして私の後を引き継ぐ指導者、更には与野党を問わず政治家全員に対して、先程述べた問題に対して、誠実に取り組むよう訴えることです。私も、一政治家に戻り、あるいは政治家を辞めた後も一市民として、すべての力を尽くして、これらの問題に取り組み続けたいと思います。一年あまりという短い時間、つたない政権でしたが、支えてくださったすべての方々、そして日本国民の皆様に心よりお礼を申し上げて、退任の言葉としたいと思います。

震災と原発事故への対応について、菅政権は多くの不手際を重ねた。そのことについて、私も菅をかばうつもりはない。しかし、原発事故に対して立ちむかうとともに、事故を生み出した原子力ムラの罪業を明らかにしたことは、菅の功績であった。その罪業を総括することは日本の民主主義を強化するために不可欠の作業であり、今日にも残された課題である。

3　野田政権と民主党の分裂

菅の退陣を受けて、八月二九日に民主党代表選挙が行われた。告示は二七日で、選挙戦はほとんど行われなかった。小沢はこの時、政治資金問題で起訴され、公判中であり、党員資格停止の処分を受けていた。したがって、小沢自身は代表選挙に立候補できず、海江田万里を支援する結果となった。

これに加え、前原誠司、野田佳彦、馬淵澄夫、鹿野道彦が立候補し、乱戦となった。

一回目の投票では、海江田が一位、野田が二位となった。過半数を獲得した候補者がいないため、上位二名による決選投票が行われた。前原、鹿野が野田支持を明らかにして、決選投票では野田が二一五票を獲得し、一七七票の海江田を押さえて逆転勝利した。野田は小沢グループに向けて、「ノーサイドにしましょう」と呼び掛けて、党内融和を図った。しかし、亀裂は続いた。

野田は、大震災と原発事故への対応という難題に加えて、菅が提起した消費税率引き上げ、TPP（環太平洋連携協定）への参加などの大きな政策課題に取り組んだ。その手法は、鳩山、菅とは対照的であった。野田は政治主導のスローガンを引っ込め、官僚の協力を仰いだ。その象徴として、鳩山が廃止した事務次官会議も復活した。政権交代前には無駄削減の象徴として宣伝された群馬県の八ッ場《やんば》ダムについても、官僚出身の前田武志国交大臣が工事の続行を決定した。

三・一一以後、原発停止、原発ゼロを求める運動が拡大した。二〇一二年には毎週金曜日に、首相官邸付近の路上で、官邸前行動と呼ばれる集会が開かれ、参加者の数は増えていった。この年の四月までは新潟県の柏崎刈羽原発と北海道の泊原発でそれぞれ一基ずつの原子炉が稼働していたが、五月以降は点検に入るため、国内のすべての原発が停止することになっていた。野田は、四月一三日に、福井県の大飯原発の再稼働を決定した。夏の電力需要の増加に対応した供給力を確保するためには、再稼働が不可欠というのが野田の判断の根拠だった。

このように、野田政権は政権交代前に民主党が宣伝していた「民主党らしさ」を否定し、自民党と同様の現状追認的、あるいは経済界の要求に応える政策を追求したという批判が、もともとの民主党支持層に広がった。野田政権が、鳩山が当初持っていたような理想主義を転換したことは確かである。

他方、様々な制約の中で、自民党とは異なる政策や、手法を追求したことも、確認しておく必要がある。エネルギー政策については、脱原発に向けた転換を進めた。政府は、従来の原子力政策を見直すために、①全国一一か所で意見聴取会、②パブリック・コメント、③「討論型世論調査」等の「国民的議論」を行った。パブリック・コメントでは、二〇三〇年時点での原子力発電の依存度を「ゼロ」とする意見が九割弱を占めた。討論型世論調査は、同一のサンプルの市民に対し、情報提供を行いながら政策についての意見を聴取するという新しい方法であり、日本で初めて本格的に実施されたものである。その結果も、半数近くがゼロシナリオを支持するという結論となった。これを受け、政府のエネルギー・環境会議で「二〇三〇年代に原発稼働ゼロ」とすることを目指した「革新的エネルギー・環境戦略」を決定した。民主党内には、電力、電機などの労組の支援を受けた議員も多数存在しており、脱原発に反対する声もあったが、野田政権は曲がりなりにも原発ゼロに向けた方針転換を実現した。

野田は、松下政経塾を出て政界に入り、保守的なイメージの政治家であった。それでも、民主党という枠組みの中で総理大臣に上り詰め、自民党とは異なる政策を実現するという最低限の使命感を持っていたことは確かである。民主党支持の市民にとってわかりやすい理想主義は共有しないが、現実的に物事を成し遂げるという点で、玄人受けする政治家であったと評価することもできる。

野田が最も心血を注いだのは、消費税率引き上げを含む、社会保障と税の一体改革の成案づくりであった。野田は、鳩山内閣で財務副大臣、菅内閣で財務大臣を務め、民主党政権で一貫して財務省で仕事をしてきた。当然、財務官僚とも密接な関係を持っていた。二〇一〇年六月に菅首相が唐突に消費税率引き上げを言い出し、議論は円滑には進まなかったが、政権幹部と財務相は六月から社会保障・税一体改革の原案をまとめる作業を始めた。五月初めに、社会保障に関する諮問機関のメンバーであった北海道大学の同僚の宮本太郎から、「社会保障・税一体改革の件は、財務省ペースで動き、増税給付減のやらずぶったくりになる公算大とのこと」という見通しを聞いていた。消費増税を社会保障面での受益をもたらすような骨格にして、それを国民に分かりやすく訴えることは急務であった。野田は、消費税率引き上げを決定したいという政治的意欲、責任感について、次のように説明している。

民主党として責任を持ってやっていきたいという気持ちがありましたが、最後は丁寧な議論をしながらも造反者が出てしまいました。最終的には、巡り合わせだったと思うのです。本当は小泉内閣や第一次安倍内閣のときにやるべきことだったと思いますが、駅伝で言うと、たまたま私がたすきを受けたのが厳しい上り坂のところだったのです。しかし、上り坂で受けたからといって、たすきを下ろしてしまったり、横道には行けないという気持ちがあり、次の選挙が心配でしたが、次の世代に対して責任を持って対応する政治をやろうという思いが根底にありました。（『民主党政権とは何だったのか』、二一〇頁）

二〇一二年の通常国会に社会保障・税一体改革の法案を提出するために、二〇一一年一二月末に民主党の党内論議を集約した。この過程を野田は次のように説明している。

私は結局、五時間以上いて二三人から質問を受け、その全部に答えたのです。途中で抜けた人も多少いましたが、残った人たちは拍手と握手で終わったのです。これで前へ進んだと思ったのですね。そうしたら、二月の大綱をつくるときも、三月に法案を出すときも、また延々と同じような議論になりました。すごろくのように振り出しに戻ってはまた同じような話を繰り返さなければならなかったですね。〔中略〕

政権のマネージメントより政党のマネージメントの方が難しかったと思います。（同上書、二一一―二一二頁）

政府と与党の関係、与党としての意思決定の手続きについては、鳩山政権発足の時から混乱があった。以後、制度化の試みは試行錯誤を続けたが、自民党の政調会、総務会のような明確な制度化ができないままであった。この点が消費税問題で噴出した。

民主党内で、小沢グループを中心として反対論が続き、野田は小沢とも会談したが、結局決裂した。消費税率引き上げの実現は野田政権、民主党主流派が野党の自民、公明両党と協力することによってしか追求できない状態になった。野田政権が提出した法案は、自民、公明両党との協議で修正された。五％の消費税を、八％を経て最終的に一〇％に引き上げること、人生全般をカバーする社会保障政策の拡充が盛り込まれた。増税法案は六月二六日に衆議院本会議で採決され、民主党からは五七名が反対し、欠席、棄権を合わせると七三人が造反した。これにより民主党の分裂が決定的となった。この日の日記を引用しておく。

六月二六日　消費増税法案、衆院で可決さる。小沢派、鳩山など五七人反対。もはや民主党の分裂、不可避となる。賽の河原の石積の如し。

小沢の政争addiction、野田の決定addiction、民主党のその他の良識派の非力という構図。

野田政権時代には、日中関係が悪化した。尖閣諸島の領有をめぐっては、菅政権時代の漁船衝突事件以来、対立が続いていた。それを決定的にしたのは、野田政権が尖閣諸島を国有化する決定を下したことであった。

以前から尖閣問題について中国に対して強硬姿勢を取るべきと主張してきた石原慎太郎東京都知事は、二〇一二年四月、東京都が尖閣諸島を地権者から購入する方針を表明し、そのための資金を寄付によって集めると述べた。当時副知事だった猪瀬直樹は、石原が実務を詰めずにぶち上げたと回想している(読売新聞、二〇二一年四月一七日)。

その後、実際に寄付金は集まり続け、一四億五〇〇〇万円に達した。八月一九日に、野田は石原と会談して、この問題について協議した。野田は、石原が尖閣を都有地にして、船溜まり、灯台などの施設をつくり、日本側の実効支配を一層強化することが中国を刺激し、外交、さらには軍事的紛争を誘発することを、最も恐れていた。この会談の際、石原は日中間で軍事衝突が起きてもよいと発言したと、前原誠司がテレビ番組の中で関係者の話として紹介した。石原は戦争が起きてもよいとは言っていないと否定した。石原発言の真偽は、藪の中ということであろう。
しかし、野田が大きな危機感を持ったことは事実である。石原との会談について、次のように語っている。

会談は二人さしで行われましたし、石原氏は中身を口外しているわけではありません。ですから、あの人は具体的にこう言った、という言い方はしたくはないのですが、会談後に、都が持てば大変なことになると、私は相当危機感を持ったのです。〔中略〕中身は言いませんが、危機感は強烈でした。自衛隊を動かす最高指揮官は私で、彼ではありませんから、そういうことを含めて危機感を持ちました。（『民主党政権とは何だったのか』、二三七―二三八頁）

尖閣諸島を国有化することは、東京都が購入することに比べれば、より小さい悪であることは明らかであった。しかし、野田のそのような思いは中国側には伝わらなかった。中国の胡錦濤国家主席は国有化に断固反対の言葉を伝え、反日デモが起こった。日本政府は、九月一〇日に、「沖縄県・尖閣諸島の取得と保有に関する閣僚会合」を開き、尖閣諸島の国有化を決定し、翌一一日の閣議で買収費用として予備費から二〇億五〇〇〇万円を支出することを決めた。国有化のタイミングについて、野田は次のように述べている。

問題になったのは国有化の時期で、胡錦濤体制のときにやるべきなのか、新しい体制なのか、両説あったと思います。胡錦濤、温家宝体制の政権末期であれば、恥をかかされたというように受け止められて、反応が激しくなるという見方もあったし、新しい習近平体制でいきなり張り手をかますというのはどうか、という見方もあった。中国の反応はどちらにしても厳しいでしょうが、〔中略〕地主さんとの関係で言うと、あまり延ばす路線はとれなかったのです。（同上書、二三九頁）

どのタイミングで国有化を行っても、中国が硬化することは必然の帰結であった。以後、日中関係は冷却状態が続いた。

日韓関係についても、「慰安婦」問題と補償の在り方をめぐって対立が続いた。二〇一二年八月には、李明博大統領が竹島に上陸し、日韓関係も冷え込んだ。

国内では、野田政権のもとでも、閣僚の失言により参議院で問責決議が可決されることが相次ぎ、野田政権も前任の菅政権と同じく、内憂外患で青息吐息の状態であった。社会保障・税一体改革法案を仕上げたら、解散総選挙に向かうしかないという雰囲気が広がった。

4　衆議院解散と民主党政権の崩壊

社会保障・税一体改革の実現のために、通常国会は九月初めまで大幅に延長されていた。小沢グループは、民主党を離党して、「国民の生活が第一」という新党を結成した。通常国会の会期末に内閣不信任案を提出する動きを見せていた。野田は、法案成立に執念を燃やし、谷垣との連携を進めようとした。そして、八月八日、野田は、谷垣と、公明党の山口那津男代表との党首会談を開いた。その中で、次のような合意をつくった。

一、消費税増税を柱とした社会保障と税の一体改革関連法案の早期成立を目指す。

一、成立した暁には近いうちに衆議院の解散、総選挙で国民に信を問う。

一、内閣不信任案を否決する。

この合意に沿って、八月一〇日に民主党、自民党、公明党の賛成で、改革法案が参議院でも可決され、成立した。その後の政局の関心事は、解散のタイミングだけになった。しかし、この「近いうち」という言葉の意味は、明確ではなかった。法案成立のために三党は協力したが、八月末に、自民党と公明党は参議院に野田首相の問責決議案を提出した。これによって、野田と谷垣の協力関係も解消された。

九月には、民主党、自民党の双方で代表選挙、総裁選挙が行われた。民主党では、野田が問題なく代表に再選された。自民党では、林芳正、町村信孝、石破茂、安倍晋三、石原伸晃の五名が総裁選挙に立候補するという乱戦となった。一回目の投票で石破が一位、安倍が二位となり、決選投票で安倍が総裁に返り咲いた。

自民党総裁選挙が行われた日、私は岡田克也にインタビューをした。冒頭にこの選挙の結果についての感想を聞いたら、岡田は、安倍総裁は民主党にとってやりやすいと答えた。穏健、あるいは清新な印象のある林、石原、石破などと比べて、安倍は第一次政権の崩壊の記憶もあり、右派というイメージも強いので、比較的民主党にとって与しやすいという認識だったのだろう。

衆議院の任期が残り一年足らずとなり、政治家の関心は解散の時期に集中した。一一月一四日に党首討論が開かれ、安倍との討論の中で野田は、衆議院の定数是正に合意できるなら、一六日に衆議院を解散してもよいと思っていると述べた。

このタイミングで解散したことについて、野田は次のように語っている。

衆議院と参議院は選挙の時期〔参議院は二〇一三年七月〕は離した方がいいと思ったのですね。どちらにしてもお灸を据えられる可能性が強い選挙になるので、衆参が近い間隔では両方とも結果が厳しくなると思いました。だとすると両者の間が開いた方がいいだろうということで、「近いうち」と言った意味は年内か年初かということなのです。本予算を組んで、そこまで議論してということは考えていなかったですね。〔中略〕〔維新などの第三極の動きについて〕年が明けてもっと完璧に準備されたときは、民主党は第二党にもなれず、さらに厳しい結果になるという危機感もありました。（同上書、二六〇―二六一頁）

安倍との党首討論で、議員定数の削減を争点に安倍を攻めるという論法を取ったのは、九〇年代の政治改革の延長線の議論であり、政治改革を唱えて日本新党から政界に入った野田らしい発想であった。野田は、党首討論の二日後、記者会見し、脱原発、公共事業利権の打破、穏健外交、世襲政党批判で自民党政治からの決別を訴えた。私はこの会見では久しぶりに民主党らしさの自己主張を聞いた思いであった。こうした主張こそ、体勢を立て直すことに直結しないとしても、党首討論の場で行うべきであった。

かくして、民主党政権は三年三か月で終焉の時を迎えた。民主党政権の実現のために努力した私も、この政権が失敗に終わったことは否定しない。その理由を、民主党政権を支えた政治家自身が理解しなければ、日本の政党システムは進化しない。三・一一という偶発的要因を別にすれば、民主党の最大の失敗は消費税問題をめぐって党が分裂したことであった。そして、政権の座にありながら党が分裂した原因は、民主党の政治家が最大の敵を見誤っていたことである。

昔、田中角栄が自民党の新人議員に対して、君たちの最大の仕事は次の選挙でも当選することだと号令したことがあるという話を何かで読んだ記憶がある。個々の政治家は自分の地盤を固めるために、ともかく選挙で二度、三度勝たなければならない。政党も同じで、民主党にとっての最大の課題は次の選挙でも勝って、政権をさらに一期続けることであった。まして、自民党一党優位体制を壊して、政権交代可能な政党システムを作り出すという歴史的な課題に取り組むためには、政権の持続それ自体を目的にすることも必要であった。

その点で、党を割った小沢の判断は誤っていた。中選挙区の時代ならまだしも、小選挙区で戦う現在の制度において、与党を割るということは、野党自民党に漁夫の利を与えることを意味した。日本に政権交代可能なシステムをつくり、真の議会制民主政治を定着させるという大義を実現するためには、政策的対立は二義的なものであった。もちろん、小沢との融和に真剣に取り組もうとしなかった菅やその周辺の政治家にも責任はある。

一九九〇年代の細川政権、二〇一〇年前後の民主党政権という、二つの政権交代は、いずれも消費税をめぐる内紛で頓挫してしまった。細川政権の場合、寄り合い所帯の連立だったために、内紛もある程度は仕方なかった。消費税率引き上げをめぐって野田が述べたように、民主党には、みんなで議論して、組織として決定したことは、みんな従うという組織の論理が共有されていなかった。民主党に統治能力が欠如していた理由はその点にあった。

党が大分裂し、下野の総選挙において、前回総選挙のわずか五分の一の勢力にまで縮小したことで、民主党は敗北を受け入れつつ、次の機会にもう一度政権を狙うという、二大政党の一翼としての生命力を失った。これで、九〇年代以来模索してきた政権交代可能な二大政党というプロジェクトは振出しに戻ってしまった。

私はこの時期、民主党政権について市民集会や民主党系の労働組合などで講演をする機会を多く持っていた。その中で、一度の政権交代で一気に理想を実現するのは無理で、我々自身も幻滅を乗り越えながら、政治との付き合い方を学んでいかなければならないと言うのが常だった。その際、堀田善衛の次のエッセイの一節を引用していた。

> 自由と解放の後に幻滅の感が来ないとしたら、そっちの方が不思議なのであったが、自由と解放の輝光があまりに美しかった場合、その後に来るものが、絶えることのない政党間の抗争であり、裏取引きであり、不決定であり、旧悪の暴露合戦であったりした時、幻滅は不可避である。〔中略〕

民主主義は、それ自体に、これが民主主義か？ という幻滅の感を、あらかじめビルト・インされた form of government なのであった。（「出エジプト記」『天上大風』、一四七―一四八頁）

堀田は、一九九〇年前後の東欧諸国の劇的な民主化を見て、この文章を書いた。日本における二〇〇九年の政権交代も東欧の民主化と同じく、一党優位体制が自壊し、それまで統治の経験を持たなかった政治家が政権を担う変化であった。そして、統治能力のない為政者が自由と解放の輝きの後に、幻滅をまき散らした。国民の方は、幻滅しながらしぶとく希望を取り戻し、一歩一歩政治を変えていくというこらえ性を持っていなかった。自民党もだめだったが、民主党はもっとだめという政治への幻滅は、民主党政権崩壊後の政治を覆う負の遺産となった。

第一一章　安倍政権と戦後政治の行方

1　第二次安倍政権と戦後政治解体の動き

二〇一二年一二月一六日に衆議院選挙が行われた。小沢は、民主党系の反増税派を糾合して、嘉田由紀子滋賀県知事を代表とする日本未来の党を結成して選挙に臨んだ。しかし、民主党系が大分裂しては、自民党に漁夫の利を与えるだけで、民主党は二三〇議席から五七議席、日本未来の党は六一議席から九議席へと激減し、民主党は野党第一党の座をかろうじて確保しただけであった。小沢グループは、その後生活の党を結成した。第三極の日本維新の会は一一議席から五四議席へと躍進した。

議席数の差がわずかであっても、国会における野党第一党と第二党の存在感、影響力の違いは大きい。野党第一党は衆議院、参議院の副議長を出す慣習となっている。また、予算委員会をはじめとする委員会の野党側の筆頭理事を野党第一党が出すことの意味は大きい。国会運営について、与党は野党第一党を相手に交渉する。この点は、後に二〇一七年一〇月の総選挙の際にも争われた点であった。ともかく、二〇一二年の総選挙で民主党は大敗したが、どうにか野党第一党に踏みとどまったことで、首の皮一枚つながったという形であった。もし維新の会にも後れを取っていたら、民主党の議員の中には維新に加わる者が続出し、消滅していただろう。そして、いわゆるリベラル派は、共産党や社民党と同レベルの限界集落化していただろう。

自民党は二九四議席を得て、小泉時代の二〇〇五年の水準に回復した。そして、公明党との連立によって、第二次安倍政権が成立した。同じ首相が作る内閣の呼び名は、総選挙を経るごとに、第二次、第三次と次数を増やしていくが、煩雑なので、二〇一二年以降の安倍内閣はすべて第二次と表記する。翌二〇一三年七月の参院選では、自民党は六五議席を獲得して圧勝、民主党は一七議席にとどまり、ねじれ状態が解消された。二〇一二年から二〇二〇年九月まで、この政権は日本の内閣史上最長の政権となった。安倍政権は、これを好む人々とこれを嫌う人々に日本人を分断した。私を含む嫌う人々にとって、第二次安倍政権が史上最長を記録したことは、日本政治の劣化を物語る痛恨事であった。しかし、個人的な好き嫌いは別として、安倍が取り組むべき政策を明確に掲げ、政権を持続するための周到な政治戦略・戦術を持っていたことは明らかであった。その意味で、民主党政権から第二次安倍政権への政権交代は、二〇〇九年よりも本格的で実質的な政権交代だったと評価しなければならない。問題は、民主党のその後の低迷ゆえにそれが「最後の」本格的な政権交代になりかねないという点にある。もっともそれは野党側の失敗に起因するのであり、安倍を恨むのは筋違いである。

安倍首相、あるいは安倍政権がどのような意図をもって何をしたかについては、安倍自身の回顧録を始めとして、様々な文献がある。私には政権側から見た同時代史を書く能力はないので、安倍政権に対抗した野党、市民運動がどのように動き、結局、選挙による安倍政権の打倒を果たせないままに終わったのかについて、書き残しておきたい。その前に、戦後憲法体制を擁護するという理念を持った政治勢力がなぜ安倍政権に対して強い敵愾心を持ったのか、安倍政権の重要な政策をたどることによって明らかにしたい。

安倍政権の政策は、防衛や治安にかかわる権力強化と、経済における積極的な刺激策の組み合わせであった。安倍の改憲派、タカ派というイメージは明白だったが、同時に経済面での積極的な刺激策を打ち出した。安倍の経済政策、アベノミクスは、異次元金融緩和、財政支出の拡大、成長戦略の三本の矢から成っていると説明された。公共事業の拡大は一時的なものであり、成長戦略は具体的な成果を生まなかった。金融緩和は円安をもたらし、輸出企業の収益増加、株価の上昇が実現した。ただし、企業の収益が増加しても、日本の平均賃金はほぼ横ばいを続け、増税や物価上昇を差し引くと、実質賃金は低下した。その点で、アベノミクスは格差と貧困を拡大したという批判もある。また、円安は輸出でもうける企業の収益増加をもたらす半面、輸入品(その多くは食料と化石燃料)の価格上昇をもたらす。したがって、金融緩和は消費者の負担によって輸出企業をもうけさせる、負の再分配という機能を持っていた。しかし、ともかく株価が上昇し、景気回復というイメージが定着することは、政権支持を上昇させる基盤となった。

安倍は、「一億総活躍」など包摂主義的なスローガンを掲げたり、「働き方改革」を唱えて労働者の利益を擁護する姿勢を示したり、「女性が輝く」という男女平等を示すスローガンを掲げたりして、タカ派、伝統主義というイメージを払拭しようとした。しかし、これらのスローガンを具体化する政策が続いたわけではなく、スローガンが次々と入れ替えられただけであった。

他方、安倍は、政府権力と市民社会の関係において、政府権力を強化する政策を次々に推進した。政権発足後、最初に進めたのが、特定秘密保護法であった。これは、外交、防衛を中心として、国の安全に重要な影響を及ぼす分野の政府情報について特定秘密を指定し、その漏洩と取得に向けた働きかけに重罰を科す法律である。安倍政権は、二〇一三年秋の臨時国会にこれを提出した。野党と多くのジャーナリストは、報道の自由を脅かすとして反対したが、同年一二月に成立した。また、この法律と合わせて、国家安全保障会議(日本版ＮＳＣ)が設置された。これにより、日本もアメリカと同じように、軍事や外交に関する機密を国民に知らせることなく、内閣の独走で政策を進めるという批判が一時的に広まった。

また、二〇一三年の年明けから、憲法改正について、憲法改正手続きを定めた九六条の改正を主張した。衆参両院における総議員の三分の二以上の賛成によって憲法改正を発議するという現在の規定を改め、両院の単純過半数によって改憲を発議できるようにすることが、新しい改憲論の中身であった。民意をより直接的に憲法に反映できるようにするというのが、その趣旨であった。これに対しては、野党、憲法学者だけでなく、世論も反発し、九六条改正論は立ち消えとなった。国会の単純過半数により改憲を発議できるようにすれば、憲法の最高法規としての安定性を損なうという国民の不安を招いたことは、安倍にとっては計算外だっただろう。

さらに、二〇一四年の春には、憲法九条の解釈を変更し、集団的自衛権の行使を正当化する作業が行われた。歴代の自民党政権は、自衛権と憲法九条の関係について、次のような見解を維持してきた。外敵の侵入に対する正当防衛は憲法に照らしても可能であり、必要最小限度の自衛力を持つ自衛隊がもっぱら自衛のために実力行使をすることは憲法に違反しない。これは専守防衛の原則と呼ばれる。したがって、自衛のためではなく、他国を防衛するために自衛隊が実力行使を行うこと、すなわち集団的自衛権の行使は憲法九条に違反する。このような憲法解釈を支えたのが、内閣法制局であった。内閣法制局は内閣の一部局ではあるが、内閣が提出する法案の憲法適合性を審査し、内閣の憲法解釈を取りまとめてきた。その点で一般の省庁よりも高い独立性を持つことが認められてきた。日本で最高裁判所が違憲審査制のもとで法令の違憲性をチェックすることがまれなのは、内閣法制局が法案作成の段階で事前に違憲性の審査を行うため裁判所の違憲審査を仰ぐ余地が残らないからだと、憲法学者は説明してきた。その点をとらえて、内閣法制局は憲法の番人ともよばれた。歴代の自民党政権も、内閣法制局の見解を尊重してきた。

安倍は憲法解釈の変更を進めるために、内閣法制局長官の人事に介入した。山本庸幸《つねゆき》長官が二〇一三年八月に最高裁判事に起用され、その後任に外交官出身の小松一郎が据えられた。これは極めて異例の人事であった。従来、法制局長官は次長が昇進することが通例となっていた。任命権は総理大臣にあるが、内閣は法制局の自立性を尊重し、内部からの昇進を慣例化していた。しかし、安倍は集団的自衛権の行使について自らと見解を同じくする小松を強引に長官に据えた。また、安倍は第一次政権時代に設置した安保法制懇(安全保障の法的基盤の再構築に関する懇談会)を再開させ、集団的自衛権の行使容認に向けた議論を進めた。小松は外務官僚として、第一次政権時代の安保法制懇の実務を担当していた。これらの人事は、安倍が自ら憲法九条の解釈を変更することを意味していた。小松は病気のため退任し、二〇一四年五月には横畠裕介次長が長官に昇任した。横畠は小松の路線を忠実に継承した。

懇談会と政府与党の議論を経て、安倍政権は、二〇一四年七月一日に、集団的自衛権の行使を容認する新たな憲法解釈の閣議決定を行った。この決定に対しては、憲法擁護の立場の野党、メディア、市民団体が強く反対した。閣議決定で長年定着した憲法解釈を自由に変更することは、内閣の独断で実質的な憲法改正を行うに等しいというのが、反対の最大の理由であった。

安倍は、二〇一四年一一月に消費税率引き上げの先送りについて国民の判断を仰ぐという名目で、衆議院を解散した。これは国民にとってわかりにくい話で、一二月総選挙の投票率は五二・七％と低下した。自民党は二九〇議席(前回より四議席減)を確保し、公明党と合わせて政権を維持した。民主党は七三議席へと微増した。後から考えるならば、この解散は安保法制の制定を視野に入れたものだったのかもしれない。一九六〇年の安保闘争が大きく高揚したことについて、岸は、六〇年初めの段階で解散総選挙を実行して、岸政権に対する国民の支持を更新しておくべきだったと回顧している。その意味で、安倍は、二〇一五年の通常国会に政権の命運をかけて安保法制の成立を目指していた。その意味で、この選挙は安倍政権への国民の支持を確認しておく機会という意味があったと思われる。

安倍は、政権の基盤を固めて、集団的自衛権に関するもろもろの批判を無視し、閣議決定に基づいて、集団的自衛権の行使容認を根拠づける新たな安全保障法制を作成、閣議決定し、二〇一五年の通常国会に提出した。集団的自衛権の行使を可能にする政策転換の根拠は、安保法制懇の報告の中の次の文章であった。

「(自衛のための)措置は、必要最小限度の範囲にとどまるべき」であるというこれまでの政府の憲法解釈に立ったとしても、「必要最小限度」の中に個別的自衛権は含まれるが集団的自衛権は含まれないとしてきた政府の憲法解釈は、「必要最小限度」について抽象的な法理だけで形式的に線を引こうとした点で適当ではなく、「必要最小限度」の中に集団的自衛権の行使も含まれると解すべきである。〔中略〕集団的自衛権については、我が国と密接な関係にある外国に対して武力攻撃が行われ、その事態が我が国の安全に重大な影響を及ぼす可能性があるときには、我が国が直接攻撃されていない場合でも、その国の明示の要請又は同意を得て、必要最小限の実力を行使してこの攻撃の排除に参加し、国際の平和及び安全の維持・回復に貢献することができることとすべきである。

我が国と密接な関係にある外国とは、現実的にはアメリカを指す。アメリカに対する攻撃が日本の安全に重大な影響を及ぼすという判断をするのは内閣であり、アメリカ軍への攻撃が日本の安全に重大な影響を及ぼすという情報を提供するのは自衛隊ではなく、アメリカ軍、アメリカ政府であろう。したがって、日本の安全に重大な影響を及ぼすという名目のもと、日本の安全とは無関係な戦争に日本が引き込まれるというのが、集団的自衛権行使に反対する最大の理由であった。国会では、この論点を中心に論争が展開されたが、結局九月一九日未明に、安保法制は参議院で可決され、成立した。

さらに、安倍政権は、二〇一七年六月には、共謀罪(テロ等準備罪)を処罰する「組織的な犯罪の処罰及び犯罪収益の規制等に関する法律」を成立させた。この法律は、犯罪の実行だけでなく、ある種の犯罪について謀議することだけでも処罰するもので、具体的な行為を処罰する刑法の原則から外れるという批判が、弁護士会や法律学者からなされていた。

このように、治安や軍事について、政府権力を強化する政策が次々と実現していった。それらの中には以前から課題になり、自民党政権が実現を目指したものも多かったが、野党や世論の反対で頓挫した。そうした懸案を実現したところに、安倍政権の特徴があった。そうした成功をもたらした背景には、安倍による与党と官僚機構の掌握、マスメディアに対する硬軟取り混ぜての制御があった。

2 権力の集中と行使

安倍首相は、党と内閣において総裁・総理に権力を集中させ、これを行使した。権力についてのこのような姿勢は、中曽根、小泉など長期政権を築いた政治家と似ている。政権交代を一度経験し、自民党に対抗したはずの勢力が勝手に瓦解し、外から自民党を脅かす政党が存在しない状態で政権についたという点で、安倍は幸運であった。しかし、その幸運を最大限生かす準備と戦略があったことは認めなければならない。

党との関係では、衆議院の解散権を効果的に使い、選挙での勝利を続けたことで、大きな指導力を確立した。安倍は首相在任中に、二〇一四年一一月、二〇一七年九月の二回、衆議院を解散した。選挙に当たってもっともらしい理屈は並べたが、国民にとっては意味不明の選挙であった。野党の準備ができていない状況で、投票率を低く抑えることに成功し、自民党、公明党の勝利をもたらした。

官僚との関係では、人事権をフルに活用したことで、支配を確立した。一九九〇年代から、官僚支配の打破、政治主導というスローガンが叫ばれ、二〇〇〇年代には自民党、民主党の間で本省の審議官以上の幹部職員については内閣が一元的に人事管理を行うという合意が形成された。そして、二〇一四年に内閣人事局が発足した。人事面での政治的コントロールの強化は、かつて官僚が自分の組織の利害を優先させて政権の掲げる政策推進をサボタージュしたことへの反省から、政権の進める政策を官僚組織の幹部も一体となって推進する体制をつくることを目的としていた。

しかし、人事権を握る政権中枢があまりにも長期的に継続すると、官僚に対する人事権を武器に、官僚組織を政治家の意のままに操るという弊害も発生した。内閣における政治家と官僚の関係には、官僚が受動的に指揮命令に従うという関係性だけでなく、政治家の思い付きや人気取りについて官僚が事実や論理に照らして政治家に諫言するという関係性も必要である。しかし、政治家が官僚組織の支配を自己目的的に追求すれば、官僚が政治家に対して疑義を呈することは難しくなる。これにより、行政府の中での政治の暴走に対する歯止めがなくなる。たとえば、安倍政権で官房長官を務めた菅義偉は、官僚に対する人事権を駆使して、イエスマンを登用した。他方、菅のお気に入りの政策であったふるさと納税について税理論上問題があるので、拡大しすぎない方がよいと意見を述べた有力な総務官僚は左遷された。

安倍政権の特徴は、指揮監督下にある行政官僚制だけでなく、本来、専門性や中立性が尊重される独立性を有する公的機関に対しても、人事権を全面的に行使して、政治的な統制のもとに置いたという点にある。先ほど紹介した内閣法制局はその典型例である。また、日本銀行総裁にアベノミクスに共鳴する黒田東彦《はるひこ》を送り込み、二期、一〇年務めさせた。日銀は通貨価値を守る専門機関から、政権の経済政策を実現する道具になり下がった。

ＮＨＫの会長人事への介入も露骨であった。ＮＨＫには公平中立な公共放送というタテマエがあるが、安倍政権は政権の意に沿う経済人を会長に送り込んだ。籾井勝人会長は、二〇一四年一月、就任直後の記者会見で、「政府が右というものを左というわけにはいかない」と発言した。ＮＨＫ会長にふさわしい見識を持ったジャーナリストや経営者はほかにも存在するはずだが、わざわざこのような発言をする人物を会長に送り込む政権の意思は、報道に対する政治的統制を強化することを狙ったものと受け止めるしかない。

安倍首相退陣後も、人事権の過剰な行使は続いた。二〇二〇年に安倍の後を襲って首相に就任した菅義偉は、日本学術会議の会員の任命に際して、会議の推薦名簿から、政府の政策に批判的な主張を持つ人文社会系の候補者を外して、任命を拒否した（第一二章参照）。この決定も、学術会議の独立性、中立性を脅かすという批判を受けた。

内閣法制局、ＮＨＫ、日本学術会議などに共通する性格は、広い意味での公共部門の一翼でありながら、政府の指揮命令の下で政策を遂行するのではなく、独立性を持ち、専門的観点から、それぞれの固有の任務を果たすことである。独立性、専門性が尊重されるのは、本来の仕事がその性質上、その時の権力に対する批判や牽制を含むことがどうしてもありえるためである。つまり、これらの専門機関は、内閣という民意に基づく政策決定・実施機関を相対化し、法理論、報道、学問などの観点からそれに対する意見、時として異論を述べるために存在する。いわば、公共部門の内側に埋め込まれた自己抑制の仕組みである。

徹底した支配を行いたい権力者にとって、これらの機関は邪魔である。それゆえ、形式的に認められている人事権を実質的に行使し、自分の意に沿う人間をこれらの機関の指揮監督者に送り込み、批判機能を奪おうとする。

その結果、権力の暴走と私物化が進む。こうした現象は、日本だけではなく、二〇一〇年代のいわゆる民主主義国で共通して起きたものである。アメリカの政治学者、スティーブン・レビツキーとダニエル・ジブラットは、『民主主義の死に方』という本の中で、その構造を分析している。為政者が、強制力のあるルール(固いガードレール)、強制力のない慣習や暗黙のルール(柔らかいガードレール)の両方を無視して権力を追求することで、民主主義が危機に陥っている。この点で、イギリスのボリス・ジョンソン、アメリカのドナルド・トランプ、日本の安倍は同類の仲間である。

日本の場合、森友学園問題、加計学園問題、桜を見る会疑惑など、権力の私物化を疑わせる事件が相次いだ。これらは、首相の親しい友人や支持者に対して、特別な優遇を与えるという問題である。それ自体は新しくもない事件だが、公文書を改竄して問題を隠蔽する、関連文書を破棄したと称して問題の解明を拒む、国会で虚偽の答弁をするなど、責任を逃れるためにさらに大きな権力の濫用が行われた点で、悪質さの程度が上がったというべきである。

一九九〇年代に実現された小選挙区制と内閣機能の強化が安倍政権の暴走をもたらしたという批判はもっともである。しかし、これらの制度改革が行われた時代に自民党は穏健リベラルになっており、安倍のような常識を外れた人物が権力者になることを誰も予想していなかった。

統治機構に埋め込まれた制御装置の中で、唯一、安倍にとって手に負えなかったのは、明仁天皇(今の上皇)であった。明仁天皇は、戦後平和国家の象徴として、全国戦没者追悼式典や年頭メッセージなど様々な機会に、憲法と平和を擁護することの大切さを国民に説いた。それらは政治的権能を有しない天皇として可能な範囲の、当たり障りのない言葉であった。しかし、憲法改正への強い意欲を明らかにする安倍首相の統治した時代には、憲法や平和を守るという言葉も、受け取りようによっては政治的意味を帯びた。憲法擁護勢力が天皇の「おことば」をよりどころにするという倒錯した現象が起きた。

二〇一六年八月八日、天皇が生前退位を望むことを表明したビデオ・メッセージがＮＨＫテレビで放映された。これは、政界にも衝撃を与えた。天皇の退位は、敗戦直後、新憲法をめぐる貴族院での審議の中で、南原繁(東京大学総長)が提起した問題であった。南原は、『回顧録』の中で、その意図を次のように説明している。

新憲法の成立にともなって「皇室典範」の改正が企てられた。しかも、これが議会の自由な討議に附せられた。これは全く画期的な歴史的事件です。ここで、他の点は自由な民主的精神で一新されているのに、ひとり「皇位継承」については退位ないし譲位の規定が欠けている。私はこの点を問題にしたわけです。

〔中略〕その基本は天皇の道徳的自由意志を尊重せよということにあります。それにもとづく天皇の進退が行なわれなければ、日本の道義的・精神的礎石は据えられない。それには典範自身のなかでその道を開いておかないことにはどうしようもないですからね。ところが、典範でその途を閉鎖している。その点においては古い皇室典範と変らなかった。人間天皇は依然として自由意志がないという結果になったわけですね。(『聞き書 南原繁回顧録』、三四六―三四七頁)

南原は、天皇の人間宣言を具体化するために、退位規定が必要だと考えた。また、彼は昭和天皇の戦争に対する道義的な責任は否定できないと考え、昭和天皇が一度退位することが、戦後日本において責任感や道徳を確立するために必要だとも主張していた。その観点からも退位を認めるべきと考えていた。

南原のこうした問題提起はその後顧みられなかった。戦後七〇年を経て、明仁天皇自身が、自ら南原の問題提起を引き取り、新憲法下の天皇として自由意志を全うしたいという希望を国民に向けて直接表明したわけである。明仁天皇の公式の顧問を政治史研究者の三谷太一郎が務めた時期があり、天皇は非公式に保阪正康、加藤陽子などの歴史家、歴史学者と懇談していた。したがって、南原の議論についても講義を受けていた可能性がある。

天皇が退位を希望することの政治的意味も明白であった。皇室典範の改正は未経験の大きな課題であり、政治的に慎重に進める必要があった。天皇の退位問題が決着するまでは、憲法改正は政治的に不可能となった。

安倍政権は、法律や歴史の学者や経済界の代表を集めて、「天皇の公務の負担軽減等に関する有識者会議」を設置して、退位に関する制度の設計を進めた。退位を一般的に可能にする制度をつくれば、明仁天皇以外に退位を希望する天皇が現れ、将来、皇位の継承が困難になる恐れがあった。そこで、明仁天皇についてのみ、例外的に退位を認めるとする皇室典範特例法が制定された。この例外という扱いには、安倍政権の意思が反映されている。この特例法に基づいて、二〇一九年四月三〇日に明仁天皇が退位し、五月一日に徳仁が即位することになった。

丸山眞男の言う「である」論理と「する」論理を当てはめるなら、君主制は「である」論理に立脚している。君主の正統性と権威は血統、伝統にあるからである。しかし、明仁天皇の場合、戦後憲法体制という具体的な意味内容を持った政治体制を象徴しており、彼自身がそのことを折に触れ国民に向けて語り掛けた。君主でありながら、ある政治理念を国民にそれとなく伝えた点で、「する」論理を実践したと評価することができる。天皇のそのような行動は、安倍にとって改憲の障害となった。

3　対抗運動の展開

次に、安倍政治に反対する進歩派、リベラル派、憲法擁護派の動きを振り返ってみたい。憲法擁護派の知識人や運動家の中には、改憲を唱え続けてきた安倍に対する警戒心は強かった。九六条改正論が出たときには、樋口陽一をはじめとする憲法学者を中心に、政治学や歴史学などの学者が集まって、二〇一三年五月に「九六条の会」が結成された。そして、マスコミ向けの働きかけや市民向けの講演などで、九六条を改正することが、憲法そのものを破壊することを訴えた。発会の際の呼びかけ文では、「九六条を守れるかどうかは、単なる手続きについての技術的な問題ではなく、権力を制限する憲法という、立憲主義そのものにかかわる重大な問題」と書いてある。この時以来、立憲主義という古風な言葉が、安倍による改憲を批判する際のキーワードとなった。

立憲主義とは、憲法に基づいて権力を運用するという考え方である。歴史的には、君主による恣意的な権力行使を防ぐために、君主といえども憲法に基づいて統治を行わなければならないという考え方が広まった。近代民主主義が定着したのちには、国民の多数が示す民意も誤ることがあるので、民主的に選ばれた政府といえども憲法に基づいて権力を行使しなければならないと主張するのが、現代の立憲主義である。憲法九六条を改正し、国会の単純過半数によって改憲を発議できるようにすることは、政府を樹立した同じ単純多数の民意が、憲法そのものを変えることを意味する。そうなると、憲法という重く、堅い規範によって権力の運用を制約するという憲法の存在意義を失わせることにつながる。そこで、九六条改正は、立憲主義の危機と受け止められたのである。

二〇一四年に集団的自衛権の行使容認の閣議決定への動きを見て、九六条の会のメンバーは、立憲デモクラシーの会を結成して、憲法解釈の変更に反対する運動を始めた。この会は、憲法学者の奥平康弘と私が共同代表を務めた。この会は、市民向けのシンポジウムや出版活動によって、集団的自衛権の行使容認に反対する世論を高めることを目指した。

私は、岸信介による改憲の動きと安倍によるそれを対比して、安倍改憲を防ぐためには学者が前面に出なければならないと考えた。岸の時代、憲法改正を進めるために、政府は憲法調査会を設置した。しかし、当時の法律学の権威だった宮沢俊義、我妻栄などの学者はこれに参加せず、憲法問題研究会という学者の団体を結成して、憲法擁護の論陣を張った。大内兵衛、丸山眞男など法律学以外の学者もこれに加わった。憲法問題研究会は、講演や出版によって世論に大きな影響を与えて、岸による改憲の大きな障害となった。二〇一〇年代にも、安倍による実質的な改憲を防ぐためには、同じ戦いを繰り返さなければならないと考えたのである。

平和運動においても、安倍による実質的な改憲に危機感を持った団体が、旧来の党派対立を超えて協力する動きを始めた。旧総評系の自治労、日教組などに支援された平和フォーラムと共産党系の憲法共同センターなどが集まって、総がかり行動実行委員会をつくった。同様の団体は各地域でもつくられて、集会や政党への働きかけを行った。

二〇一五年の夏、安保法制の国会審議が始まると、反対運動は予想外の広がりを見せた。国会前ではしばしば大規模な集会が開かれ、多くの市民が参加した。特に、SEALDs《シールズ》（自由と民主主義のための学生緊急行動）という学生の運動が注目を集めた。若者が政治運動に立ち上がるというのは、実に久しぶりのことであった。実は、二〇一〇年代初めの原発反対のデモや集会と、安保法制反対運動は強い連続性を持っていた。政権交代によって政治の可塑性が感じられるようになったところに、三・一一と原発事故が勃発し、世の中に関心を持つ市民は、原発という巨大な不条理に対して発言するようになった。その延長線上で、安倍による実質的な改憲に対しても、異議を唱える人が現れた。

私も、国会前の集会にしばしば参加し、スピーチをした。その中でも、岸と安倍の対比について説明した。六〇年安保では岸の民主主義破壊に対する市民の怒りが岸を権力の座から引き下ろし、改憲を断念させた。今、安倍は岸の挫折に対するリベンジとして憲法破壊を進めようとしているが、二〇一五年の安保法制反対運動でも、市民の力で改憲を進める安倍を返り討ちにしようと訴えた。

安保法制に反対する論理は、六〇年安保への反対の論理と全く異なっていた。六〇年の時は、日米安保条約の廃棄と非武装中立を求める声が運動の中心であった。しかし、安保法制反対運動は、自衛隊や安保体制そのものを問題にしていなかった。私自身も衆議院の特別委員会での参考人意見陳述で強調したとおり、戦後の自民党が構築した専守防衛路線から逸脱することが問題であり、安倍は保守本流を否定するものだというのが、反対の理由であった。

ここで、この意見陳述の一部を引用する。

戦後日本の国の形が大きく変化した契機は、一九六〇年のいわゆる安保騒動でありました。〔中略〕自民党は、この騒動から重要な教訓を学び取りました。憲法と戦後民主主義に対する国民の愛着は強いものであり、それを争点化することには大きなリスクが伴うという教訓であります。岸首相の後を襲った池田勇人首相は、憲法改正を事実上棚上げし、経済成長によって国民を統合する道を選択しました。この路線は、以後の自民党政権にも継承されました。安全保障政策においても、憲法九条を前提とし、これと自衛隊や日米安保条約を整合的に関係づける論理が構築されました。それが専守防衛という日本的平和国家路線でありました。憲法九条のもとで、日本は自国を守るためだけに必要最小限の自衛力を持つという原理が確立したわけであります。海外派兵はしない、集団的自衛権を行使しないという原則は、そこから必然的に導き出されるものであります。

一九六〇年代以降の自民党政権は、この原理を定着させ、軍事力の行使について謙抑的な姿勢を貫きました。まさに、戦後レジームはほかならぬ自民党がつくり出した体制であり、そのもとで日本は平和と繁栄を享受したわけであります。

今回の安全保障法制に関連して、日本が他国の戦争に巻き込まれるおそれがあるという議論があります。戦後日本が他国の戦争に巻き込まれずに済んだのはなぜでしょうか。それは、緊密な日米同盟のおかげではなく、日米安保条約のもと、日本が憲法九条により集団的自衛権の行使を禁止していたからでありました。

この点は、一九六〇年代末のベトナム戦争への対応をめぐる日本と韓国の違いを見れば明らかであります。

韓国は、米韓相互防衛条約のもと、アメリカにベトナムへの出兵を求められ、韓国軍はベトナムで殺し、殺されるという悲惨な経験をしました。

集団的自衛権の行使を否定していた日本は、ベトナムへの派兵など全く考慮する必要もなかったわけであります。一九六〇年の安保闘争で、市民が岸政権を退陣に追い込み、憲法九条の改正を阻止したことで、日本は戦争に巻き込まれずに済んだのであります。(第一八九回国会、衆議院 我が国及び国際社会の平和安全法制に関する特別委員会公聴会、第一号、平成二七年七月一三日)

私は、かつての自民党政権が築いた専守防衛路線を安倍政権が壊そうとしていると、皮肉を込めて指摘した。今までうまく機能したものをわざわざ壊すべきではないという感覚は、広い範囲の市民に共有された。また、歴代の内閣法制局長官や最高裁判事経験者も、そのような論理で反対の声を上げた。こうした反対論は世論に影響を与え、安倍政権の支持率は低下した。ＮＨＫの世論調査では、二〇一五年の七、八月は不支持が支持を上回った。

安保法制反対運動を盛り上げるうえで、野党第一党の民主党の動向が不確定要素であった。民主党の中には、憲法改正を志向する保守派も存在した。結局、岡田代表は、集団的自衛権の行使は憲法九条に違反すると判断し、民主党を反対でまとめた。これによって、自民党、公明党の与党に対して、民主、共産、生活、社民の四野党が対決するという構図ができた。

最終的には、国会における議席数が物を言うのが当然で、安保法制は、九月一九日に与党の賛成によって成立させられた。しかし、運動の高揚は無意味ではなかった。憲法理念の擁護という共通項で野党がまとまる土壌が形成されると同時に、民主党(二〇一六年三月以降は維新の党との合併により民進党と名前を変えた)の中にリベラル派と保守派の亀裂を生んだという点でも、その後の野党の動き、再結集の仕方に影響を与えることとなった。

4　野党共闘の構築

安保法制が成立した直後の二〇一五年九月一九日、共産党の志位和夫委員長は、安倍政権に対抗するために、安保法制に反対した野党が協力して、国民連合政府の樹立を目指すことを訴えた。共産党を含む野党の協力で政権交代を目指すという話は、非現実的と思われた。当初、民主党の岡田代表の反応は冷ややかであった。しかし、二〇一六年に予定されている参議院選挙の一人区で野党がある程度議席を確保しなければ、参議院でも自民、公明、維新などの改憲勢力に三分の二以上の議席を与えることになり、憲法改正の動きが本格化する可能性があることを、安保法制反対運動に参加した人々は憂慮していた。

私は国民連合政府発言の直後、志位と会談して、その真意を尋ねた。その日の日記を引用する。

一〇月一日　四時、中野晃一と共に共産党、志位委員長と会談。野党連合の真意について議論。岡田とも人間的信頼関係はあるとのこと。共産党は自党の候補を引っ込めると、思い切った決断をしたるなり。社民、生活は既に合意出来る。後は民主党の対応なり。仮に、この機会を逸すれば、民主党には未来なし。

志位提案に他党が乗るという形は難し。私、小林節氏など、外側で呼びかけ、プラットフォームをつくり、そこに野党が集まるという形をつくりたし。

志位氏、連合政権をつくるに際し、消費税、自衛隊、日米安保は凍結でよいとのこと。その英断には感心す。

志位提案とそれに対する民主党の反応を見て、政党同士で直接話し合い、協力体制をつくることは難しいという印象が最初から存在した。それゆえ、一人区での候補者一本化を図るには、市民団体が野党に呼びかけ、統一候補を政党と市民団体がかつぐという形をとるしかないという構想は、この段階から存在したわけである。

二〇一五年の秋から一六年の年明けにかけて、野党協力の成否に野党政治家と野党支持の市民は関心を向けた。しかし、民主党の動きは鈍かった。一一月以降、民主党内のリベラル派と会談を重ね、野党協力の構築の進め方について、議論した。

一一月一八日　夜横路孝弘氏と会合。民主党内の情勢は、左右に分かれ、野党結集に向けて党として動くということはおよそ無理とのこと。政党間の話し合いでは埒《らち》が明かないので外側で市民がテーブルを設け、参院選を戦う体制をつくってほしいとのこと。事情は理解す。

一一月一九日　午後、衆議院第一議員会館にて安保法に反対した野党、団体連絡会。枝野幸男、福山哲郎、参院選を民主だけで戦うつもりはないと言う。昨日の横路との打ち合わせを基に、枠組みを作る提起をし、流れをつくる。ここまで来れば火中の栗を拾うしかなし。

一月一〇日〔二〇一六年〕　夕方全日空ホテルにて小沢一郎氏と会合。野党の結集の件、政党に任せていては埒が明かぬ。民主党に結論なしとのこと。小沢氏ならではの見立てなり。近々、市民連合主催で全野党を呼びつけて面接をやるべしとのこと。そこで方向性が共有できれば、超党派的な傘を作ってほしいとのこと。

野党政治家のこうした要請に応えるために、安保法制反対運動を担った安全保障関連法に反対する学者の会、立憲デモクラシーの会、安保法制に反対するママの会、総がかり行動実行委員会の四つの団体の有志が集まって、参議院選挙での野党協力を進めるためのプラットフォームを作ることになった。名称を、安保法制の廃止と立憲主義の回復を求める市民連合(以下、市民連合)とした。学者では、私に加えて、中野晃一、広渡清吾、佐藤学などが中心となった。一二月二〇日に設立の記者会見を行い、二〇一六年一月二三日に設立記念のシンポジウムを行った。一〇〇〇人を超える市民が集まり、「アベ政治を許さない」というプラカードの揮毫をした金子兜太の激励の挨拶、柄谷行人の基調講演で、安倍改憲に対抗して戦うという決意を固めるイベントとなった。以後、市民連合が野党協力の協議の場を作る団体として認知された。また、多くの地域で、都道府県レベル、あるいは衆議院の小選挙区レベルの市民連合(名称は地域によって異なる)が結成された。

しかし、候補者一本化に向けた野党の協議は簡単には進まなかった。

一月二〇日　枝野、福山、辻元と参院選について協議。民主も、一人区については結局野党統一でやるしかなしという認識は共有。ただし、二月から民共協力という形を作ると、自民に攻撃材料を与えるとともに、党の分裂を招くことになることを心配す。De facto な協力を春ごろに始めるというスケジュール感なり。むしろ市民連合が候補者選考に踏み出すべきとサジェストされる。

民進党が野党協力にすぐに乗り出すことができなかった最大の理由は、ここで引用したような党内対立であった。前原誠司は新党結成に言及し、細野豪志、長島昭久などの保守派もそれに同調していた。また、民進党を応援する連合も、共産党との公式の提携には強く反対していた。岡田はタイミングを見極めていた。

野党協力を前進させたのは、四月二四日に行われた衆議院北海道五区の補欠選挙であった。この選挙は、安保法制成立後の最初の国政選挙であり、安保法制に反対する民意を示す絶好の機会だと、市民連合は意気込んだ。そして、野党に候補者の一本化を求めた。北海道の市民連合が各野党と候補者自身に協力を呼び掛け、政策協定を調印するという形で、民主党系の女性を無所属の統一候補とし、共産党も支援することで、野党協力が実現した。選挙戦は、自民党候補と野党統一候補の一騎打ちとなった。野党候補は敗れたが、一万二〇〇〇票差の善戦であった。前原と共産党の小池晃が同じ街宣車で応援演説をしたことも話題となった。この経験が、野党協力の有効性を民主党に示した。

五月に入って、各地の候補者擁立が進み、三二の一人区すべてで野党候補の一本化が実現した。中央では、六月七日に、市民連合の呼びかけで民進党、共産党、生活の党、社民党の党首が共通政策に調印することが実現した。共通政策の冒頭で、安保法制の廃止を掲げ、脱原発、格差貧困の是正、選択的夫婦別姓制度の実現など、社会経済的争点についても、政策を並べた。各県では、県レベルの市民連合が独自に共通政策を作り、各野党、候補者と合意書を作り、協力体制を構築した。北海道に加えて、新潟、長野、宮城などの市民連合が最も活発であった。

共産党が、自公協力における公明党のように、自分の組織票を有効に生かして野党全体を盛り上げるという構想は、私が二〇〇七年の参議院選挙の際に言いだした話であった。この選挙に関連して、毎日新聞の「言いたい'07参院選」という連載記事の中で、私は共産党への注文というテーマを与えられた。そこで、以下のように述べた。

まず、あえて挑発的に言えば「たしかな野党」という共産党の自己規定が間違っていると思います。未来永劫、与党になるつもりはないのかと聞きたい。常に野党で、チェックとブレーキばかりではつまらないでしょう。
あなた方は日本の政治を変える力を持っているんだよ、と言いたいのです。憲法・平和の問題、経済格差の是正の問題、経済界の言いなりになっている自民党政治に対する批判――具体的な政策では私もかなり一致するわけです。新自由主義と対米従属の政治を転換していくうえで共産党も重要な役割を果たすべきだと思っています。〔中略〕
問題は次の総選挙でしょうね。共産党は比例代表で大いに頑張ってください。小選挙区や知事選みたいに一つのいすを争う場合は、よりましな方を勝たす政治的な判断こそ必要です。そうすれば（公明党のように）キャスチングボートを握れる。共産党は「左翼の公明党」になるべきだとあえて申し上げたい。（毎日新聞、二〇〇七年七月一六日）

この時は一顧だにされなかった話だが、二〇〇九年の総選挙では、共産党が小選挙区の候補者をかなり減らすことで、事実上民主党を支援するというやり方をとった。さらにその後、安倍政治が猛威を振るう時代になって、共産党も新しい路線に踏み出した。このように大規模な野党協力は、戦後の国政選挙では初めてのことであった。共産党と市民団体は盛り上がっていた。しかし、私は自公の厚い壁にぶつかって、野党協力がどの程度成果をあげるか、むしろ懐疑的であった。二〇一六年の参院選公示の前日の日記を引用する。

六月二一日　夕方、ジャーナリストを招いて参院選情勢分析の勉強会。全体として自公優勢。改憲勢力三分の二の可能性高まる。

一人区は、野党系が九プラスαという状況。共産党は必死で頑張るが、民進党の体たらく、いかんともなし難し。全体に危機感欠如、熱意と泥臭さなし。

ここまで来たら、憲法九条改正阻止で戦うしかなし。敗北の後の民進党の立て直しについて野党結集が中途半端な結果しか出せなくとも、次の衆院選までこの道しかなしと突っ走るしかなし。

夜、飲み会。人生、負け戦の連続と愚痴る。ともかく最後まで頑張るしかなし。

地下鉄の中で小学生に席を譲られる。よほど疲れて、老けた顔をしていたにちがいなし。

結局、三二の一人区のうち、一一の県で野党候補が勝利した。特に東北、甲信越では優勢だったが、北陸から西日本にかけては、沖縄と大分を除いて、自公の壁を破れなかった。三年前の参院選に比べれば大善戦と言ってよいが、一人区での勝ち越しには程遠い数字で、私は、自公の壁の厚さを痛感した。

私の感じた限界とは、先に引用した日記にあるように、野党共闘が改憲阻止という五五年体制時代の護憲政治のモデルに逆戻りしたことである。これは私にとっては、やむを得ないが、不本意なことであった。九〇年代前半の憲法論議や政党再編を扱った第二、三章で詳しく述べたとおり、私は、憲法改正阻止のために三分の一の議席を確保して満足する当時の社会党を批判し、政権交代のために二分の一をめぐる政党競争をつくり出すことを主張してきた。九〇年代から二五年間、政権交代のある政党政治を求めて、野党側に働きかけてきた。しかし、民主党政権が瓦解した後、この試みは振出しに戻ってしまった。

安倍政権が集団的自衛権行使の正当化を試みた時、これに反対する大きな運動を組織化したことには理由があった。保守的な立場の法律家、法学者を含めて、幅広い有識者や市民が反対の意思を表明した。私にとっては、この運動は一九六〇年代以来自民党自身が築いた保守本流路線、専守防衛の体制を維持することを目指す、保守的なものであった。しかし、改憲阻止を叫ぶことによって、政治空間の中の左隅に砦を作るという印象を人々に与えたことも否定できないだろう。運動に参加する人々は内側で盛り上がっても、それを、政治全体を変えるエネルギーにまで高めることはできなかった。昔、社会党だけでできた改憲阻止を、今はいろいろな野党をかき集めてできるかどうかというレベルであった。安倍、あるいはその周辺のブレーンに、憲法九条にかかわる争点を持ち出すことによって、野党側を周辺化するという戦略があったのかどうか、私にはわからない。しかし、憲法政治の争点化によって、「してやられた」という敗北感を持った。

その敗北感について、二〇一五年と一九六〇年の二つの戦いを対比することで説明してみたい。六〇年安保の場合、新安保条約自体は成立し、その意味で反対運動は敗れた。しかし、岸信介は混乱の責任を取って退陣せざるをえなくなり、岸の改憲路線も頓挫した。そして、自民党は憲法九条を事実上承認し、専守防衛の安全保障路線を構築した。これは、政権交代なき路線転換で、その意味で、市民の運動は大きな成果を勝ち取ったということもできる。

二〇一五年安保法制反対運動の場合、運動の高揚によって、国政選挙における野党協力、一人区（小選挙区）における候補者一本化という成果を挙げた。しかし、それはせいぜいのところ、三分の一を目指すものであり、政治を変える力はそもそも持たなかった。そして、二〇一五年の場合、安保法制を成立させたのち、安倍政権はさらに長期化し、安保法制を具体化させる政策を次々と追求した。安倍を引き継いだ菅、岸田の二つの政権によって、平和国家路線は事実上解体されている。自民党には、憲法理念を尊重する良質な保守は残っていなかった。

参院選の直後、『生活経済政策』という雑誌で、選挙を総括する座談会を行った（掲載は、同誌、二〇一六年九月号）。参加者は、柿﨑明二（当時共同通信）、辻元清美、中北浩爾（当時一橋大学）と私であった。そこでは、野党共闘の限界がすでに指摘されていた。

柿﨑の発言の要点は次のようなことであった。民共協力は、自民と野党の票の取り合いをゼロサムゲームにしないのであり、野党が一〇増やせば、自民党も一〇増やすという戦いの構図だった。中道左派が左に手を広げても多数派にはなれないので、政権交代を目指すならば野党協力の在り方を見直すべき。共産党が綱領改正などを実現できなければ、イタリアのような政権交代はできない。共産党の現実化なしに、野党協力を進めることには大きな限界があるという点は、中北もその後著した共産党論の中で強調している（『日本共産党』）。座談会を行った日の日記を引用する。

七月二九日　登山にたとえれば、三分の一という峰と、二分の一という峰は異なるもので、道もパーティの相手も異なるということ。ここをどう解きほぐすかという問題は、深刻なり。

憲法改正が現実の問題となったとき、古いと言われても五五年体制ふうの護憲政治を構築することは必要であった。しかし、三分の一という峰から二分の一の峰までそのまま縦走することはできないことが見えていた。

この点に関連して、境家史郎は、安倍時代に形成された自民党一党優位システムを「ネオ五五年体制」と呼んで、その基盤について憲法との関連で次のように説明している。

この構造〔五五年体制〕は、日本の戦後政治に憲法問題がビルトインされていることに由来する。一九五〇年代に憲法九条と現実の防衛政策の整合性が問われて以来、今日までエリートレベルではこの問題をめぐって論争が続いており、その亀裂は、大政党有利の小選挙区制下でさえ政党を分立させるほどに深い。〔中略〕

今後も、憲法問題が解消されない限り、あるいは憲法改正という争点を「軍国主義か民主主義か」というイデオロギー的問題として捉える枠組みから日本人が解放されない限り、この国の「戦後」が終わることはないだろう。（『戦後日本政治史』、二九一―二九二頁）

私自身も現状を五五年体制になぞらえた議論をしたことがある。野党側が二分の一に迫れない閉塞感については、すでに述べたとおりである。しかし、五五年体制とネオ五五年体制には違いがある。安倍政権時代、安保法制は憲法違反だとしてこれに反対した野党は、共産党を除いて、自衛隊や日米安保体制を否定していなかった。五五年体制の下で形成された専守防衛という国民的合意を、安倍がわざわざ壊しにかかったからこそ、野党も、多くの市民もこれを守ろうとしたのである。憲法九条の問題をイデオロギー的争点にしたのは安倍の側であった。

境家の議論にはもう一つの反論がある。立憲主義という近代国家の基本原則について、これを破壊する議論と、これを擁護する議論を並置し、どっちもどっちという扱いをすれば、法の支配も近代国家の枠組みも崩壊する。憲法所定の手続きに則って政治を運営せよと言うことは、イデオロギー的な主張ではなく、政治的立場を超えて共有すべきものである。

話を二〇一六年に戻す。参院選の結果を受けて、ともかく次の衆議院選挙に向けて野党協力の体制をつくる模索が続いた。参院選の一人区で一一の勝利を得たことは、民進党や連合に対しては、野党協力の効果を主張する根拠となった。二〇一七年の春から、森友学園問題が発覚し、安倍首相による権力の私物化に対する人々の批判は強まった。市民連合では、次の総選挙における野党共通政策の策定を進めた。

野党協力をめぐる民進党と共産党の食い違いは、次のような構図であった。民進党の政治家にとって、自分の選挙区で共産党が候補者を立てず、自分に票を入れてくれることは歓迎であった。しかし、正式の推薦をもらって、共産党の関係者が表立って応援すると、やや保守的な支持者が反発する心配もある。野党共闘という鉦太鼓の宣伝なしに、事実上共産党に支持してもらう関係を作りたいというのが、民進党側の、いささか虫のよい願いであった。これに対して、共産党は理屈を重んじる体質を持っている。自党の候補者を下ろしてまで他党に協力することを党員や熱心な支持者に説得するためには、政策的な大義名分と政党間の公式な協力関係を党員に見せる必要があった。

市民連合は、両党の言い分を調整する緩衝材となった。市民連合が共通政策を提示し、各党がそれに賛同するという形で、政党間の直接的な合意なしに協力体制をつくることで、各党は折り合った。参院選の後、岡田は民進党の代表を退き、蓮舫が代表に選ばれた。蓮舫も野党協力路線を維持した。

森友学園問題などで安倍政権の支持率が低下する中で、政権を実際に脅かすのはリベラル勢力の結集ではなく、非自民保守だということが明らかになった。二〇一七年七月の東京都議会選挙では、前年の知事選で当選した小池百合子知事が都民ファーストの会というローカル政党をつくり、五五議席と躍進した。自民党は大敗し、公明と同じ二三議席にとどまった。これは、安倍自民党にとって大型選挙における唯一の敗北であった。小池が国政に進出すれば、さらに大阪で大きな勢力を確立した維新の会と連携すれば、自民党を脅かす存在になると予想された。

民進党では、都民ファーストに移る都議会議員が続出し、五議席にとどまった。旧民主党系の政党としては最悪の結果であった。党の求心力は低下し、蓮舫は八月に代表を退くことを表明した。そして、前原誠司と枝野幸男の二人による代表選挙が戦われ、前原が勝利した。前原は、枝野を代表代行に、辻元清美を幹事長代行に据えるなど、リベラル派も取り込んだ体制をつくった。前原は代表選挙の選挙戦の中で、野党協力を見直す意向を示していたが、リベラル派にも配慮し、野党協力の見直しがどの程度進むか、不透明であった。また、民進党からは離党者が相次ぎ、党の混迷は続いた。

第一二章　野党再編の模索

1　民進党分裂と立憲民主党の登場

二〇一七年八月末から九月にかけて、北朝鮮が日本上空を通過するミサイルを発射し、日本にも衝撃が走った。九月中旬、安倍は月末に召集される臨時国会の冒頭に衆議院を解散し、一〇月に総選挙を行うことを決断した。私は、信頼する政治記者に経緯を尋ねた。彼は次のように説明した。森友学園問題について国会で追及されることを嫌い、北朝鮮の脅威を利用し、野党の準備ができていないことに付け込んで、総選挙を行う決意を固めた。他方、前原はこのころ小沢との連携を密にしており、党内人事や政局対応についても相談してきた。総選挙は野党協力で戦うしかないと腹をくくった。保守派が民進党を離党するに任せているのも、野党協力を実現するための方策だと。私も九月一五日に小沢と会談し、小沢は前原と、民進党と自由党(二〇一六年一〇月に生活の党から自由党に名称変更)の合流を進めていると聞いていた。

総選挙に向けた野党協力の体制をつくることは焦眉の急となり、私は関係者と議論を重ねた。九月二〇日の日記を引用する。

九月二〇日　夕方、前原、辻元と会談。

前原　小選挙区で一対一の戦いの構図を作りたい。今回の総選挙の最大争点は安倍による日本国の私物化を許さないこと。ゆえに憲法の私物化としての改憲にも反対する。三・一一の教訓を踏まえた国づくりについて、私の意見に同意。

辻元　二八〇の小選挙区について一つ一つどこを取り、譲るか、協議の最中。共産は一五の必勝選挙区について頑として譲らず、難航。手順としては候補者調整のめどがついてから協力体制の広告をすべき。そうでないと党内が持たない。四野党〔民進、共産、自由、社民〕が表で共闘をアピールというイベントについては極めて消極的。

市民連合が各党に協力を要望し、それを受けて体制をつくるという構図については、四党に合意ありとのこと。具体的なイベントの組み立てについてはさらに協議を重ねることとす。

前原には政策について異論はあれど、この二五年、政権交代を追求してきた仲間なり。彼の部屋に、九四年五月、荒井〔聡〕、枝野らと民主の風を結成したときの写真を掲げてあり、荒井さんに言われ初めて会いしは今でも鮮明に記憶したり。ここは大局を見据えて行動してほしいものなり。

野党に対する協力の要請文は、私が起草した。民進党からは、野党が一体となるというイメージをぼかすために、政策合意や選挙協力という言葉を使わないよう依頼され、いささか曖昧な言葉遣いになった。要請書は、以下のような文章に落ち着いた。

安倍晋三首相は、九月二八日に召集する臨時国会の冒頭に衆議院を解散する決意を固めたと報じられています。憲法第五三条に基づく野党の臨時国会召集要求を無視し、さらに代表質問、予算委員会における質疑をすべて省略して選挙を行うことは、言論に基づく議会政治を否定し、立憲民主主義を破壊する暴挙と言わなければなりません。

この総選挙で再び与党およびその補完勢力に三分の二以上の議席を与えるならば、安倍政権が憲法改正を発議することは確実で、この選挙は憲政擁護の最後の機会となりかねません。立憲主義の原理を共有する四野党は、小選挙区においてそれぞれの地域事情を勘案し、候補者をできる限り調整することで与野党一対一の構図を作り、国民に憲政と民主主義を擁護する選択肢を提供する責任があります。

私たち、安保法制の廃止と立憲主義の回復を求める市民連合は、四野党が以下の政策を重く受け止め、安倍政権を倒すという同じ方向性をもって、〔衆議院議員総選挙を〕全力で闘うことを求めます。

そして、共通政策として、①九条改憲反対、②安保法制や特定秘密保護法などの非立憲主義的法律の廃止、③地元合意のない原発再稼働反対と再生可能エネルギーの拡大、④森友学園問題等の解明と透明性の高い行政の実現、⑤教育、保育、雇用分野の政策の飛躍的拡充、⑥働き方改革反対と八時間働けば暮らしていける経済社会の実現、⑦選択的夫婦別姓制度の実現など女性に対する差別の解消を掲げた。我々は政策共有を求めたが、民進党の希望で各党が重く受け止めるという表現になった。また、野党協力は、同じ方向性を持って戦うという言葉に落ち着いた。

九月二六日に、四野党の幹事長、書記局長と市民連合の代表者が会談し、要望書を渡し、候補者の一本化について基本的な合意を得た。選挙前に我々がやるべきことは、これで終わりと、一息ついた思いであった。

しかし、この日の夜、状況は一気に暗転した。この日の日記を引用する。

九月二六日 夜、政治記者に電話。様子を聞く。前原、小池、神津〔里季生〕連合会長、会談し、協力の方法について話し合ったとのこと。たいへん不穏な気配。川本淳自治労委員長にも電話。前原が野党、市民を捨て去り、右側に新党をつくるという可能性、にわかに広がる。今までの苦労はいったい何だったのかという思い。

翌日、前原は、民進党の候補はすべて小池新党(希望の党)に公認申請を出し、民進党は実質的に解党する方針を明らかにした。問題は、民進党の現職議員がそのまま希望の党の公認を得られるかどうか不明だった点である。小池は、自前の候補者の公認の準備もしており、民進党の議員の間には、自分の希望する選挙区で立候補できるかどうか、パニックに陥る者も出た。もちろん、野党協力の議論はすべて無意味となった。九月二八日に衆議院は解散された。解散直後の民進党の議員総会で、希望の党への合流が承認された。この段階では、希望の党は自民党を倒すための「より小さい悪(lesser evil)」という認識がリベラル派にもあった。この日、辻元と電話で話した際、彼女は、純粋さにこだわって討ち死にするよりも、とりあえず小池新党に結集し、自民党を倒すことに全力を尽くすしかない、その後のことはその時考えると言った。

九月二九日、小池百合子は記者会見で、民進党議員は申請すれば希望の党から排除されないという前原の発言を否定し、「排除されないということはありません。排除いたします」と発言した。この「排除発言」は、改憲に反対するリベラル派を希望の党から排除するという意味であった。小池の新党の中心には、いち早く民進党を離党した細野がいた。リベラル派の排除は、かつての民進党の保守派による意趣返しという面もあった。この発言は、メディアで大きく取り上げられ、小池の傲慢な姿勢を象徴する言葉として、強い反発を招いた。

また、小池は大阪維新と連携する方針を明らかにし、維新が候補者を擁立する大阪では希望の党は候補を立てないことを表明した。このことは、連合と希望の党の連携を困難にした。維新が支配する大阪府、大阪市では、職員労働組合に対する弾圧が行われ、組合は不当労働行為としての裁判闘争を行っていた。連合傘下の労組と戦う維新は、連合にとって連携の相手ではなかった。

排除発言を受けて、民進党のリベラル派は無所属で出馬するか、新党を結成するかという選択を迫られた。二九日夜、菅直人と電話で話した時、菅は、細野から排除される身として、新党を立ち上げるしかない、時間との競争だと言った。また、小沢の秘書に電話したところ、小沢は前原、小池の連携について一切かかわっておらず、小池ペースを快く思っていないとのことだった。また、自治労の川本委員長に電話すると、神津連合会長は希望、維新の連携で完全に新党から距離を取り、総選挙に取り組む別の形を模索するとのことだった。結局、連合は民進党に所属していた議員を個別に応援することで落ち着いた。川本は、リベラル派の新党を自治労、情報労連、日教組などで支える可能性を模索すると述べた。私も、菅から新党の結成宣言の下書きを頼まれて、作文を試みた。二九日の日記を引用する。

九月二九日　政権交代は重大事なれど、ここは立憲民主主義の火種を残すことの方が重要なり。安倍政権の延命に手を貸すと言われても、政治における筋は重要なり。

前原は資金提供の見返り条件、民進党からの加入、公認の進め方について、何ら具体的な取り決め、言質なしに、小池によろしくと頼んだというのが事の真相のよう。信じがたい愚かさなり。あのメール事件以来、前原は無能有害なる指導者なり。

野党協力の合意をつくったその日に、小池との連携を決定したことで、私は前原に裏切られた気分であった。しかし、政治の世界では騙される方が悪い。他人を容易に信じる甘さが、私の欠点である。菅が言うとおり、新党の結成は時間との競争であった。焦点は、枝野が新党結成を決断できるかどうかであった。八月に民進党の代表選挙を前原と戦ったばかりであり、枝野が中心になるのは当然であった。私は菅に新党の宣言文案を渡し、党名は立憲という言葉を入れるべきだと提言した。それが枝野にどの程度伝わったか、分からない。ともかく、民進党のリベラル派の間には、立憲主義を新党の理念にすべきという合意が存在したことは明らかである。一〇月二日の未明、民進党のリベラル派の参議院議員の秘書から、新党結成の事務手続きを始めたという電話をもらい、私もほっとした。小池晃からは、共産党としてはリベラル派新党と協力したいが、共産党にも選挙準備の都合があるので、新党をつくることが決まったらすぐ連絡してほしいと言われていた。そこで、夜中の二時ごろ、小池に新党結成の旨を伝え、協力を依頼した。

一〇月二日の午前には、前原から電話があり、希望の党への結集に協力するよう頼まれた。この日の日記を引用する。

一〇月二日　一〇時半、前原より電話。希望への合流について、民進から二〇〇人の候補が公認され、政策についても従来の民進の憲法、安保の路線と矛盾しない妥協ができたと説明される。今、枝野がリベラル分派を作れば、すべての交渉が台無しになると訴えられる。分派となれば、希望も対抗馬を立てざるを得ず、首都圏の候補、枝野も長妻も危ういと前原は言うが、ここまで来れば三つ巴の戦いをせざるを得ず。

夕方五時、枝野、立憲民主党設立の記者会見。ようやくここまで漕ぎつけたかと、一安心する。

枝野は新党をつくり、民進党のリベラル派が参加することとなった。野田、岡田、安住淳、江田憲司など、有力政治家は無所属での出馬を決めた。こうして、希望の党は急速に失速した。希望の党に加わった政治家の混乱の様子は、井戸まさえの『ドキュメント 候補者たちの闘争』に詳しい。

選挙戦では、立憲民主党への支持が急速に広がった。一〇月四日、ある学生の提案で、ゼミの後に中野駅前で開かれる枝野、長妻の演説会を見に行くことになった。これも政治学の勉強であった。中野駅前に行くと、枝野の到着が遅れるので、来るまでの間、先生が話をしてつないでくださいと地元のスタッフに頼まれ、演説の前座を務めた。その中で、民主主義、立憲主義を守る政党の灯を消してはならないと訴えた。会場では、多くの市民が立ち止まり、久しぶりの手ごたえを感じた。実際の選挙戦は、自治労や日教組など、官公労の組合が支えた。特に地方に行くと、これらの組合のOBが、久しぶりに心から応援できる政党ができたと喜び勇んで運動していた様子が見られた。

選挙戦の中で、私は、立憲民主党、共産党の応援に走り回った。池袋駅東口では、共産党候補の応援で、不破哲三と共に街宣車の上で演説をした。この時の不破の演説の明晰さには感心した。自分が歴代の自民党の総理大臣と論戦を重ねたことを紹介し、田中角栄や大平正芳は共産党の質問にも真摯に答え、日米安保の運用の問題点については共産党の指摘を受けて修正するという謙虚さがあったと振り返った。そして、ドイツの故事を引き合いに出し、「今はレジスタンスの時。神を信じる者も信じない者も、ともにヒトラーと戦おう」と述べた。まさに、レジェンドの演説であった。

選挙結果は、野党の大分裂にともなう自民党の圧勝であった。自民党は二八四議席を獲得し、楽々と政権を持続した。そして、結党間もない立憲民主党が、比例代表で一一〇〇万票、全体で五五議席を獲得し、五〇議席の希望の党を押さえて、野党第一党となった。これは予想外の躍進であった。既に触れたように、たとえ五議席の差であっても、野党第一党と第二党では、雲泥の差がある。以後、野党の再結集において、立憲民主党が主導権を取ることとなった。

希望の党は無残な失敗に終わったという認識は、この党に参加した者にも、しなかった者にも共有されていた。旧民主党系の政治家は、立憲民主党、希望の党、参議院に残った民進党、無所属(のちに、野田佳彦、玄葉光一郎などを中心に社会保障を立て直す国民会議という会派を結成)に分かれた。次の国政選挙に向けて、バラバラになった野党を再結集する必要があることは、誰の目にも明らかであった。二〇一八年五月、希望の党の民進党系の議員と、参議院の民進党が合併して、国民民主党が結成された。

立憲民主党にとって、話は単純ではなかった。彼らは、野党における質と量のトレード・オフという、それまでと同じ問題に直面した。政策主張の明確さ(エッジを立てること)と一定の規模を持つことで国会における存在感を発揮することが両立しないという悩みである。立憲民主党が短期間でブームを起こしたのは、憲法を擁護する、原発に反対するなど、明確な主張を持っていたからであった。しかし、政権交代を目指すためには、衆議院で最低でも一〇〇議席以上の勢力を持たなければ、政権の担い手として認知されない。とはいえ、規模を大きくするために希望の党に行った政治家を抱え込めば、かつての民主党と同じく、憲法や原発などの基本政策について、鮮明な旗印を掲げられなくなり、立憲民主党の魅力が薄れるという危険があった。

次の課題は、二〇一九年夏の参議院選挙にどう臨むかであった。枝野は、野党再結集を急がず、参議院選挙で立憲民主党が野党第一党としての地位を固めることが先決という認識であった。そのために、国民民主党と選挙区で戦うことも辞さなかった。二〇一八年の夏ごろから、野党協力の体制、共通政策について、野党の主だった政治家と議論を重ねた。一一月一五日の日記を引用する。

一一月一五日　議員会館にて枝野と会談。野党協力、政権交代の展望について本音の話をする。

・参院選の野党協力は、一人区の候補者一本化まで。(政党間の)相互推薦はしない。

・二人区以上はそれぞれが戦う。茨城、静岡などで国民の現職に一本化しても、自民の二人目の候補に勝てない。立憲が国民を推すと言っても立憲支持者は共産に流れるだろう。

・立憲と国民の関係は特殊なものではない。それぞれと共産の関係と同じ。

・政権交代を起こすときには、総選挙前に立憲単独で政権構想を示し、この指止まれでやるしかない。

国民民主の主要メンバーについて、かつて民主党で同じ釜の飯を食ったというセンチメンタリズムが全くないのは驚きなり。枝野の姿勢がここまで堅ければ、これを前提に協力の在り方を考えるしかなし。

二〇一九年の参院選では、一人区における野党候補の一本化は、前回の経験を踏まえ、円滑に進んだ。そして、市民連合が一三項目の共通政策を提示し、各野党がこれを受け入れることで、野党協力が実現した。この時の政策の見出しを掲げておく。

一、憲法改正反対。

二、安保法制や特定秘密保護法など、非立憲主義的法律の廃止。

三、防衛予算の見直し。
四、沖縄県名護市の辺野古新基地建設の中止。
五、北朝鮮との、国交正常化、拉致事件の解決、核開発の凍結のための交渉。
六、原発ゼロを目指す。
七、統計偽装の究明と高度プロフェッショナル制度の廃止。
八、消費税率引き上げの停止と、総合的税制改革。
九、保育、教育、雇用に関する予算の拡充。
一〇、最低賃金を時給一五〇〇円に引き上げ、格差、貧困を是正する。
一一、ＬＧＢＴや女性に対する差別の撤廃と、選択的夫婦別姓制度の実現。
一二、森友学園、加計学園問題の究明と透明性の高い行政の実現。
一三、報道の自由の確立と放送行政の見直し。

運動に参加する市民は、野党共通政策に様々なテーマを盛り込むことを主張した。他方、あまり網羅的になると、インパクトが弱くなることも予想された。議論の結果、一三項目に収斂させた。消費税の扱いについては幾つかの意見があった。私自身は一部の野党が言う税率引き下げや廃止には反対であった。しかし、幅広い野党の結集のためには、消費税に怨念を持つ野党にも配慮しなければならず、このような政策に落ち着いた。

この時は、国民民主党の中にも、岸本周平、古川元久など、野党協力の必要性について理解を持つ政治家がおり、市民連合との協議に参加した。

参院選の時には、立憲民主党のブームは終わっており、比例代表の得票は七九二万票にとどまり、当選議席も一七にとどまった。国民民主党は、比例代表で三四八万票、六議席にとどまった。その結果、旧民主党陣営において、立憲民主党の主導権が確立した。ただし、国民民主党幹事長の榛葉《しんば》賀津《かづ》也《や》の静岡選挙区に立憲民主党が候補者を立てたことで、両党の対立は続いた。また、三二の一人区のうち、野党統一候補が一〇の県で勝利した。これにより、参議院における自民、公明、維新の会の三党の議席は、三分の二を下回り、自民党は参議院における単独過半数を確保できなかった。これは野党共闘の成果であった。この選挙では投票率が五〇%を割った。国民の政治的無関心の慢性化は、野党にとって、自民党よりも、大きな難敵となった。

参院選を経て、野党再結集は次の段階に入った。枝野は、八月五日に国民民主党や無所属議員に統一会派の結成を呼び掛けた。その呼びかけ文の一部を引用する。

> こうした実態〔安倍政権が国会審議から逃げ回っていること〕に対抗し充実した国会論戦を実現して、行政監視という野党としての役割を果たすとともに、安倍政権に代わる政策を的確に示すことで、政権の選択肢としての期待と信頼を高めるには、「数の力」を背景とした与党に対抗しうる強力な構えが必要であることを認識するに至りました。
>
> こうした認識に基づき、本年五月二九日の「立憲野党四党一会派の政策に対する市民連合の要望書」に記された一三項目にわたる政策要望を踏まえるとともに、立憲民主党の政策、すなわち、

立憲主義の回復など憲法に関する考え方、いわゆる原発ゼロ法案等のエネルギー関連政策、および、選択的夫婦別氏制度や同性当事者間による婚姻を可能にする一連の民法一部改正法案等の多様性関連政策などにご理解ご協力いただき、院内会派「立憲民主党・無所属フォーラム」に加わって、衆議院でともに戦っていただきたく、ここにお呼びかけさせていただきます。

これに賛同いただくことで、数の上でも、論戦力の上でも、より強力な野党第一会派を作り、充実した国会論戦を実現して、政権交代へと向かっていきたいと決意しています。〔以下略〕

令和元年八月五日　　　　　　　　　立憲民主党代表　枝野幸男

私は、この呼びかけの二日後、枝野と会談した。日記を引用する。

八月七日　午前、枝野と会談。

・統一会派と政権交代を求めて積極的に動き出すということ。国民民主党が党として動くなら、参院の統一もＯＫとのこと。

・共産党とも、選挙協力を進めるほかなし。

・野党再統合の政策的土台は市民連合の一三項目を踏まえるとの明言。

市民連合をやってきて、初めて枝野に礼を言われる。

この統一会派は実現し、二〇一九年秋の臨時国会から、自民党と立憲民主会派の対決という構図ができた。二〇二〇年の初めには野党協力の動きが活発化した。枝野は国民民主党に立憲民主党への合流を求めた。結局、玉木雄一郎がこれを拒み、この時点での合流はできなかった。しかし、国民民主内には立憲との合流を求める議員が多く、国民民主の独自路線も早晩転換されるという観測が強まった。国民民主の指導部が合流を拒むのは、人間関係における不信感、好き嫌いが理由ということであった。それは、新立憲民主党の結成の際にも繰り返された。国民民主を支持する民間産別の反対や、立憲におけるリベラル派の赤松広隆のグループも国民民主との対立をあおるような動きをした。私は、一月末、古川元久に会って、立憲との合流を否定したいきさつを訊いた。国民民主の側のこうした苦情は、その後の合流論議の中でも繰り返され、本格的な再結集の障害となった。以下、日記を引用する。

一月二八日　立憲―国民の合流の頓挫については、それぞれ言い分あり。
・今まで、合流、統一会派を国民の側から呼びかけられ、ずっと唯我独尊を続けてきた枝野にここで合流を呼びかけられても、はいそうですねとは言えない。
・水面下の根回しはなしで、いきなり表舞台で合流の話し合いと言われても、困る。
いくつか収穫はあり。
・玉木以下、国民の大半は次の選挙では枝野を総理候補にして戦うしかないと考えている。
・枝野が政権構想を練り、ネクスト・キャビネットを作るなら国民も協力する。
・原発についてゼロを目指すというのは同じ。原発を電力会社から切り離し、国有化すべき。そうなると連合、民間産別にはしがらみなく、プラス。

二〇二〇年の初めは、安倍政権の在職日数が史上最長を記録する状況をなんとかして止めなければならないという危機感が野党陣営に広く共有され、野党協力の機運が高まっていた。こうした知恵を具体化して、野党側の積極的な政策提起ができていればと、悔やまれる。

次に、野党協力の立役者である共産党の動きについても、振り返っておきたい。共産党は「市民と野党の共闘」というスローガンを掲げて、他党支持者や無党派層に開かれた姿勢と、重要政策に関する柔軟化、現実化を打ち出そうとした。二〇二〇年一月中旬に開かれた党大会では、立憲民主党から安住淳、国民民主党から平野博文、無所属の中村喜四郎などが挨拶をした。私も、市民連合を代表して連帯の挨拶をした。志位委員長は、選挙協力から政権交代に向けて努力するという路線を強調し、党が一丸となって野党協力に邁進するという雰囲気であった。

そこで問題となるのは、日米安保条約の破棄、自衛隊の廃止など共産党の究極の理想と、当面の政権運営をどのように関連付けるかという点であった。野党協力を嫌う自民党側は、常に、共産党は革命政党であり、基本政策を共有しない危険な政党だと批判してきた。これに対して、志位委員長は、政権に参加するときに党の理想は持ち込まない、今ある政策を受け入れると説明していた。ただ、綱領を変えて、市場経済を全面的に受け入れるとか、自民党政権が築いた安保・外交の基本的枠組みを承認するということは絶対にないという姿勢も明確であった。共産党は「体制外」政党だという批判を乗り越えるには、綱領の改定など、踏み込んだ政策転換が必要であった。

私は、小池晃とは時々会って、議論していた。二〇一八年八月、共産党の制作するインターネット番組で小池と対談した後、酒を飲みながらインフォーマルな話をした。以下、日記を引用する。

八月七日　(党本部)近くのイタリアンで飲み会。小池氏、国民民主とはそれなりに話し合いはできている由。問題は立憲民主ということで意見一致。不破氏も古川元久について評価しているとのこと。小池氏、基本政策は、宏池会、経世会でよいと本音を言う。これは画期的なこと。

もちろん、小池は変節したわけではない。万一野党共闘が成功し、共産党が政権に関わる日が来ても、実際にできる政策は、専守防衛の安全保障政策、地方や弱者に手厚い再分配政策だという現実認識を示した発言だと私は理解した。信念は不変だが、実際に政権を取ったときにはよりよい政策を漸次的に実現するというメッセージを国民に伝え、安心感を持ってもらうための工夫が、さらに求められていた。

野党共闘と政権交代を掲げる共産党は、一九九〇年代初頭、政権交代前夜の社会党と同じ状況にあった。長年追求してきた理想を、政権参加したときにはすぐに実現できないという現実が明らかになったとき、党の姿勢を転換し、理想を生かした現実的な政策の実現を図るという、アイデンティティの入れ替えが必要となる。社会党はそれができず、知的信頼性を喪失し、一気に衰弱した。後の話だが、共産党の場合も、二〇二〇年代初頭から政権交代をまじめに考えたために、党の基本政策を転換する提言を打ち出す党員が現れた。これに対して、党の指導部は除名という強硬手段で、路線転換に関する議論を封じた。理論の体系性を重んじる共産党にとって、政権参加を党の理念と整合させることは、依然として困難な課題と言わざるをえない。

2　コロナ危機と政党政治の漂流

二〇二〇年は、中国で発生した新型コロナウイルス（COVID-19）が世界中に蔓延し、多くの死者を出すという危機の年となった。日本も例外ではなく、感染防止のための飲食業の営業自粛、外出の制限、集会の自粛などは経済に大きな打撃を与えた。また、医療体制は逼迫した。安倍政権はコロナ対策に躍起となったが、学校の全国一斉休校、布マスクの全世帯配布など、的外れの対策を打ち出し、人々の不満は高まった。政府は、二〇二〇年七―九月に予定されていた東京オリンピック、パラリンピックの延期を決めた。安倍が描いていた政治日程はすべて崩れた。

日本政府のコロナ対策の特徴や問題点については、多くの研究者の分析や証言があるので、それを繰り返すことは避ける。ここでは日本の医療体制の脆弱化をもたらした構造的要因を指摘しておきたい。二〇〇〇年代以降、医療費抑制のために政府は病院のベッド数の削減を進めた。医療の主要なテーマは、急性の感染症対策ではなく、慢性の生活習慣病というのが、政府の医療政策の基本であった。感染症対策は、隔離施設や医療スタッフの確保など、大きなコストを必要とする。したがって、感染症に対応できるのは公的病院が中心となる。これらの医療施設は人手不足、資金不足に苦しんでいた。医療資源を縮小していたところに、新型コロナウイルスが襲ってきたのである。流行のピーク時には病院に収容されない医療難民が発生した。こうした現象は、人災であった。

もう一つ、安倍首相の家族観の貧困も指摘しておきたい。安倍が突然全国一斉休校を要請したことは、教育現場に大きな混乱をもたらした。安倍は、子どもの学校が休みになれば、母親が家で昼食を作り、勉強の面倒を見ることを当然と考えていたわけである。しかし、今やそのような家族は少数派である。ジェンダー問題を具体的に考えるためには、子どものケア体制を無視した一斉休校という発想を材料にすべきだと私は考えた。

コロナ感染が何回かの波をつくりながら続き、政権支持率は低下した。八月、安倍は体調不良を理由に退陣を表明した。そして、その直後に自民党の主要な派閥は、官房長官として安倍政権を支えた菅義偉を後継総裁に選ぶことでまとまった。そして、九月一六日に、菅政権が誕生した。

発足直後、菅内閣は日本学術会議の会員について、会議が挙げた推薦名簿の中の六人について任命しないという決定を下した。これは極めて異例の措置であった。従来、内閣は学術会議が提出した名簿にある候補者をすべて会員に任命してきた。菅内閣は、安保法制や特定秘密保護法など、安倍政権の政策に批判的な言論を行った学者を会員から外した。しかも、その理由は一切説明しなかった。

これに対しては、学問の自由に対する介入という批判が高まった。菅は、公務員の選定罷免は国民の権利であり、内閣が民意を体して学術会議会員の選定を行うと説明した。しかし、これは無茶な議論であった。国会で指名された内閣総理大臣は民意を背景にしているからといって、公務員を恣意的に選定、罷免できるわけではない。一般職の公務員の場合、その任命、罷免については国家公務員法等の規定がある。学術会議の場合には、日本学術会議法という法律に基づいて、会員の選定が行われる。民意を背景とすると自称する最高権力者が、恣意的に人事権を振りかざすという点で、菅は民主的手続きを経て選ばれた独裁者であった。その意味で、菅はまさしく安倍の後継者であった。

菅政権のもとでも、コロナ感染の波は繰り返した。収束したように見えた時に、菅政権は旅行支援の補助金を振りまき、それが感染を拡大させたと批判を浴びた。発足当初は高かった支持率も、時を追って低下していった。ＮＨＫの世論調査では、二〇二一年に入ってからは、三、四月を除いて、不支持が支持を上回る状態が続いた。

野党側でも二〇二〇年夏には大きな変化が起きた。七月、枝野は改めて国民民主党と社民党に合流を呼びかけた。国民民主党の大半の議員は、総選挙が迫る中、合流に賛成であった。問題は、玉木とその側近を含めた全面的な合流ができるかどうかであった。国民民主党の状況について、古川元久との会談を紹介する。

八月四日　夜、古川と会合。
・合流協議について立憲が先にマスコミにオープンにしたことに国民は反発。
・玉木と平野幹事長の間の齟齬が大とのこと。立憲と平野、泉健太らが玉木包囲網を作るとの被害者意識あり。
・党名について投票で決めるとさえ枝野が言えば、合流は進む。

八月七日には、枝野が新党の党名を投票で決めることを認め、合流が決定的となった。

また、連合の神津会長も、八月一二日の記者会見で、連合、各産別は立憲、国民結集による大きな塊を一枚岩となって支えると表明した。神津会長は、自動車、電機、電力、UAゼンセンの民間四産別を説得し、野党再結集を進めるために奮闘していた。私は、このころ神津としばしば会談していた。また、朝日新聞の『Webの論座』で往復書簡を連載していた。左のイメージが強い市民連合を支える私と、保守的なイメージのある連合の神津が対話し、合意形成することで、野党再結集を後押しする機運を醸成することが、この企画の狙いであった。

八月一九日に国民民主党の議員総会が開かれ、新党への合流が決まった。さらに、社会保障を立て直す国民会議と無所属議員も新党への参加を決めた。そして、九月一〇日に新党の代表と党名の選挙が行われ、枝野が代表に選ばれ、党名は立憲民主党に決まった。玉木、岸本、古川などは新党に参加せず、新たに国民民主党を結成し、後に参議院の労組系無所属議員も加わった。先に紹介した、党名を選挙で決めれば合流できるという古川の言葉は、実現しなかった。結局、民間産別の抵抗と政治家の間の不信感や感情的反発が合流を妨げた。

社民党は、立憲民主党に合流する吉田忠智、吉川元と社民党に残る福島瑞穂に分裂した。地方組織も合流と残留に分かれた。社民党に未来があるとも思えないが、節操を守ることを何より優先する人々が大勢いた。旧社会党以来、この心性は受け継がれていたわけで、私にとっては驚きではなかった。

最大の敵を見据え、大きな目的を達成するために個人的な感情を乗り越えて行動することは、政治家に必要な資質である。自民党の政治家は、みなそのように動いている。しかし、野党の政治家の一部には自己満足を優先させるという困った性癖があり、一九九〇年代以来そのためにいくつも失敗を重ねてきたはずだが、学習しなかったというべきであろう。安倍政権が在職日数の最長記録を更新した日の日記を引用する。

八月二四日　今日、安倍政権、佐藤栄作を抜き、連続在位の最長記録を更新す。かかる破廉恥な首相に史上最長を許せしことは人生最大の恥辱なりと痛感せば、野党の合流など簡単に進むべし。当の首相は今日も慶応病院に行ったとのことで、健康不安への政界のざわめきも広がる。

ともかく、二〇二〇年の九月には、衆参合わせて一五〇人の議員を擁する立憲民主党が発足し、次の総選挙に向けた野党側の体制がようやく整備された。枝野は、九月一〇日の代表選出直後の記者会見で、野党共闘について質問され、「従来から市民連合の呼びかけによる野党協力をしてきており、今後もそれを継続する」と答えた。引き続き野党協力のお膳立てを頼むという私に対するメッセージだと説明した政治記者もいた。

野党にとってのチャンスは、二〇二一年四月の、衆参三選挙区における補欠選挙、再選挙であった。参議院長野選挙区は、羽田雄一郎議員がコロナ感染で死去したことによる補選。参議院広島選挙区は、自民党の河井案里議員が二〇一九年の参院選で大規模な買収を行ったかどで有罪判決を受け、確定したための再選挙であった。また、衆議院北海道二区の補選は、吉川貴盛農水大臣が収賄で立件され、議員辞職したことにともなうものであった。後の二つの選挙は自民党議員の不祥事によるものであり、野党は勝たなければならない選挙であった。

三つの選挙では、野党協力が成立し、野党統一候補対自民党候補の構図の戦いとなった。そして、当初劣勢が伝えられていた広島でも、野党統一候補の宮口治子が勝利し、野党がすべて勝利した。いずれの選挙でも、地元の市民連合が野党候補と政策合意を結び、野党と市民の共闘という形ができた。

さらに、八月に行われた横浜市長選挙でも、立憲民主党や共産党が支持する山中竹春が、自民党衆議院議員で菅の側近だった小此木八郎や現職の林文子などを破って当選した。菅の地元での自民党系候補の大敗は、政権に大きな衝撃を与えた。衆議院議員の任期末が一〇月に迫る中、菅では総選挙が戦えないという声も出てきた。

九月には、自民党総裁の任期満了となるため、衆議院選挙と総裁選挙の関係が焦点となった。菅は、総選挙で勝利したうえで、総裁選挙で無投票の再選を図るというスケジュールを描いていたと伝えられた。

八月三一日の深夜、毎日新聞が電子版で、菅が解散を決意したと報じた。しかし、九月一日朝の首相官邸におけるぶら下がりで、菅は解散を明確に否定した。これにより、菅の求心力は急速に低下した。一九九一年の海部政権の崩壊の時と同じだが、首相が解散に言及し、断行できないとなると、首相の権力はなくなる。菅は、党役員人事の刷新を図ったが、党内の反発が強く、結局、九月三日に退陣表明に追い込まれた。

九月中旬から月末まで、自民党は総裁選挙でメディアを乗っ取った。岸田文雄、河野太郎、高市早苗、野田聖子の四人が争う選挙となった。一回目の投票で岸田と河野がそれぞれ一位、二位になり、決選投票の結果、岸田が勝利した。そして、一〇月四日に首相に就任した。岸田は宏池会の領袖であり、総裁選挙の中では、アベノミクスへの対抗を意識して「新しい資本主義」を唱えるなど、安倍政治からの転換を図るという期待もあった。岸田は、一四日に衆議院を解散し、三一日に総選挙が行われることとなった。総裁選挙の大騒ぎで菅政権に対する否定的なイメージを払拭するという自民党の戦術は成功をおさめた。

四月の補選以降の野党の動きを振り返っておきたい。三つの選挙で全勝したことで、衆議院選挙も野党協力を通して小選挙区における候補者の一本化を最大限進めるべきだというのは、野党陣営とその支持者に共通した合意となった。ただし、政権選択をめぐる衆議院選挙で共産党を含む選挙協力を行うことは初めての試みであり、各野党と連合の合意を構築することには困難が伴った。

私は神津連合会長と役割分担で協力体制の構築を進めた。連合は、立憲、国民両党と雇用、セーフティ・ネットを中心テーマとする政策合意を結ぼうとしていた。市民連合は、立憲、共産、社民、れいわ新選組をつなぎ、私と岸本や古川との個人的関係を通して国民民主も野党合意に引き込むことを目指していた。連合は共産党と公式な協力関係を作ることはありえないとしながら、選挙に勝つために立憲民主党が共産党と協力することについては「関知しない」という表現で、事実上、協力を黙認していた。私は、市民連合がつなぐ際の共通政策が、連合の受け入れられる範囲内に収まるよう工夫していた。

七月には、東京都議会選挙が行われた。この選挙で、自民党は三三議席と第一党の地位を回復したが、勝利感はなかった。立憲民主党と共産党は候補者調整を行い、それぞれ一五議席、一九議席を獲得した。東京の選挙では、連合の支援はあまり意味を持たない。都内に存在する労働組合のメンバーが都内に居住するとは限らない。立憲民主党にとっては、共産党こそリアルパワーであった。三人区、四人区で候補者調整を行い、一定の成果を挙げたことで、野党共闘を主張する勢力は力を得た。

八月には、先述の通り、横浜市長選挙でも、野党候補が圧勝した。こうして、衆議院選挙で、野党連合が政権交代をかけて自民党、公明党と対決するという気運は高まった。自民党の世論調査で、自民党の獲得議席は五〇前後減るという予想が出たといった話も政治記者から伝わってきた。

野党の本音は、菅自民党を相手に総選挙を戦いたいというものであった。菅が解散を打てないまま退陣したことは、野党にとっては困ったことであった。しかし、ともかく衆議院選挙の態勢を構築するしかなかった。九月二日に枝野と会談した。この日の日記を引用する。

九月二日　午後、枝野と会談。野党協力についての提言、協議。

・野党協力については、立―共―社民で基本的に合意あり。
・あとで玉木も合意に引き込みたい。
・選挙協力、連立政権について、解散のタイミングを見て党首会談を行う。
・二〇一七年一〇月と同じ、勝負をかけるのは唯一のタイミングをつかむしかなし。その覚悟はあり。
・ともかく自公を過半数割れに追い込み、維新を自公に追いやりたい。そうすると関西の選挙情勢が激変するに違いない。

枝野のやる気に触れて、大いに安心する。来週前半に政策協定を結ぶということで突き進むしかなし。

そして、九月八日に、市民連合が提起した共通政策を立憲、共産、社民、れいわの四党が受け入れ、合意文書をつくるという儀式が行われた。共通政策の柱は、次のようなものであった。消費減税も盛り込まれた。私個人は、これには反対だったが、れいわ新選組を合意に引き込むためには、消費減税が不可欠ということで、妥協した。

一、憲法に基づく政治の回復
・安保法制、特定秘密保護法、共謀罪法などの法律の違憲部分を廃止し、コロナ禍に乗じた憲法改悪に反対する。
・平和憲法の精神に基づき、総合的な安全保障の手段を追求し、アジアにおける平和の創出のためにあらゆる外交努力を行う。
・核兵器禁止条約の批准をめざし、まずは締約国会議へのオブザーバー参加に向け努力する。
・地元合意もなく、環境を破壊する沖縄辺野古での新基地建設を中止する。

二、科学的知見に基づく新型コロナウイルス対策の強化
・従来の医療費削減政策を転換し、医療・公衆衛生の整備を迅速に進める。
・医療従事者をはじめとするエッセンシャルワーカーの待遇改善を急ぐ。

・コロナ禍による倒産、失業などの打撃を受けた人や企業を救うため、万全の財政支援を行う。

三、格差と貧困を是正する

・最低賃金の引き上げや非正規雇用・フリーランスの処遇改善により、ワーキングプアをなくす。

・誰もが人間らしい生活を送れるよう、住宅、教育、医療、保育、介護について公的支援を拡充し、子育て世代や若者への社会的投資の充実を図る。

・所得、法人、資産の税制、および社会保険料負担を見直し、消費税減税を行い、富裕層の負担を強化するなど公平な税制を実現し、また低所得層や中間層への再分配を強化する。

四、地球環境を守るエネルギー転換と地域分散型経済システムへの移行

・再生可能エネルギーの拡充により、石炭火力から脱却し、原発のない脱炭素社会を追求する。

・エネルギー転換を軸としたイノベーションと地域における新たな産業を育成する。

・自然災害から命とくらしを守る政治の実現。

・農林水産業への支援を強め、食料安全保障を確保する。

五、ジェンダー視点に基づいた自由で公平な社会の実現

・ジェンダー、人種、年齢、障がいなどによる差別を許さないために選択的夫婦別姓制度やLGBT平等法などを成立させるとともに、女性に対する性暴力根絶に向けた法整備を進める。

・ジェンダー平等をめざす視点から家族制度、雇用制度などに関する法律を見直すとともに、保育、教育、介護などの対人サービスへの公的支援を拡充する。

・政治をはじめとした意思決定の場における女性の過少代表を解消するため、議員間男女同数化(パリテ)を推進する。

六、権力の私物化を許さず、公平で透明な行政を実現する

・森友・加計問題、桜を見る会疑惑など、安倍、菅政権の下で起きた権力私物化の疑惑について、真相究明を行う。

・日本学術会議の会員を同会議の推薦通りに任命する。

・内閣人事局のあり方を見直し、公正な公務員人事を確立する。

ただし、国民民主党は党内をまとめきれず、これに参加しなかった。立憲と国民の間では、小選挙区のすみわけについて合意ができていたので、政策合意に加わらなくても実害はないということもできた。しかし、私は、政権交代に向けて維新以外のすべての野党が結集するという形を作りたかった。総選挙後の首班指名で、野党がこぞって枝野に投票するためにも、それが必要だった。また、万一政権交代を実現できれば、国民民主党の政治家にも入閣してもらうことが不可欠であり、その意味でも合意が必要であった。

私は岸本周平との話し合いを続けた。そして、九月一五日に、議員会館の岸本の部屋で玉木と会談した。その中で、市民連合と国民民主党が別に合意文書をつくるということで一応合意した。しかし、玉木は参議院の労組系議員などを説得できず、合意形成には至らなかった。民間産別とその支援を受ける国民民主党の参議院議員が市民連合との協定に強硬に反対した結果であった。

この時期が、連合会長の交代と重なったことは、不運であった。一〇月は、六年務めた神津連合会長が退任し、新しい会長が選ばれることになっていた。神津会長の下で事務局長を務めた相原康伸(トヨタ自動車労組出身)がそのまま会長になれば、従来から築いてきた連合と市民連合の事実上の協力は継続するはずだった。しかし、相原の会長就任には民間産別から異論が出て、会長選びは迷走を続けた。結局、JAM(ものづくり産業労働組合)出身の芳野友子が会長に就任した。芳野は、旧同盟出身の労働運動家であり、強い反共意識を持っていた。就任早々、衆議院選挙における共産党を含む野党協力に反対し、協力の機運が殺がれた。

結局、国民民主党ぬきの野党共闘で、衆議院選挙に突入した。選挙協力により、二一〇の選挙区で候補者一本化ができた。連立政権の形については、共産党の「閣外からの限定的な協力」という言葉で落ち着いた。この点について、私は、内閣では連立せず、国会で連立するという提案をした。首班指名と予算については共産党の協力を得るが、内閣の運営は立憲民主党の責任で行う。民主集中制を取る共産党が、与党の妥協によって運営する連立政権に参加することは、本来無理である。そして、国会では共産党にいくつかの常任委員長ポストを担ってもらい、立法調査や行政監視で頑張ってもらうという形で、役割分担をするというイメージであった。しかし、この提案は取り上げられなかった。共産党は、この党の歴史上初めて、政権参加を目指すという宣伝を展開した。

3　衆議院選挙の敗北と野党の混迷

衆院選の投票日の一週間前に、参議院静岡選挙区と山口選挙区の補欠選挙が行われた。静岡選挙区では、野党統一候補が勝利した。これにより、衆院選への期待は高まった。しかし、結果は予想外にも野党協力の敗北であった。自民党は選挙前から一五議席減らしたものの単独過半数を超え、公明党と合わせて安定多数を確保した。立憲民主党は一三議席減の九六議席、共産党は二議席減の一〇議席にとどまった。比例の得票は、立憲民主党が約一一五〇万票、共産党が四一七万票であった。また、維新が一一議席から四一議席に増加した。選挙結果を受けて、枝野は直ちに代表を退く意向を表明した。

小選挙区での獲得議席は、野党協力全体(立憲民主、共産、社民、無所属の野党統一候補)で四年前と比べて、三八から六三に増え、立憲民主党だけでも、前回小選挙区で当選し、二〇二〇年の立憲民主党結成に参加した議員数の四六から五七に増えた。したがって、野党協力の効果は明らかに存在した。敗因は、比例での不振であった。自民党に対する不満が高まった時期も、野党の支持率は低いままであり、立憲民主党の支持率が一〇％を超えることはあまりなかった。比例での伸び悩みは、こうした低い支持率の反映であった。

選挙戦術のレベルでは、野党共闘が前面に出た結果、党の独自性をアピールする比例での戦いがうまくできなかったという反省が聞かれた。代表を辞めた後の枝野と選挙総括の話をした時、彼の実感として、共産党との共闘に深入りし、立憲候補支持者の足が止まり、広がりや票の伸びを欠いたという分析を聞いた。また、野党の共通政策に消費減税を入れたことも、無党派層には評価されなかった。共通政策は総花的になりすぎて、逆にインパクトを欠いたことも否めない。

マクロな構造レベルでは、野党共闘をつぶそうとする自民党、保守的メディアの攻撃に対抗できなかったというのが、私の感覚的な印象である。このころ、メディアでは野党は批判ばかりというネガティヴ・キャンペーンが行われた。議会政治において野党が政府与党を批判するのは、魚屋が魚を売るのと同じくらい当然のことである。また、誤った政策を転換するためには、現状を批判することが出発点となる。しかし、批判を忌避する世論が作られたように感じた。

この総選挙は、コロナ敗戦後の日本の立て直しを問う選挙のはずであった。安倍、菅政権による的外れな政策や医療崩壊によって、失わなくてもよかったたくさんの命を失った。総選挙では、国民の生命を最優先する政治を取り戻すことが最大のテーマとなるはずであった。しかし、菅の退陣によって、自民党政権のコロナ失策の責任はあいまいにされた。また、二〇二一年八月下旬以降、感染者が急速に減少し、世の中全体で危機感が薄れた。コロナ危機が明らかにした日本の政治、行政の無責任体制を改めたいと国民は思わなかった。また、この無責任体制への反省をもとに次に目指す社会のモデルについて、野党も、私たち野党を支えた学者も、ビジョンを打ち出せなかった。このままで何とかなるという国民の間に蔓延する正常性バイアスを打破することはできなかったということもできる。野党に対して批判ばかりという攻撃が広がる状況は、現状を否定する言説を聞きたくないという人々の正常性バイアスの現れであった。

枝野の後継を決める代表選挙には、泉健太、西村智奈美、逢坂誠二、小川淳也の四人が立候補し、泉が勝利した。しかし、提案と抵抗という野党のビジネス・モデルをめぐる混迷、野党協力の継続をめぐる対立で、立憲民主党の停滞は続いている。二〇二二年の参院選の比例では、維新が野党最大の得票をあげて、立憲民主党の野党第一党の座を脅かす勢いである。維新が野党第一党になれば、立憲民主からそちらに移る政治家が続出し、リベラル派は限界集落化するであろう。九〇年代の政治改革と政党再編から始まって、中道左派と開明的保守を糾合して政権を担える政党をつくるという試みが続いてきたが、今は、それが最終的に挫折するかどうかの瀬戸際である。

立憲民主党を中心とした野党協力も、限界に直面している。既に述べたとおり、二〇一六年の参院選以来の野党協力は、二〇一五年の安保法制反対運動の経験と記憶を土台としている。しかし、それから時が経ち、安全保障問題を論じる環境は大きく変化した。とくに、二〇二二年二月に始まったロシアによるウクライナ侵攻は、日本の安全保障論議にも大きな影響を与えている。立憲主義の擁護、集団的自衛権行使への反対というスローガンでは、もはや無党派層を動員できなくなった。改憲阻止のための野党協力は、いわば迫力を欠く運動となった。

もう一つの問題は、共産党の内部対立である。先述の通り二〇二三年初めには、共産党の指導部の刷新や、基本政策に関する見直しを求める声が、党内で上がった。共産党が連立政権への参加を唱えた以上、党の基本理念と基本政策の関連付けについて、党の路線を転換するべきという議論が起きるのは当然であった。この種の異論は、共産党の指導部が政権参加を強く主張したことに起因する、いわば自ら蒔いた種であった。しかし、共産党の指導部は議論を深めることなく、異論を唱えた人々を除名処分にした。異論を封じる閉鎖的な党というイメージが戻り、二〇二三年四月の統一地方選挙における共産党の敗北の一因となった。

小選挙区を戦うためには、野党候補を一本化することが必要である。しかし、候補者一本化のための論理や運動論については、新しい発想が不可欠である。それについては、野党協力を支えてきた運動体にも、野党の政治家にもまだ答えがない。

エピローグ　終わりなきオデッセイ

ここまで、三〇年余りにわたる試行錯誤を振り返ってきた。プロローグで書いた「政治システム転換」の夢は、未だに実現されていない。細川政権、民主党政権と、転換の好機はあったのだが、自民党に対抗する政権の担い手は、現れかけては消える、という失敗を繰り返した。むしろ、二〇一二年末の民主党政権の崩壊以後、政権交代の可能性は五五年体制の時代と同じように小さくなったように思える。二度の政権交代の経験から教訓を自らに叩き込んだのは自民党の方であった。野党暮らしの悲哀をもとに、政権を失う可能性を最小化するために、野党を徹底的に攻撃し、野党の分断を図り、自民党政権に対して批判的、あるいは抑制的な発言、行動をする様々な機関を威嚇、抑圧する。一党優位が自明であった五五年体制の時代よりも、今の方が、権力に対する自民党の執着心は強いように見える。

しかし、悲嘆に暮れるだけでは能がない。政治や行政の制度を変えたことは、民主主義の定着、発展にとってプラスとマイナスの両面の影響を及ぼしている。また、様々な政治的な出来事を見る中で、人々の意識も変化してきた。それを冷静に検証することも必要である。マイナス面は本論の中で説明してきたので、システム転換につながる前向きな変化をまとめておきたい。

まず、強調しておかなければならないのは、政府と市民社会の関係の変化である。一九九〇年代に日本官僚制による政策の失敗や腐敗が明らかになるまでは、官尊民卑の政治文化があり、官の無謬性神話が続いていた。しかし、いくつかの政策の失敗は行政に対する人々の意識を変えた。また、九〇年代には情報公開法や行政手続法など、国民主権を前提とする官僚に対する統制の仕組みが実現された。行政情報は国民の財産だという認識は八〇年代までは国レベルでは皆無であった。今や、どこまで実現できているかは多々疑問もあるが、この理念を否定する者はいない。情報開示請求に対して黒塗りの公文書が「開示」される事例は、官僚が後ろめたいことをしていることを人々に教えるくらいの効果を持つ。

また、地方分権の意義も過小評価すべきではない。地方自治体の自主性を発揮する余地は大きく広がった。この種の制度改革は、すぐに全国一律で効果を現すわけではない。意欲的な首長、職員、議員のいる自治体が、自治体の裁量を保障する制度を使って独自の政策を展開し、それが徐々に全国に波及することで、世の中が少しずつ住みよくなる。兵庫県明石市の泉房穂前市長が進めたまちづくりや子ども政策が注目を集めていることなど、そうした変化の一例であろう。

政治腐敗のありようも、この三〇年で大きく変わったことは確かである。政治とカネをめぐる不祥事は今も続く。しかし、政治資金に対する規制は厳しくなった。政治資金収支報告書の瑕疵が政治家の政治生命を奪うことが当たり前となった。政治家の収賄事件は時々起こるが、億単位の裏金をもらうという金丸事件のようなものは、これからは起きないであろう。政治とカネの関係について、今の政治家は昔と比べるとコンプライアンスに気を付けるようになった。

市民の政治意識については、進歩と反動の両面が交錯しているように見える。これは、情報技術の変化とも関連している。一方で、ネット上に虚偽情報があふれ、デマや虚偽に基づいて女性、特定の国の人々、その他の少数者を差別、排斥する言説が飛び交う。自国の歴史を歪曲し、すべて正当化するネトウヨと呼ばれる言説が増えたことは実感される。それらは自民党の政治家の一部にも共有され、政治家の発言、行動は戦後五〇年の時の反省のムードとは大きく異なっている。第二次安倍政権の時代に、この傾向は加速された。

他方で、選挙以外の手段による市民参加も広がっている。民主党政権時代の反原発デモ、安倍政権時代の安保法制反対デモなど、政府の政策の中でおかしいと思うことがあれば、それを声に出すことが当然という感覚を持った人は増えている。ソーシャル・メディアはそうした人々の行動を容易にした。二〇二〇年の検察庁法改正問題について、政権による恣意的な検察幹部人事を可能にするという危惧を持った人がツイッターでデモを広げ、四七〇万人もの賛同者が集まった。このことは、政府が同法の改正を見送る原因の一つとなった。また、ネットを使った署名集めと資金調達(ファンド・レイジング)によって、環境保護、人権擁護などの公共的な目的を市民自身の力で進めるという運動も日常化した。このような動きは、一九八九年に篠原一が言った、「デモクラティック・ポテンシャル」の現れであろう。二度の政権交代の失敗に幻滅した人々が世の中を良くする可能性についてまったく断念したとまで言うのは、過度な悲観である。

問題は、システム転換のためにポテンシャル(潜在能力)の水位を上げていき、それをいかに顕在化させるかということである。まず、水位を上げる課題については、言葉と運動を持続することが必要である。世の中の不条理について、諦めずに、おかしいと言い続けることは大前提である。発話と行動の主体を増やすことについて、希望がないわけではない。

一例として、ストライキをめぐる人々の反応をあげてみたい。二〇二三年八月、そごう・西武労働組合は、店舗の米投資ファンドへの売却に反対してストライキを行い、西武百貨店池袋本店は一日休業した。ストライキがほとんど行われなくなった日本では、異例の事態であった。ストの前日のNHKニュースでは、一般客が迷惑するという街の声だけを紹介していた。しかし、ネットやソーシャル・メディアを中心にストを支持する声が広がると、それを受けてか、当日夜のNHKニュースはストの背景を説明し、雇用を守るための労組の行動に理解を示す市民の声を冒頭で紹介していた。これは世論の変化を反映した報道だろう。実質賃金の低下、雇用の劣化は多くの人々に共通した問題であり、労組が働く権利を守るために行動することは他人事ではないことを理解する人が増えたということができる。生きづらい世の中を変えるために、権利の上に眠ることから脱却することを実践する気風が少し広がっているのかもしれない。

もう一つの課題、潜在能力を顕在化させるためには、自民党に対抗する政党が政権交代への道筋を提示することが必要である。しかし、野党の現状を見ると、その展望は見えてこない。ここで野党に対する説教を繰り返しても仕方ない。本書の最後に、自民党政治に対抗する基本的な政策路線のオルタナティヴについて考えてみたい。

本書では、二〇〇〇年代以降の日本政治の対立軸について、「新自由主義」対「社会民主主義」という図式で説明してきた。しかし、二〇一〇年代における国内の社会経済構造と国際環境の変化、およびそれを受けた安倍政治による政策転換を経て、対立軸を再構築することが必要となる。

三〇年前にシステム転換を唱えたころと、今とでは、日本の世の中は大きく異なっている。国内の社会経済構造の変化を確認しておこう。一九九〇年代から経済のグローバル化が進み、企業が利益を追求するためには人件費を減らすことが当然となった。今の企業には従業員の忠誠心など不要であり、非正規労働が増える中、企業の利益が増えても、従業員には還元されない。先進国の中では日本だけで実質賃金が減少している。また、小さな政府路線が定着し、政治の力で豊かさを実現することを人々が期待しない時代となった。バブル崩壊後の経済低迷は続き、少子化は続いている。毎年の出生数は八〇万人を割り、人口減少は加速している。近い将来、介護などケアの分野で深刻な人手不足が予想されている。また、日本の技術力は低下を続け、太陽電池、医薬品、情報技術などの面で、日本は欧米や中国、韓国、台湾に後れを取るようになった。日本の貿易収支の黒字は、自動車産業だけに依存する構造となった。安倍政権の経済政策、いわゆるアベノミクスはそれらの構造的な課題には何ら成果を残していない。

国際環境の変化も大きい。三〇年前には、私たちは冷戦終焉を前提として、平和憲法の理念の具体化を目指すという政策論を提起したが、今は、それが当てはまるという状況ではない。中国の軍事力の拡大、北朝鮮の核・ミサイル開発など、政府が口癖とする「安全保障環境の悪化」は現実である。二〇二二年二月に始まったロシアによるウクライナ侵攻は、安全保障に対する日本国民の意識を変えた。ロシアがウクライナに対して行った侵攻を、東アジアで中国が台湾に対して行うかもしれないという議論は、ある程度国民に受け入れられている。戦争を経験した世代がほぼ消え去ろうとする今、国民の平和意識も変わるのは、仕方ないことである。

そして、岸田首相は、安倍亡き後も安倍路線を忠実に継承している。二〇二二年末には、安全保障関係三文書を改定し、敵基地攻撃能力の保持、五年間での防衛費倍増など、従来の日本の平和国家路線を根本的に転換することを決定した。憲法九条の下、専守防衛の理念に基づいて、防衛力に関する謙抑的な姿勢を貫くという戦後日本の国是、平和国家路線はまさに放棄されようとしている。安倍が始め、岸田が継承し、さらに加速している戦後体制の転換は、自民党の総意となった感がある。

批判的なメディアでは、岸田に対して、宏池会の本来の理念、政策を思い出せという議論もしばしば聞かれる。たとえば、一九七二年に沖縄密約事件を暴いたジャーナリストの西山太吉は、最後の著書『西山太吉 最後の告白』で、宏池会担当を務めていた現役時代の見聞を基に、真の現実主義とバランス感覚で政治を運営した大平正芳を評価し、岸田がこれに倣うべきだと言い残している。岸田の前の宏池会会長であった古賀誠も、『世界』二〇二三年五月号のインタビューで同様の発言をしている。

では、どうすれば宏池会路線を再現、刷新できるのか。野党が持つべき対抗ビジョンの構築という作業は、一九六〇年から二〇世紀終わりにかけて、日本人の多くが慣れ親しみ、恩恵を受けてきた「軽武装+経済成長」という宏池会パラダイムを、二〇二〇年代以降の新しい状況に合わせて高度化することである。このパラダイムから置き去りにされた人々を包摂しなければならないことは言うまでもない。とはいうものの、二〇世紀後半の日本の繁栄を支えた内外の前提条件は、人口増加から人口減少へ、相対的安定としての冷戦構造から米中対立へという具合に、崩壊している。高度化の作業は簡単な課題ではない。

また、政策的対立軸と言っても、親米対反米、グローバル資本主義対経済的ナショナリズムというような一八〇度の対立という議論は成り立たない。野党とそれを応援する市民や学者が取り組むべきは、世の中を立て直す際の土台となる理念を明確にすることと、取り組むべき課題を絞り、手順を明らかにすることであろう。一度の政権交代で一瀉千里に世の中を変えるのは無理だということは、過去の政権交代で学んだはずである。

日本を立て直す基本理念は、やはり憲法である。自民党や維新は改憲論議に血道をあげている。しかし、憲法の重要な理念の中には、実現されていないもの、この三〇年間ますます無視されているものがある。条文を変えることよりも、大事な理念を実現することの方が先である。

戦後政治の中で憲法の争点といえば九条がクローズアップされたが、それは高度成長の中で社会経済的権利がそれなりに充足されたからであった。しかし、停滞の三〇年の中で、人権カタログの中の多くの権利が脅かされるようになった。これからの日本社会の理念となるのは、一三条の個人の尊厳である。人間らしく生きる、成長する、働くことを可能にし、差別を許さない、といった人間本位の社会をつくるうえで、個人の尊厳は最も包括的な理念である。女性やＬＧＢＴの権利というテーマの重要性を説くと、生活苦を解決し、腹の足しになるような政策ではないという反論が出てくることがある。しかし、経済的平等を図り、普通の生活を実現することも、個人の価値観に基づく多様な生き方を保障することも、人間の尊厳を確保するために必須であり、あれかこれかの話ではない。個人の尊厳という共通の目標に向けて、現状を憂える市民を最大限結集することが必要である。

九条に関連する平和国家路線の再構築は、容易な作業ではない。この三〇年間に九条の理想から乖離する方向で変化してきた日米安保体制と自衛隊の姿を変えることには、長い時間と周到な戦略が必要である。しかし、中国との対話の経路を広げ、不戦の意志を明確にすることは可能である。また、安保体制と自衛隊の現状から出発しつつ、岸田政権が進める防衛費の急速な拡大路線を精査し、経済や財政とバランスのとれた防衛費に抑える議論をすることは可能であろう。

このようなオルタナティヴを打ち出す政党には、世の中は変えられるという理想主義と、世の中を変えることは小幅な変革を積み上げていくしかないという現実主義の両方が必要となる。この二つの要素の両立は、九〇年代以来、野党が悩み続けた問題である。この二つを実践において結合するには、地方自治体が重要な舞台となる。それゆえに、政党は地方選挙に取り組まなければならないのである。

また、反対する集団がいても必要な政策を主張するという勇気が必要である。たとえば岸田首相は、二〇二一年の自民党総裁選挙で「新しい資本主義」というスローガンの具体例として金融所得課税を唱えたことがある。しかし、証券業界などの反対にあってすぐに持論を引っ込めた。政策を変更すれば、従来の政策で恩恵を被ってきた人々は反対する。しかし、そこでこそ政治的リーダーシップが必要となる。

野党が議論を重ね、ここで述べたようなオルタナティヴを打ち出し、国政選挙や主要な首長選挙で選択肢を提供し続けることができれば、自民党による「ネオ五五年体制」の揺らぎも始まるであろう。政治システムの転換は、世代にまたがる長期的努力を必要とする課題であることを、忘れてはならない。

世代の入れ替わりといえば、アメリカやヨーロッパでは九〇年代後半以降に生まれた若い人々が政治的に活発になり、気候変動、人権、経済的平等などの問題について発言するようになった。アメリカでは、この世代の若者はZ世代と呼ばれる。

私は三〇年以上、大学で政治学を教えてきたが、最近の一年生向けの政治学入門のレポートや答案を読んで、数は少ないが、若い人々の政治に対する問題意識の鋭さに驚くことがある。今の大学生は、高校生の頃にコロナ禍に遭遇して、高校生活を大幅に制約された経験を持つ。また、共通テストにおける英語の外部試験の導入断念など大学入試制度改革をめぐる混乱により、当事者として迷惑を被った。そして、入試制度の問題に関しては、みんなで声を上げれば、おかしな政策を止めることができるという経験もした。それゆえ、大人のすることを批判的に見るという習慣が知らず知らずのうちに身についているのだろう。

次の世代の人々がどのような政治をつくりだすかは、私などにはわからない。物理学にたとえれば、私などはニュートン力学で世界を見ているのに対して、次の世代の人々は相対性理論や量子力学による世界の解釈をするようになるのだろう。次の世代の人々がシステム転換を起こせるよう、障害物を取り除くのが私たちの世代にできることであろう。

参照文献

石原信雄『首相官邸の決断——内閣官房副長官石原信雄の2600日』中央公論社、一九九七年
井戸まさえ『ドキュメント 候補者たちの闘争——選挙とカネと政党』岩波書店、二〇一八年
大石眞、久保文明、佐々木毅、山口二郎編著『首相公選を考える——その可能性と問題点』中央公論新社、二〇〇二年
大内秀明、高木郁朗他『土井社会党——政権を担うとき』明石書店、一九八九年
柿﨑明二『「次の総理」はこうして決まる』講談社、二〇〇八年
加藤典洋『9条の戦後史』筑摩書房、二〇二一年
金子勝、佐高信『誰が日本経済を腐らせたか』毎日新聞社、二〇〇一年
アンソニー・ギデンズ『第三の道——効率と公正の新たな同盟』佐和隆光訳、日本経済新聞社、一九九九年
国正武重『日本政治の一証言——社会党と土井たか子の時代』アルスロンガ、二〇二一年
久保亘『連立政権の真実』読売新聞社、一九九八年
倉重篤郎『秘録 齋藤次郎——最後の大物官僚と戦後経済史』光文社、二〇二二年
後藤謙次『ドキュメント平成政治史1 崩壊する55年体制』岩波書店、二〇一四年
『ドキュメント平成政治史2 小泉劇場の時代』岩波書店、二〇一四年
境家史郎『戦後日本政治史——占領期から「ネオ55年体制」まで』中央公論新社、二〇二三年
佐々木毅『保守化と政治的意味空間——日本とアメリカを考える』岩波書店、一九八六年
『いま政治になにが可能か——政治的意味空間の再生のために』中央公論社、一九八七年
佐々木毅編著『政治改革1800日の真実』講談社、一九九九年
佐々木毅、21世紀臨調編著『平成デモクラシー——政治改革25年の歴史』講談社、二〇一三年

佐藤章『職業政治家 小沢一郎』朝日新聞出版、二〇二〇年
佐藤誠三郎、松崎哲久『自民党政権』中央公論社、一九八六年
島崎邦彦『3・11 大津波の対策を邪魔した男たち』青志社、二〇二三年
高野孟、安東仁兵衛『93年激変――連立時代と社会党の選択』社会新報ブックレット、一九九三年
高畠通敏『地方の王国』岩波書店、一九九七年
高畠通敏編『社会党――万年野党から抜け出せるか』岩波書店、一九八九年
田中秀征『さきがけと政権交代』東洋経済新報社、一九九四年
田辺誠『田辺誠の証言録――五五年体制政治と社会党の光と影』新生舎出版、二〇一一年
中北浩爾『日本共産党――「革命」を夢見た100年』中央公論新社、二〇二二年
西山太吉、佐高信『西山太吉 最後の告白』集英社、二〇二二年
日刊工業新聞特別取材班編『経済戦略会議報告 樋口レポート』日刊工業新聞社、一九九九年
野口悠紀雄『平成はなぜ失敗したのか――「失われた30年」の分析』幻冬舎、二〇一九年
マリオ・バルガス＝リョサ『ケルト人の夢』野谷文昭訳、岩波書店、二〇二一年
細川護熙『内訟録――細川護熙総理大臣日記』日本経済新聞出版社、二〇一〇年
堀田善衞『天上大風――同時代評セレクション一九八六―一九九八』筑摩書房、二〇〇九年
松下信之、江口昌樹『社会党の崩壊――内側から見た社会党・社民党の15年』みなと工芸舎、二〇〇六年
丸山眞男・福田歓一編『南原繁著作集 第九巻』岩波書店、一九七三年
丸山眞男・福田歓一編『聞き書 南原繁回顧録』東京大学出版会、一九八九年
村山富市、梶本幸治他編『村山富市の証言録――自社さ連立政権の実相』新生舎出版、二〇一一年
森裕城『日本社会党の研究――路線転換の政治過程』木鐸社、二〇〇一年
柳澤協二『検証 官邸のイラク戦争――元防衛官僚による批判と自省』岩波書店、二〇一三年
山口二郎『一党支配体制の崩壊』岩波書店、一九八九年
『政治改革』岩波書店、一九九三年
『イギリスの政治 日本の政治』筑摩書房、一九九八年

山口二郎・生活経済政策研究所編『連立政治 同時代の検証』朝日新聞社、一九九七年
山口二郎・中北浩爾編『民主党政権とは何だったのか──キーパーソンたちの証言』岩波書店、二〇一四年
山家悠紀夫『日本経済30年史──バブルからアベノミクスまで』岩波書店、二〇一九年
スティーブン・レビツキー、ダニエル・ジブラット『民主主義の死に方──二極化する政治が招く独裁への道』濱野大道訳、新潮社、二〇一八年
Peter Mandelson and Roger Liddle, *The Blair Revolution: Can New Labour Deliver?* Faber & Faber, 1996.

あとがき

この本は半分回顧録のようなものなので、最後に楽屋噺として、私がいかにして政治学を志し、かつ現実政治に関わる意欲を持ったのかを書いておきたい。

私が政治、あるいは政治の批評に関心を持ったのは、一九七〇年代中ごろの高校生の時である。そのころ、田中金脈事件、ロッキード事件と、大疑獄事件が相次いで、メディアにも日本政治の遅れや腐敗を論じる記事が溢れた。大学では何となく法学部を選んだものの、政治学を中心に勉強し、ジャーナリストになりたかった。

私の学生時代は、一九二〇年代生まれの立派な先生の講義を聞けた時代で、大学三年生くらいのころから、政治学の勉強を続けてみたいと思うようになった。特に影響を受けたのは、斎藤眞先生のアメリカ政治外交史の講義であった。二〇世紀初頭の革新主義の時代に政治改革のリーダーとなったロバート・ラフォレット(ウィスコンシン州知事、上院議員)という政治家に興味を持ち、四年生の夏休みに長いレポートを書いた。斎藤先生の弟子にしてほしいとお願いしたところ、先生は翌年三月に退職する予定なので、弟子は採れないと言われた。代わりにということで、斎藤先生の還暦記念論文集にアメリカの直接民主主義についての論文を寄稿した西尾勝先生を紹介された。

西尾先生のところで助手に採ってもらい、行政学の研究に進むことにした。官僚制の研究も面白く、日本の大蔵省について論文を書いた。その後、北海道大学に採用されて、およそ三〇年を過ごした。北大時代は、官僚制から政府組織、統治機構、さらに政党政治へと関心を移し、現実政治を論評する文章をたくさん書くようになり、今日に至った。

政治に対する立ち位置は、大体二〇代に形成された。私は、高校時代の政治的事件以来、日本の保守政治に対して批判的ではあったが、あまり左翼という自意識はなかった。私の若いころには、マルクス主義は威信を失っていた。私にとっては、アメリカの革新主義からニュー・ディールに至るリベラリズムが魅力的であった。だから、マルクス主義を引きずっていた日本の革新政党の発想には、いささか違和感を持っていた。斎藤先生の講義を聞いていなかったら、別の人生があったかもしれない。

やはり、私にとっては専門的な論文を書くより、新書を書く方が楽しい。一九九五年、岩波書店から『丸山眞男集』が刊行されるのを記念して、雑誌『図書』に丸山に関するエッセーを書くよう依頼されて、「アカデミック・ジャーナリストとしての丸山眞男」という文章を書いたことがある(一九九五年七月号)。丸山にとってアカデミック・ジャーナリズムは夜店、つまり副業だったが、私の場合は夜店が本業となったテキヤのようなものである。そして、三つ子の魂百までというか、日本の自民党政治はそれなりのデモクラシーではなく、私にとっては倒すべきアンシャン・レジームであった。

政治学者、政治批評家として育つ中で、いろいろな先生や先輩の教えをいただいたことを改めてありがたく思う。西尾先生は、私が純粋なアカデミズムに向いていないことを見抜いていたのか、若いころから論壇でものを書く時の心構えを教えられた。中央公論の嶋中事件の際に、進歩派の学者が執筆拒否を決めたことについて、対立があっても、一つのメディアとの関係を断ち切るとか、メディアを反対側に追いやるといったことをしてはいけないと言われたことをよく覚えている。これは今でも、私が政治家や運動家と付き合うときの心構えである。もう一つ、忘れられないエピソードがある。助手に採ってもいいよと言われたときの面談で、学者における都会派と田舎者の二類型という話をして、私は後者の方だと言われた。しかし、「悲しむことはない。丸山眞男ゼミで同期だった庄司薫は都会派の典型だが、彼の作品は後世に残らない。後世に残るのは大江健三郎のような田舎者の作品だ」とも言われた。東京大学法学部の助手、院生の世界には才気煥発の都会派が大勢いたが、あまり気後れしないで済むようにという教えだったのだろう。ともかく、先生が私を放し飼いにしてくれたことには、感謝あるのみである。

篠原一先生には、現実政治を分析する際の視角、枠組みという点で最も大きい影響を受けた。先生の溌剌とした文章を読んで、真似はできないけれど楽観的であることは学者の美徳だと思う。四〇代に入ってから、政治史家の坂野潤治先生の謦咳に接する機会を得るようになった。先生の書く巨視的な通史は門外漢にとっても面白いが、特に私にとって、政権交代のある政治システム、昔の言葉で言う憲政の常道と、社会民主主義的政権の樹立という二つのテーマを追求する近代日本の政治家、政党の努力は、感動的であった。先生が描く美濃部達吉や吉野作造を見ると、自分も頑張ろうという気になった。

この他にも、北海道大学、現在勤めている法政大学の同僚の方々には、様々な刺激、支援、励ましをいただいた。心よりお礼申し上げたい。

この本は、政権交代と社会民主主義という二つのテーマに取り組んだ私の三〇年の活動の総括である。定年で大学を辞めたら書こうと呑気に考えていたのだが、二〇二二年三月に、西尾先生と長年兄事してきた新藤宗幸さんが相次いで亡くなったことに大きな衝撃を受けた。「歳月不待人」と痛感させられ、そのうちにではなく、書きたいことがあるなら今書かなければと決意して、執筆した次第である。

プロローグに書いたように、二〇代の終わりから書き始めた日記が、執筆の際には役立った。永井荷風の真似をして書いた変ちくりんな文語文が出てくるが、己の教養のなさを恥じるばかりである。

本書のタイトルは、ピアニスト、アンジェラ・ヒューイットのリサイタル・ツアー、「バッハ・オデッセイ」にヒントを得たものである。極めつくせないバッハの音楽を探求するヒューイットの演奏、特に、「パッサカリアとフーガ(BWV 582)」の主題の変容と反復を聞いていると、民主主義という極めつくせない理念を追求することも、無限の行程だと思える。

最後に、岩波書店編集部の小田野耕明氏には、草稿の段階からいろいろとご教示、ご提案をいただいた。学者にとって、優れた編集者はオデッセイの道連れである。深く感謝したい。

二〇二三年九月

山口二郎

山口二郎
1958年岡山市生まれ
東京大学法学部卒業．北海道大学法学部教授を経て
現在－法政大学法学部教授
専攻－行政学・政治学
著書－『大蔵官僚支配の終焉』『一党支配体制の崩壊』『ポスト戦後政治への対抗軸』『いまを生きるための政治学』（以上，岩波書店），『政治改革』『日本政治の課題』『戦後政治の崩壊』『ブレア時代のイギリス』『政権交代論』『政権交代とは何だったのか』『民主主義は終わるのか』（以上，岩波新書），『日本政治の同時代的読み方』（朝日新聞社），『イギリスの政治 日本の政治』（ちくま新書），『内閣制度』（東京大学出版会）ほか多数

民主主義へのオデッセイ―私の同時代政治史

2023年12月5日　第1刷発行

著　者　山口二郎《やまぐちじろう》

発行者　坂本政謙

発行所　株式会社 岩波書店
〒101-8002 東京都千代田区一ツ橋2-5-5
電話案内 03-5210-4000
https://www.iwanami.co.jp/

印刷・精興社　製本・牧製本

ISBN 978-4-00-024896-9　　Printed in Japan

人名索引

あ 行

か 行

さ 行

た 行

な 行

は 行

ま 行

や行

ら行

わ行

事項索引

(f. はページ番号とその次ページ，ff. はページ番号以下の複数ページを示す)

さ 行

た 行

な 行

年　表

1988年	
6月18日	川崎市助役，リクルート未公開株譲渡で利益を上げていたことが発覚
9月19日	裕仁天皇，吐血．以後重体が続く
12月24日	消費税法，成立
1989年	
1月 7日	裕仁天皇死去，明仁，皇位継承．8日，元号が平成となる
4月 1日	消費税実施(税率3%)
4月25日	竹下登首相，退陣表明
6月 2日	**宇野宗佑，首相就任**
7月23日	第15回参議院選挙．社会党躍進．自民党大敗，過半数割れ
8月 9日	**海部俊樹，首相就任**
11月 9日	ベルリンの壁，撤去はじまる
11月21日	日本労働組合総連合会(連合)発足
12月 3日	ブッシュ米大統領，ゴルバチョフソ連共産党書記長，東西冷戦の終焉を宣言
1990年	
2月18日	第39回衆議院選挙
8月 2日	イラク軍，クウェートに侵攻
10月 3日	東西ドイツ統一
1991年	
1月17日	米軍を中心とする多国籍軍，イラクを攻撃，湾岸戦争はじまる
11月 5日	**宮澤喜一，首相就任**
12月26日	ソ連邦，消滅
1992年	
5月22日	細川護熙，日本新党を結成
6月15日	PKO協力法，成立
7月26日	第16回参議院選挙
8月22日	朝日新聞が，東京佐川急便から金丸信自民党副総裁へのヤミ献金を報道．27日，金丸は副総裁辞任を表明
11月 5日	竹下登政権発足の際の「ほめ殺し」を止めるために，竹下側の依頼を受けた暴力団関与が明らかに

1993年	
3月 6日	金丸信，脱税で逮捕．家宅捜索で巨額の蓄財が明らかに
6月18日	衆議院で宮澤内閣不信任決議案が可決される．宮澤は衆議院を解散
7月18日	第40回衆議院選挙．自民党は過半数を失う
8月 9日	**細川護熙，首相就任**．非自民連立内閣の成立
9月17日	衆議院の選挙制度を小選挙区比例代表並立制に改める等の政治改革関連4法案，国会に提出される
12月14日	コメ市場の部分的開放を決定
1994年	
1月28日	細川首相，河野自民党総裁との会談で選挙制度改革合意．29日に政治改革法成立
4月 8日	細川首相，辞意表明
4月28日	**羽田孜，首相就任**．社会党は連立政権を離脱
6月13日	北朝鮮，国際原子力機関(IAEA)から脱退を表明
6月30日	**村山富市，首相就任**
7月20日	村山首相，衆議院本会議で，自衛隊合憲，日米安保条約堅持を表明
12月10日	新進党結成
1995年	
1月17日	阪神淡路大震災
3月20日	地下鉄サリン事件
4月 9日	東京都知事に青島幸男，大阪府知事に横山ノック当選
7月23日	第17回参議院選挙．新進党が比例代表で第一党となる
8月15日	戦後50年に当たっての首相談話(村山談話)発表される
1996年	
1月 5日	村山首相，辞意表明
1月11日	**橋本龍太郎，首相就任**
2月16日	菅直人厚生相，薬害エイズ事件で国の責任を認め，謝罪
4月17日	橋本首相，クリントン米大統領，安保共同宣言を発表．日米安保体制の広域化を進める
9月28日	民主党結成．菅直人，鳩山由紀夫の共同代表体制
10月20日	第41回衆議院選挙．新制度による最初の選挙．自民党が第一党，橋本内閣継続
1997年	
4月 1日	消費税率，5%に引き上げ
5月 1日	英総選挙で労働党圧勝．トニー・ブレア政権成立．18年ぶりの政権交代．

9月23日	日米政府，日米防衛協力のための指針(新ガイドライン)を決定
11月17日	北海道拓殖銀行，経営破綻．24日，山一證券，自主廃業．金融危機が深刻化
12月27日	新進党，解散を決定．6党に分裂
1998年	
4月27日	新・民主党結党．菅直人代表，羽田孜幹事長の執行部体制
7月12日	第18回参議院選挙．自民党大敗，民主党躍進．橋本首相，辞意表明
7月30日	**小渕恵三，首相就任**
1999年	
1月14日	小沢一郎が率いる自由党，自民党と連立を組む．
4月11日	石原慎太郎，東京都知事に当選
5月 7日	情報公開法，成立
10月 4日	自民党，自由党，公明党，連立政権に合意
12月 1日	改正労働者派遣法，施行．派遣対象業務を原則自由化
2000年	
4月 1日	介護保険制度はじまる．地方分権一括法施行，自由党連立離脱
4月 2日	小渕首相，脳梗塞で緊急入院．4日に首相辞任
4月 5日	**森喜朗，首相就任**．自由党分裂．自民，公明，保守(旧自由党残留組)の連立政権となる
6月25日	第42回衆議院選挙．民主党が議席を大幅に増やす
2001年	
1月 6日	中央省庁再編成
4月24日	自民党総裁選挙で小泉純一郎が勝利
4月26日	**小泉純一郎，首相就任**
7月29日	第19回参議院選挙．小泉人気で自民党が勝利
9月11日	アメリカで同時多発テロ
2002年	
9月17日	小泉首相，訪朝．金正日総書記と会談．北朝鮮は拉致事件を認め，謝罪．日朝平壌宣言に調印
2003年	
3月20日	イラク戦争始まる．4月9日，フセイン体制崩壊
6月 6日	有事法制関連3法成立
7月26日	イラク復興支援特別措置法成立．非戦闘地域への自衛隊派遣が可能に
9月24日	民主党と自由党，合併に合意
11月 9日	第43回総選挙．与党は安定多数を維持．民主党が177議席を獲得．戦後の野党としての最大数

2004年	
1月　9日	陸上自衛隊にイラク派遣命令が出される
5月　7日	福田康夫官房長官，年金未納で引責辞職．10日，菅直人民主党代表も未納の責任を取って辞任
7月11日	第20回参議院選挙．民主党が50議席を獲得し，改選部分の第一党となる
8月13日	米海兵隊のヘリコプターが宜野湾市の沖縄国際大学に墜落
9月10日	郵政民営化基本方針を閣議決定
11月26日	政府与党，補助金縮減，税源移譲，地方交付税見直しの三位一体改革を決定
2005年	
8月　8日	参議院で郵政民営化法案が否決される．小泉首相，衆議院を解散
9月11日	第44回衆議院選挙．自民党が296議席を獲得して圧勝
10月14日	郵政民営化法成立
2006年	
3月31日	前原誠司，偽メール事件の責任を取って代表を辞任．後任に小沢一郎選出
8月15日	小泉首相，靖国神社を参拝．中国，韓国は抗議
9月26日	**安倍晋三，首相就任**
12月15日	改正教育基本法成立
2007年	
2月17日	社会保険庁で5000万件の公的年金の加入記録の不備が発覚
5月14日	日本国憲法の改正手続に関する法律(国民投票法)成立
7月29日	第21回参議院選挙．民主党が60議席を獲得し，参議院の第一党に．ねじれ国会
9月12日	2日前に施政方針演説を行った安倍首相が退陣を表明
9月26日	**福田康夫，首相就任**
2008年	
6月　8日	東京・秋葉原で無差別殺傷事件
9月　1日	福田首相，辞意表明
9月15日	リーマン・ショック．世界的な金融危機が広がる
9月24日	**麻生太郎，首相就任**
11月　5日	米大統領選挙で，バラク・オバマが当選
12月31日	東京・日比谷公園内に「年越し派遣村」開設
2009年	
5月11日	小沢一郎，政治資金疑惑の責任を取って，民主党代表を辞任．16日，後任に鳩山由紀夫選出
7月19日	鳩山代表，米海兵隊普天間基地の代替施設の建設地について，

	「最低でも県外」と発言
8月30日	第45回衆議院選挙．民主党が308議席を獲得し，政権交代が確定
9月16日	**鳩山由紀夫，首相就任**．小沢が民主党幹事長に就任．
10月20日	厚生労働省，初めて日本の相対的貧困率が15.7%と発表
11月 6日	行政刷新会議，事業仕分けを開始
2010年	
4月 1日	子ども手当法，高校授業料無償化法，施行
5月28日	普天間基地の移設先を名護市辺野古にすることで日米両政府が合意．30日，社民党は連立を離脱
6月 2日	鳩山首相，辞任を表明．小沢も幹事長を辞任．
6月 4日	**菅直人，首相就任**
7月11日	第22回参議院選挙．自民党51議席，民主党44議席．与党が過半数を失う
9月 7日	沖縄・尖閣諸島付近で中国漁船が海上保安庁の巡視船に衝突．船長逮捕
12月17日	防衛大綱決定．「動的防衛力」という概念が導入される
2011年	
1月20日	中国のGDPが日本を抜いて世界第2位に
3月11日	東日本大震災
3月12日	東京電力福島第一原子力発電所で水素爆発
5月 6日	菅首相，中部電力浜岡原子力発電所の停止を要請
6月30日	政府・与党，消費税率引き上げと中心とする社会保障・税一体改革を決定
9月 2日	**野田佳彦，首相就任**
11月11日	TPP(環太平洋連携協定)への参加表明
2012年	
4月16日	石原慎太郎東京都知事，尖閣諸島の一部を東京都が買収する方針を表明
6月26日	消費増税法案，衆議院で可決．7月11日，造反組，国民の生活が第一結党
7月 7日	野田首相，尖閣諸島を国有化する方針を表明
8月10日	消費税率の引き上げを柱とする社会保障・税一体改革関連法成立
9月14日	野田内閣，2030年代までに原発稼働ゼロを目指す「革新的エネルギー・環境戦略」を決定
9月26日	安倍晋三が自民党総裁に就任
9月28日	日本維新の会結党
11月14日	野田首相，党首討論で安倍自民党総裁に対して，議員定数削減な

	どでの合意を条件に，16日に衆議院を解散する意向を表明
12月16日	第46回衆議院選挙．民主党惨敗，自民党が政権復帰を決める
12月26日	**安倍晋三，首相に就任**
2013年	
1月22日	安倍内閣と日本銀行，大規模な金融緩和を実施する共同声明
5月24日	マイナンバー法成立
7月21日	第23回参議院選挙．自民党が圧勝し，ねじれ状態解消
9月 7日	東京オリンピック開催を決定したIOC総会で，安倍首相が福島第一原発の現状を「アンダー・コントロール」と発言
12月 6日	特定秘密保護法成立
12月27日	仲井真弘多沖縄県知事，辺野古埋め立て工事の申請を承認
2014年	
4月 1日	消費税率，8%に引き上げ
4月11日	政府，エネルギー基本計画で原子力発電を「重要なベースロード電源」と位置づけ，原発再稼働を明確化
5月30日	内閣人事局設置
7月 1日	集団的自衛権の行使を憲法上許されるとする閣議決定
11月16日	沖縄県知事選挙で，普天間基地の辺野古移設に反対する翁長雄志が当選
12月14日	第47回衆議院選挙．自民党，公明党が安定多数を維持
2015年	
5月17日	「大阪都構想」に関する大阪市の住民投票で，反対多数．橋下徹市長は政界引退を表明
6月 4日	衆議院憲法審査会で与党が招いた参考人の憲法学者が，審議中の安保法制は憲法違反と述べる
9月19日	安全保障関連法成立．集団的自衛権の行使が可能となる
12月20日	安保法制の廃止と立憲主義の回復を求める市民連合(市民連合)設立
12月28日	日韓の外相が元「従軍慰安婦」に対する支援で合意．最終的解決を表明
2016年	
2月26日	2015年の国勢調査で初めて人口減少が明らかになる
3月14日	民主党と維新の党が合併し，民進党結成
5月27日	オバマ米大統領，広島を訪問
7月10日	第24回参議院選挙．与党が安定多数を維持．選挙権年齢が18歳に
8月 8日	明仁天皇が生前退位の意向を表明するビデオ・メッセージが放送される

11月 9日	米大統領選挙で，ドナルド・トランプが当選
2017年	
2月 7日	防衛省が廃棄済みとした陸上自衛隊の南スーダンPKO日報を公表.「戦闘」記載が明らかに
3月13日	安倍首相，友人が理事長を務める加計学園の獣医学部創設にかかわる国家戦略特区認定に関して，自らの関与を否定
3月23日	首相夫人が名誉校長を務める森友学園への国有地売却に関して，同学園の理事長が国会に証人喚問される
6月 9日	天皇退位特例法成立
7月 2日	東京都議会選挙で，小池知事が創設した地域政党，都民ファーストの会が第一党に躍進，自民党大敗
9月25日	小池知事，希望の党を結成して衆議院選挙に候補擁立を表明．28日，民進党が合流を決める．
10月 2日	枝野幸男，立憲民主党の結成を発表
10月22日	第48回衆議院選挙．自民党大勝．立憲民主党が野党第一党に
2018年	
3月12日	財務省，森友問題に関する公文書改竄を認める
5月 7日	国民民主党結党
6月29日	高度プロフェッショナル制度を含む働き方改革関連法，成立
9月30日	沖縄県知事選挙で，辺野古移設反対を唱える玉城デニーが当選
12月30日	TPP，アメリカを除く11か国で発効
2019年	
2月24日	普天間基地の辺野古移設に関する沖縄県民投票．反対票が7割を超える
4月30日	明仁天皇，退位
5月 1日	徳仁天皇，即位，元号が令和となる
7月21日	第25回参議院選挙．自民党は単独過半数を獲得できず．自民，公明，維新の改憲に積極的な三党の議席が3分の2を割る
10月 1日	消費税率が10%に引き上げ
2020年	
1月16日	新型コロナウイルスの日本最初の感染者が発見される．世界的に感染拡大が続く
1月31日	政府が検察庁法の解釈を変更し，黒川弘務東京高検検事長の定年延長を閣議決定．以後，抗議運動が広がる
2月13日	新型コロナウイルス感染症による日本最初の死者が出る
2月27日	安倍首相，新型コロナウイルス対策のため，全国の小中高校に3月2日から春休みまでの休校を要請
4月 7日	7都府県に初の緊急事態宣言．16日，全国に拡大

6月18日	河井克行前法相，妻の案里参議院議員，前年の参院選における買収容疑で逮捕
8月28日	安倍首相，退陣を表明
9月10日	旧立憲民主党，旧国民民主党などが合併，立憲民主党結成．枝野幸男が代表に
9月16日	**菅義偉，首相就任**
10月 1日	加藤勝信官房長官，日本学術会議の次期会員として推薦された6名の任命拒否を明らかに
11月 3日	米大統領選挙，ジョー・バイデンがトランプを破る
2021年	
4月25日	衆参3選挙区で補欠選挙，再選挙．立憲民主党候補2名，諸派の野党統一候補が勝利
7月23日	東京オリンピックが緊急事態宣言下に開催される
9月 3日	菅首相が退陣を表明
10月 4日	**岸田文雄，首相就任**
10月31日	第49回衆議院選挙．自民党は15議席減らすが，安定多数維持．立憲民主党は13議席減らし，枝野は代表を辞意表明
11月30日	立憲民主党代表選挙で，泉健太が代表に選出
2022年	
2月24日	ロシア，ウクライナに侵攻
4月 1日	成人年齢を18歳に引き下げる改正民法施行
7月 8日	安倍元首相，奈良市で選挙応援の演説中に，銃撃，殺害される
7月10日	第26回参議院選挙．与党は安定多数維持．維新が比例で野党最大の得票
9月27日	安倍元首相の国葬が実施される
12月16日	岸田内閣，安全保障関係三文書を閣議決定．敵基地攻撃(反撃)能力の保有，防衛費を5年間で43兆円に増額させることなどを明らかにする
2023年	
5月19-21日	G7広島・サミット

作成にあたり，中村政則・森武麿編『年表 昭和・平成史 新版』(岩波ブックレット，2019年)などを参照した．